Marion Schmitz-Reiners
Belgien für Deutsche
Einblicke in ein unauffälliges Land

W0039870

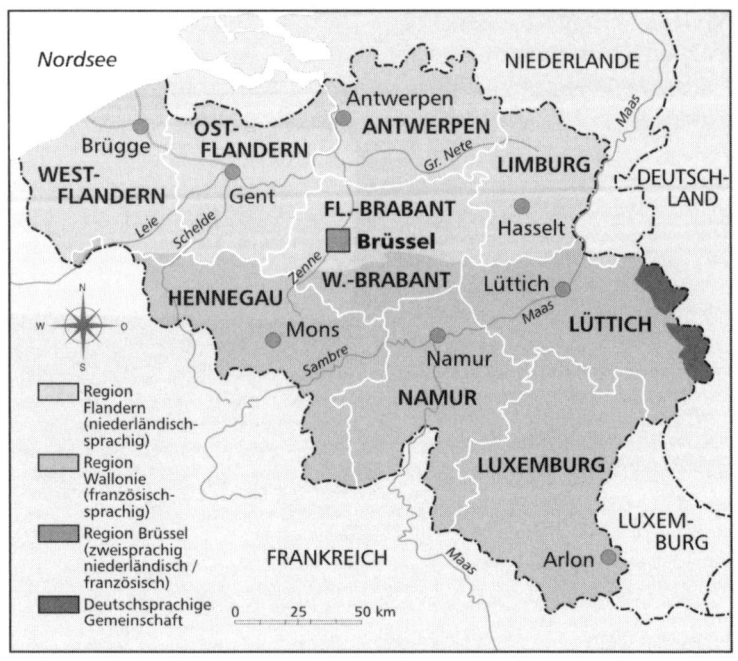

Nordsee

NIEDERLANDE

OST-FLANDERN

Brügge

Antwerpen

ANTWERPEN

WEST-FLANDERN

Gent

Gr. Nete

LIMBURG

DEUTSCH-LAND

Leie

Schelde

FL.-BRABANT

Brüssel

Hasselt

HENNEGAU

Zenne

W.-BRABANT

Lüttich

Maas

LÜTTICH

N
W · O
S

Mons

Sambre

Namur

NAMUR

Region
Flandern
(niederländisch-sprachig)

LUXEMBURG

Region
Wallonie
(französisch-sprachig)

Region Brüssel
(zweisprachig
niederländisch /
französisch)

FRANKREICH

Maas

LUXEM-BURG

Deutschsprachige
Gemeinschaft

0   25   50 km

Arlon

Maas

Marion Schmitz-Reiners

Belgien für Deutsche

Einblicke in ein unauffälliges Land

Ch. Links Verlag, Berlin

Die Fotos in diesem Buch stammen von Ingeborg Knigge aus Saarbrücken (S. 21, 29, 70, 117, 128, 155, 175, 184, 199) sowie von den Fremdenverkehrsämtern Flandern und Wallonie/Brüssel. Die historischen Darstellungen sind dem Archiv des Verlages entnommen. Die Karten zeichnete Klaus Linke in Leipzig.

1. Auflage, Mai 2006
© Christoph Links Verlag – LinksDruck GmbH
Schönhauser Allee 36, 10435 Berlin, Tel.: (030) 44 02 32-0
Internet: www.linksverlag.de; mail@linksverlag.de
Umschlaggestaltung: KahaneDesign, Berlin,
unter Verwendung eines Fotos von Jens Rufenach:
Marktplatz in Brügge (Vorderseite) und von zwei Fotos
von De Kievith: Reien in Brügge (vordere Klappe) und
Café Dulle Gviet in Gent (Rückseite).
Satz und Lithos: Agentur Siegemund, Berlin
Druck und Bindung: Friedrich Pustet, Regensburg

ISBN-10:   3-86153-389-9
ISBN-13: 978-3-86153-389-4

Inhalt

Vorwort

>Die letzte Besatzungsmacht ist die eigene Regierung«
Geert Van Istendael

Belgien ist ein Land, das man schnell durchfahren hat. Von der ehemaligen Eisenhüttenmetropole Lüttich im Osten bis zur alten Weberstadt Tournai im Westen sind es rund 170 Kilometer, vom Ardennenstädtchen Arlon im Süden bis zum Fährhafen Ostende im Norden etwa 300 Kilometer. Durchquert man das Land von Ost nach West, so ändert sich die Landschaft nicht wesentlich: Sie ist flach, zersiedelt, industrialisiert. Ein wenig spannender ist die Süd-Nord-Trasse: Erst fährt man durchs Mittelgebirge der Ardennen, dann durch die flandrische Tiefebene, und schließlich steht man unter meist grauem Himmel an der Nordsee.

Dort, und auch nur dort, endet Belgien wirklich. Ansonsten geht das Land übergangslos in seine Nachbarländer über. Im Norden ist die Landschaft ein bisschen holländisch, im hügeligen Osten ein bisschen deutsch und luxemburgisch und im waldigen, stillen Süden ein bisschen ländlich-französisch. Dazwischen liegt die Eine-Million-Einwohner-Stadt Brüssel, Hauptstadt Belgiens und Europas, mit ihrer ständig verstopften Umgehungsautobahn, der Kreuzung zwischen Holland, Deutschland, Luxemburg und Frankreich, und ihren 200 000 europäischen und nichteuropäischen Zugezogenen. Es gibt keine »belgische« Sprache: Im Land werden, sieht man von der kleinen deutschsprachigen Minderheit im Osten ab, Niederländisch und Französisch gesprochen. Gibt es wenigstens Belgier? Ja und nein. Natürlich gibt es eine belgische Staatsangehörigkeit. Aber die Belgier selbst fühlen sich in erster Linie als Flamen, Wallonen und Brüsseler. Viel anfangen können sie nicht mehr miteinander; administrativ besteht das Land nach mehreren Verfassungsreformen aus drei vom Staat weitgehend unabhängigen Bundesländern – dem niederländischsprachigen Flandern, dem zweisprachigen Brüssel und der französischsprachigen Wallonie –, die sich äußerst misstrauisch beäugen und ihren jeweiligen Nachbarn die Butter auf dem Brot nicht gönnen.

Das alles führt dazu, dass das kleine Königreich zwischen Ardennen und Nordsee im Bewusstsein seiner Nachbarländer – und nicht nur Deutschlands – praktisch kein Profil hat. Heißt das auch, dass es uninteressant ist?

Meine Antwort ist ein klares »Nein«.

Seit 23 Jahren lebe ich in der Hafenstadt Antwerpen. Schon als Kind habe ich zusammen mit meiner Familie vier Jahre lang in Belgien gewohnt; mein Vater arbeitete in den sechziger Jahren des vergangenen Jahrhunderts bei einer europäischen Organisation in Brüssel. Zusammengerechnet ergibt das ungefähr die Hälfte meines Lebens. Und in solch einer langen Zeit lernt man ein Land und seine Menschen gut kennen.

Belgien ist nicht nur nicht uninteressant, sondern, jenseits der Transitautobahnen, sogar ausgesprochen spannend. Es gibt dort prächtige alte Städte wie Gent, Brügge, Dinant oder Bouillon. Es gibt reizvolle Landschaften wie die weite Küste bei Knokke oder die Ardennen mit ihren tiefen Flusstälern, ihren uralten Klöstern und ihren mittelalterlichen Raubritterburgen. In keinem einzigen anderen europäischen Land finden sich auf engstem Raum so viele Museen alter, moderner und zeitgenössischer Kunst, vom kleinen Memling-Museum in Brügge bis zu den majestätischen Königlich-Belgischen Kunstmuseen in Brüssel. Und ich kenne schon gar kein anderes Land mit einer solch wilden, experimentierfreudigen Gegenwartskunstszene wie Belgien.

Die wahre Überraschung aber sind die Belgier selbst.

Sie sind immer freundlich, immer höflich, immer hilfsbereit. Ihr größtes Bestreben scheint es zu sein, nicht aufzufallen, wodurch sie manchmal sogar ein wenig geduckt wirken. Aber lernen Sie sie einmal besser kennen! Schnell werden Sie feststellen, dass sich Anarchismus und Kreativität in der Seele der Belgier die Waage halten. Der Anarchismus kommt in dem steten Bemühen zum Ausdruck, den Staat bei jeder sich bietenden Gelegenheit zu unterwandern. Die Kreativität äußerst sich in der

Leidenschaft der Belgier für ihre Hobbys, sei es nun Radfahren, Musizieren, Theater spielen oder das Bereisen ferner Länder. Nur reden sie selten darüber, und sie trumpfen niemals auf. Dafür sind sie dann wieder zu bescheiden; die Neigung zum Understatement scheint jedem Belgier angeboren. Und auch sie trägt einen erheblichen Teil zur Unsichtbarkeit Belgiens bei.

Im Laufe der Jahre meine ich die Gründe für dieses Streben der Belgier nach Unauffälligkeit herausgefunden zu haben.

Sie liegen in der Vorgeschichte und der Geschichte des Landes, das 1830 als Folge eines Irrtums des Wiener Kongresses entstand, der das katholische »Belgien«, damals ein Teil des napoleonischen Reichs, den protestantischen Niederlanden zuschlug. Vor der Staatsgründung mussten die Ahnen der heutigen Belgier stets fremden Mächten gehorchen. Die kollektive Erinnerung an diese lange Zeit der Fremdherrschaft macht sie noch heute vorsichtig. Sie entfalten sich nur in ihren eigentlichen Biotopen: der Großfamilie und dem eigenen Häuschen. Drei von vier Belgiern wohnen in ihrem – oft winzig kleinen – Eigenheim. Man könnte auch sagen: in ihrem Mini-Königreich, wo ihnen niemand ins Leben hineinpfuschen kann.

Um die Mentalität seiner Bürger wissend, unterstützt der Staat den Hausbau seit den dreißiger Jahren des vergangenen Jahrhunderts nach Kräften. Ansonsten steht er ihnen ziemlich hilflos gegenüber. Da die Regierungen sich immer Mühe gaben, Kompromisse mit möglichst allen ihren zehn Millionen Untertanen zu schließen, ist die belgische Politik seit Beginn der »Föderalisierung« zum reinen Chaos geworden. Und niemand weiß, wie es mit dem Land weitergeht. Ebenfalls ein spannender Aspekt.

Um all dies geht es in diesem Buch. Die Ausgangsbasis war für mich die Geschichte des Landes seit der Römerzeit, da ohne deren Kenntnis das moderne Belgien einschließlich seiner Dreisprachigkeit (wegen der deutschsprachigen Minderheit ist Deutsch die dritte belgische Amtssprache) und seiner vielen politischen Probleme nicht zu verstehen ist. Der belgischen Gesellschaft habe ich schon deshalb breiten Raum gewidmet, weil sie so ganz anders ist als die deutsche. Im Kapitel »Kunst« habe ich zu erklären versucht, was Belgien in den letzten Jahrzehnten an Schönem, Verrücktem und Aufregendem hervorgebracht hat. Und ich wollte dem Land damit auch Gerechtigkeit widerfahren lassen: Selbst Jacques Brel läuft im Bewusstsein vieler Deutscher unter »Franzose«.

Das Buch entstand im flämischen Antwerpen, was impliziert, dass es ein wenig flandernlastig wirken mag. Es ist im »föderalisierten« Belgien schwer geworden, an gesamtbelgisches Zahlenmaterial zu gelangen, in flämischen Zeitungen erscheinen – abgesehen von genussvoll ausgewalzten Berichten über politische Skandale – fast keine Artikel über die Wallonie mehr, und leider reicht mein Französisch nicht, um ohne allzu große Mühe ein französisches Buch lesen zu können. Dennoch habe ich versucht, die Wallonie nicht zu vernachlässigen. Ich hoffe, dass es mir gelungen ist, ein einigermaßen objektives Bild Belgiens zu zeichnen. Subjektiv hingegen ist die Liebe zu einem Land, das im Ranking der europäischen Nationalstaaten zu Unrecht oft stiefmütterlich behandelt wird. Auch sie mag hier und da zwischen den Zeilen durchschimmern.

Die Konturen

»Du ziehst nach Antwerpen!« riefen meine Freunde in Hamburg aus, als ich ihnen Anfang der achtziger Jahre von meinem Entschluss berichtete, meinem belgischen Verlobten in seine Heimat zu folgen. »Du Glückliche! Antwerpen liegt doch in Holland, nicht wahr? Und spricht man dort nicht Französisch?«

Mit den Niederlanden verbanden meine Altersgenossen damals Herman van Veen und gesellschaftliche Emanzipation, mit Frankreich Camembert, Rotwein und Baguette. Für meine Freunde sollte ich in einem Ambiente landen, wie es idealer nicht hätte sein können.

Ich sagte, dass Antwerpen eine belgische Hafenstadt sei, womit sie wenig anzufangen wussten. Denn obwohl viele von ihnen weit gereist waren und sich zum Beispiel in Indien recht gut auskannten, konnten sie die Lage und die Umrisse Belgiens auf ihrer inneren Landkarte nicht so recht ausmachen. »Übrigens ist Antwerpen nach Rotterdam der zweitgrößte Hafen Europas«, fügte ich in einem Anfall von beginnendem Chauvinismus hinzu – ich hatte Antwerpen bereits häufig besucht –, »und der Hafen von Amsterdam ist klitzeklein.« Sie hatten, wie so viele Deutsche, Antwerpen mit Amsterdam verwechselt. »Allerdings spricht man auch in Antwerpen Niederländisch«, ergänzte ich.

Das verwirrte meine Freunde noch mehr. »Jacques Brel hat doch auf Französisch gesungen?« fragten einige. Andere hatten früher einmal Maigret-Krimis von Georges Simenon gelesen und wussten, dass sie aus dem Französischen übersetzt waren, weshalb sie annahmen, dass der Kommissar in Paris agiert hatte. »Brel war Brüsseler und Simenon Lütticher«, erklärte ich.

»In Brüssel sprechen die meisten Menschen Französisch und in Lüttich alle. Lüttich liegt nämlich südlich der belgischen Sprachengrenze, in der Wallonie. Aber die meisten Belgier sprechen Niederländisch. Weit mehr als die Hälfte.« Leider halten die meisten meiner deutschen Freunde Brel und Simenon noch immer für Franzosen.

Zehn Jahre später war Belgien plötzlich in aller Munde. Das war in der Zeit nach der Festnahme des Kindermörders Marc Dutroux. Nunmehr verorteten meine Landsleute Belgien irgendwo in der Nähe der heruntergekommenen ehemaligen Industriestadt Charleroi im französischsprachigen Landesteil. »Ist Euer König wirklich pädophil?« fragte man mich mit einer Mischung aus Neugier und Abscheu. In der deutschen Presse waren damals zahllose Artikel erschienen, in denen zu lesen stand, dass Dutroux der Mittelpunkt eines Kinderschändernetzwerks gewesen war, das selbst die höchsten Würdenträger des belgischen Staats mit Minderjährigen »beliefert« hatte. »Das kann ich mir nicht vorstellen«, sagte ich etwas schlapp, weil ich wusste, dass es ein sinnloses Unterfangen war, sich gegen eine Übermacht von Sensationsartikeln zu stemmen. »Wahrscheinlich ist das alles nur ziemlich aufgebauscht.« Das überzeugte meine Landsleute wenig. 2004 wurden Dutroux und seine zwei Helfershelfer verurteilt und die Aufregung legte sich. Danach konnte ich wieder mit meinem belgischen Nummernschild durch Deutschland fahren, ohne Gefahr zu laufen, von Wildfremden darauf angesprochen zu werden, wie ich es im Sündenpfuhl Belgien überhaupt noch aushalten würde.

Belgien hat, vom Ausland her betrachtet, ein wesentlich schwammigeres Profil als zum Beispiel Österreich, die Niederlande oder Polen. Das Seltsame daran ist, dass die deutschen Zeitungsleser und Fernsehzuschauer fast täglich mit Nachrichten versorgt werden, die aus Belgien stammen. Sie entstanden in Brüssel, der Hauptstadt Europas, und handeln vom Sonntagsfahrverbot für Lastwagen oder den Beitrittsverhandlungen mit der Türkei. Damit assoziiert man nicht unbedingt das Land, das sich um die Studios der Auslandskorrespondenten herum erstreckt. Die insgesamt mehr als tausend ausländischen Jour-

Der Markt von Antwerpen mit seinem legendären Springbrunnen in der Mitte – Anziehungspunkt für Touristen aus ganz Europa.

nalisten, die in Brüssel stationiert sind, darunter 170 deutsche, wurden nach Belgien entsandt, um die Heimatredaktionen mit Berichten über Ministerratssitzungen, EU-Gipfel und Nato-Tagungen zu versorgen. Als Nachrichtenthema von internationalem Interesse war Dutroux eine der ganz wenigen Ausnahmen. Sicherlich war das einer der Gründe dafür, dass dessen Verbrechen wesentlich mehr Raum in der Weltpresse eingeräumt wurde als vergleichbaren fürchterlichen Geschehnissen zum Beispiel in Deutschland.

Zwischen Belgien und dem Europaviertel, dem ein ganzes, unter Leopold II. angelegtes Nobelviertel in Brüssel zum Opfer fiel, verläuft eine tiefe Kluft. Die postmodernen architektonischen Ungetüme des Europäischen Parlaments und des Gebäudes der Europäischen Kommission, Berlaymont genannt, sind im wörtlichen wie übertragenen Sinne Fremdkörper in Brüssel. Dabei erreicht man von dort aus zu Fuß in weniger als einer halben Stunde die alten, gewachsenen Arbeiterviertel der belgischen Hauptstadt wie Schaerbeek oder die Marollen. Aber dort passiert natürlich nichts Berichtenswertes, außer, dass ab und zu einmal einer Europaparlamentarierin die Handtasche gestohlen wird. Vor einigen Jahren mündete die Bedrohung der Parlamentarier in eine »Senkt-die-Kriminalität-in-Brüssel«-Initiative des Europäischen Parlaments mit dazugehöriger Pressekampagne, aber die Bestohlenen wurden natürlich wieder in ihren Büros gefilmt, und schon wieder sah niemand, wie reizvoll und spannend die alten Brüsseler Volksviertel eigentlich sind.*

»Ach, wirklich?« fragte mich kürzlich ein Bekannter, Mitarbeiter der Vertretung eines deutschen Bundeslandes, nachdem ich ihm bei einem gemeinsamen Essen mit Aussicht auf den frisch

---

* Nach einer in 258 europäischen Städten durchgeführten statistischen Untersuchung der Europäischen Kommission belief sich die Zahl der Straftaten pro 1000 Einwohner in Brüssel im Jahr 2001 auf 153 und in Berlin auf 168. Zum Vergleich: Unter den Hauptstädten wies Wien mit 29 Straftaten die niedrigste und Stockholm mit 204 Straftaten die höchste Kriminalität auf.

renovierten Klotz des Berlaymont einen engagierten Vortrag über den Charme der Brüsseler Volksviertel gehalten hatte. »Siehst du, da merke ich wieder einmal, wie wenig ich von Belgien weiß.« Ich fragte ihn: »Wie lange wohnst du eigentlich schon hier?« Er sagte: »Sechzehn Jahre.«

Wenn ein Deutscher sechzehn Jahre in Rom wohnt, dann kann man sicher sein, dass er Rom von innen und außen, Florenz und Neapel und wahrscheinlich auch den Rest Italiens einigermaßen gut kennt. Viele der Tausenden von Ausländern, die in Brüssel wohnen, kennen von Belgien vor allem das Europaviertel, die südöstlichen Villenvororte, in denen die »Europäer« wohnen, und die Landschaft rechts und links der Autobahn in die Heimat. Das liegt zum einen daran, dass es in Europas Hauptstadt eine hervorragende Infrastruktur für die Deutschen, Engländer oder Amerikaner und andere Nationalitätengruppen gibt, die von Schulen über Kirchengemeinden bis zu Bäckern und Buchläden reicht. Das liegt weiter daran, dass die wenigsten Ausländer nach Brüssel gezogen sind, weil sie Belgien so schön und so interessant finden, sondern weil ihnen dort eine attraktive Stelle angeboten wurde. Es liegt aber nicht zuletzt an Belgien selbst. Belgiens Geschichte, seine Politik, seine Kultur und seine Menschen sind vollkommen verwirrend. Und außerdem kann Belgien nicht für sich werben. Denn eine erfolgreiche Werbebotschaft sollte möglichst eindimensional sein, was wiederum ein eindimensionales zu bewerbendes Produkt voraussetzt. Belgien jedoch entzieht sich einer solchen Einteilung völlig.

Dafür gibt es drei Gründe. Der eine ist, dass Belgier unwahrscheinlich individualistisch sind und man nie genau weiß, was sie denken. Der zweite Grund besteht darin, dass sich in Belgien die niederländischsprachigen Flamen und die französischsprachigen Wallonen im Laufe der vergangenen hundert Jahre systematisch auseinander gelebt haben. Der dritte schließlich ist die Staatsstruktur Belgiens, die seit Beginn der Regionalisierung des Landes in den siebziger Jahren, hier »Föderalisierung« genannt, völlig undurchsichtig geworden ist.

Grund Nummer eins, der mit einer an Schüchternheit grenzenden Bescheidenheit gepaarte Individualismus der Belgier, ist auf die Geschichte zurückzuführen. Von der Zeitenwende an gehörte der Raum des heutigen Belgien nacheinander den Römern, den Franken, den Burgundern, den Spaniern, den Österreichern, den Franzosen und den Holländern. Kaum einer ihrer Herrscher, abgesehen von den Burgunderherzögen und dem spanischen Habsburger Karl V., der zwar über ein Weltreich regierte, aber in Gent geboren war, interessierte sich wirklich für das Land, das ihm durch Erbschaft, Heirat oder Vertrag zugefallen war. Aber darauf verzichten wollten sie wegen der schönen Städte, des fruchtbaren Bodens, der fleißigen Handwerker, der begabten Künstler und der florierenden Hafenstädte Brügge und später Antwerpen nicht. Das führte immer wieder zu Perioden des Kriegs und der Unterdrückung. Die traumatischste Periode in der Geschichte des Landes war gewiss die Schreckensherrschaft von Herzog Alba Ende des 16. Jahrhunderts, der im Auftrag des spanischen Königs Philipp II. die mit dem Protestantismus sympathisierende, aufständische Provinz namens »Niederlande« für die spanische Krone zurückerobern sollte und neben anderen Gräueltaten 6000 »Häretiker« auf der Grande Place von Brüssel umbringen ließ. Diese tragische Episode, auf die sich, wenn auch dichterisch verfremdet, Schillers »Don Carlos« und Goethes »Egmont« beziehen, mündete in die Abspaltung der neun Provinzen der südlichen Niederlande, des heutigen Belgien, von den sieben Provinzen der nördlichen Niederlande, die heute umgangssprachlich als Holland bezeichnet werden. Während die Niederlande anfangen konnten, eine nationale Identität herauszubilden, ging das heutige Belgien abermals in einander abwechselnden Großreichen auf. Es wurde noch zweihundert Jahre lang von Madrid und anschließend von Wien, von Paris und von Den Haag aus regiert. Nach dem spanischen Trauma war es den Belgiern allerdings ziemlich egal, wo ihr König oder Kaiser gerade saß. Sie zogen sich in ihre Dörfer zurück, wo sie als Bauern, Tagelöhner oder Arbeiter ihr Brot verdienten, und achteten ansonsten darauf, möglichst wenig aufzufallen. Unter Philipp II. hatten sie gelernt, dass von der Obrigkeit nichts Gutes zu erwarten ist.

1830 wurde Belgien von Holland unabhängig, dem es 1815 vom Wiener Kongress zugeschlagen worden war. An der Mentalität der Belgier hat sich auch seitdem wenig geändert. »Die eigene Regierung ist die letzte Besatzungsmacht«, stellte der Brüsseler Schriftsteller Geert Van Istendael in seinem geistreichen Essay »Belgien, België, Belgique« fest. Besser kann man das Verhältnis zwischen dem belgischen Volk und jeglicher Form von Obrigkeit nicht umschreiben. Für die Belgier ist der Staat keine ordnende Macht, wie zum Beispiel die Deutschen es von ihrem Staat zumindest erwarten, sondern bestenfalls ein notwendiges Übel. Die Stimmung in der Bevölkerung war stets von Widerstand gegen die Obrigkeit geprägt und ist es noch heute. Nie in den vergangenen zwanzig Jahren habe ich einen einzigen Belgier auch nur ein einziges positives Wort über seine Regierung oder irgendeine Art von Behörde sagen hören. Ob die Regierung nun das Pensionsalter senkt oder erhöht, ob sie die von den beiden Weltkriegen weitgehend unversehrt gebliebenen alten Städte saniert oder es lässt, ob sie den Universitätszugang regelt oder nicht, ob sie die Müllwagen ein- oder zweimal pro Woche durch die Städte schickt – für die Belgier ist jede von »oben« erlassene Maßnahme, und sei sie noch so gut gemeint, Anlass für Kritik. Gleichzeitig fühlen sie sich aber im tiefsten Inneren noch immer machtlos, weshalb sie die Neigung haben, nicht laut zu protestieren, sondern still zu obstruieren. Das führt immer wieder zu skurrilem Kräftemessen zwischen Bürgern und Staat. Ein schönes Beispiel ist der Umgang mit den in den letzten Jahren eingeführten Abfallbeseitigungsvorschriften.

Sukzessive wurde erst ab 2000 für Privathaushalte die Mülltrennung eingeführt. Man sah den Sinn noch ein und sortierte Papier, Plastik und Konservendosen, Gemüse- und Gartenabfall und Restmüll brav in unterschiedliche Müllsäcke. Seitdem sind die Müllsäcke aber immer teurer geworden. Daran hat man sich immer noch nicht gewöhnt; man empfindet diese Maßnahme, die dazu dienen soll, die Haushalte zu geringerer Müllproduktion anzuregen und gleichzeitig mit dem Verkauf der Müllsäcke – in Antwerpen kostet einer zurzeit 1,40 Euro – einen Teil der öffentlichen Abfallbeseitigung zu finanzieren, als Schikane. Also steckte man seinen Müll wieder in Plastiktüten und deponierte ihn nachts heimlich in öffentlichen Abfalleimern. Daraufhin wurden in den Städten flächendeckend neue Abfalleimer mit ganz kleinen Öffnungen aufgestellt, in die keine vollen Plastiktüten passen. Seitdem sind zahllose Abfalleimer jeden Morgen von einem Kranz von Tüten voll von Müll umgeben. Diejenigen Bürger, die über weniger kriminelle Energie verfügen und keine Lust haben, bei Nacht und Nebel zum nächsten Plätzchen zu schleichen, um ihren Restmüll abzuladen, bringen ihn in billigen, neutralen Säcken zum Containerpark. Das hat die Stadtverwaltung kürzlich verboten: Vor dem Restmüllcontainer stehen Aufseher, die in die Säcke hineingucken und den Besitzer, so sich darin gemeiner Haushaltsmüll befindet, wieder nach Hause schicken, um ihn in kostenpflichtige Müllsäcke umzuladen. Regelmäßig entdecke ich hinter dem Container eine Reihe von Menschen, die darauf warten, dass der Aufseher sich einmal kurz entfernt. Dann sausen sie um den Container herum, werfen ihre Säcke hinein und springen ins Auto, um blitzschnell das Weite zu suchen.

Nicht mit Worten protestiert der Belgier, sondern mit Taten. Immer wieder werden nächtens die Blumenkübel an- und umgefahren, die die Stadtverwaltungen zum Zweck der Verkehrsberuhigung in den letzten Jahren in reicher Zahl mitten auf den Straßenkreuzungen aufgestellt haben, die die Belgier aber lästig und überflüssig finden, da sie seit jeher daran gewöhnt sind, sich mit anderen Autofahrern durch Winken und Handzeichen zu verständigen und die jeweilige Vorfahrt von Fall zu Fall individuell zu regeln. In den vergangenen zwei Jahren wurde die Antwerpener Umgehungsautobahn neu angelegt, was mit komplizierten Umleitungen verbunden war. Dutzende von Malen habe ich erlebt, dass Autos über die Bus-Spur fuhren, sich durch Absperrungen quetschten oder in entgegengesetzter Richtung durch Einbahnstraßen fuhren. Niemand findet daran etwas auszusetzen. Im Gegenteil: Man drückt den Verkehrssündern geradezu die Daumen, dass sie nicht erwischt werden, da sie ja nur das tun, was die anderen sich nicht trauen, obwohl sie sich eigentlich gerne trauen würden, aber gerade nicht den Mumm oder die Energie dafür haben.

Ebenso wenig, wie sie offen protestieren, outen Belgier sich im privaten Gespräch: Immer noch sind sie, geprägt durch eine viele hundert Jahre währende Geschichte der Fremdherrschaft und oft auch der Verfolgung, »Fremden« gegenüber vorsichtig. »Fremd« sind alle Menschen außerhalb der eigenen, weitläufigen Verwandtschaft. Die Großfamilie umspannt drei bis vier Generationen und Onkel und Tanten, Vettern und Kusinen bis zum fünften Grad. Man trifft sich bei den zahlreichen Familienfesten wie Erstkommunion, Verlobung oder Hochzeit, man sorgt für die Alten in der Familie, man betreut umschichtig die Kinder und man teilt Freud' und Leid miteinander. Die Verwandtschaft befriedigt auch die Bedürfnisse nach sozialen Kontakten, weshalb Belgier viel weniger als Deutsche auf einen Freundeskreis angewiesen sind. Viele Deutsche, die ich kenne, bedauern, dass Belgier bei aller Freundlichkeit und Hilfsbereitschaft, die sie ihnen im Alltag entgegenbringen, im privaten Gespräch ausgesprochen zurückhaltend sind. Ich kann ihnen immer nur raten, das nicht persönlich zu nehmen und sich langsam und mit viel Geduld an sie heranzutasten.

Gespräche zwischen Belgiern, gar zwischen Belgiern und »Fremden«, bestehen aus Codes, die schwer zu entziffern sind. Ein »Wie geht's?« kann ebenso gut eine Höflichkeitsfloskel sein wie wirkliches Interesse am Mitmenschen signalisieren – wie es im jeweiligen Fall gemeint ist, kann man oft nur an der Körpersprache ablesen, die entweder Eile oder die Bereitschaft zum Zuhören signalisiert. Jedenfalls tut man gut daran, zunächst von »Höflichkeit« auszugehen und möglichst wenig von sich zu offenbaren: Allzu leicht bringt man seine Gesprächspartner in Verlegenheit, weil sie nicht wissen, wie sie auf Geständnisse jedwelcher Art reagieren sollen. Ob jemand ledig, verheiratet oder geschieden ist, ob er rechts oder links wählt und welchen Beruf er ausübt, das erfährt man in Belgien oft erst, wenn man sich schon viele Monate kennt, wenn man zum Beispiel regelmäßig beim Abholen der Kinder vor dem Tor des Kindergartens miteinander über den Nachwuchs geplaudert hat.

Damit korrespondiert, dass man selten oder nie von Belgiern nach Hause eingeladen wird. Des Belgiers Haus ist seine Burg, und die Zugbrücke wird nur heruntergelassen, wenn man weiß, dass man einem »Fremden« auch wirklich vertrauen kann. Dabei sind die Belgier ausgesprochen gesellige Menschen. Aber die Treffpunkte sind die Arbeitsstelle, der Sportverein, die Tanzschule, die Kneipe oder die Straße. Oft verlasse ich morgens um neun mein Haus und die Nachbarinnen plaudern bereits auf dem Bürgersteig miteinander. Wenn ich um elf von einem Termin heimkehre, plaudern sie noch immer. Mit Freunden verabredet man sich zum Kino-, Theater- oder Konzertbesuch. Zum Geburtstag lädt man zu üppigen Gelagen ins Restaurant ein. Wenn einen spätabends oder frühmorgens plötzlich das Bedürfnis nach Gesellschaft überkommt, dann geht man in die Kneipe, was dadurch vereinfacht wird, dass es in Belgien keine Polizeistunde gibt – was ist hier Ursache, was Wirkung? Und wenn ich bei meinem Nachbarn Charles ein Ei ausleihen möchte, dann warte ich auch im strömenden Regen selbstverständlich vor seiner Haustür, bis er es herausreicht. Ich habe schnell gelernt, dass er mich nicht aus einem Mangel an Höflichkeit draußen warten lässt – vielmehr ist es einfach unüblich, die Grenze zwischen »draußen« und »drinnen« zu überschreiten.

»Draußen« jedoch pulsiert das Leben. Wenn man an warmen Sommerabenden durch die Innenstadt von Lüttich, Antwerpen oder Brüssel streift, sieht man nur vollbesetzte Kneipen, Restaurants und Straßencafés, in denen bis zum frühen Morgen gefeiert, gelacht, gegessen, getrunken und geplaudert wird. Man lässt sich von Gauklern, Tänzern und Musikern bezaubern, die auf den nächtlichen Plätzen vor gotischen Kathedralen und Rathäusern auftreten. Man besucht eines der zahllosen Folklore-, Musik- und Kunstfestivals, die Belgien alljährlich von Mai bis September flächendeckend überziehen, und wird mitgerissen von der ausgelassenen Fröhlichkeit Tausender tanzender Festivalbesucher. Man landet, ebenfalls im Sommer, in Antwerpen oder Brüssel an einem der künstlichen Sandstrände am Ufer des Flusses Schelde oder des Brüsseler Kanals, die in den vergangenen Jahre Mode geworden sind, und ist vollkommen verblüfft über den Schick der Bars und des Publikums. Oder man bummelt zur Weihnachtszeit an den Schaufenstern

Die Kneipe mit ihren zumeist zahlreichen Biersorten ist für Belgier das zweite Zuhause.

der Delikatessenläden vorbei, die von Gesottenem und Gebratenem, von Fisch und Fleisch in den teuersten Variationen geradezu überquellen. Und man fragt sich: Wie passt das zusammen? Einerseits der zurückhaltende, geradezu schüchtern wirkende Belgier, andererseits diese Liebe zum prallen Leben und zum Luxus?

Die Antwort ist, dass man sich in Belgien der Endlichkeit der Dinge bewusst ist: Leben und Verderben gelten nur als die beiden Seiten ein- und derselben Medaille, ja, bedingen einander. Typisch »belgisch« ist für mich das Gemälde »Turmbau zu Babel« (1563) von Pieter Brueghel d. Ä., der ebenso wie seine berühmten Söhne in Brüssel lebte und wirkte: Rings um das gigantische Bauwerk tummeln sich eifrige Männlein, es wird gehandwerkelt und gefeiert, dass es eine Lust ist, aber der Turm, der überdies eingebettet ist in eine idyllische Landschaft, bröckelt bereits bedrohlich. Man diskutiert nicht nur nicht über Politik, Umwelt und die Zukunft, weil man Angst hat, ausgehorcht zu werden; man lässt es auch bleiben, weil die Geschichte die Gene gelehrt hat, dass sowieso alles schwebend

Pieter Bruegel d. Ä: Turmbau zu Babel (1563) – eine Allegorie im Stile von Hieronymus Bosch.

und gefährdet ist. Wer weiß, denken Belgier instinktiv, ob nicht morgen schon wieder die Franzosen, die Holländer oder die Deutschen vor der Tür stehen und im Land Armut und Unterdrückung ausbrechen, wie in so vielen Perioden zuvor? Da kann man genauso gut den Tag genießen, so lange es ihn noch gibt.

Das hat nichts mit Fatalismus zu tun, sondern nur mit Pragmatismus. Anders als meine deutschen Landsleute haben Belgier die Neigung, sich erst dann mit einem Problem zu beschäftigen, wenn es auch wirklich auftaucht. Wenn das eigene Haus nach einem Wolkenbruch unter Wasser steht, ist es immer noch früh genug, um die Ursachen zu suchen und den Streit mit der Versicherung in Angriff zu nehmen. Und wenn ein Familienmitglied arbeitslos wird, wird man es schon durchfüttern, nachdem man sämtliche Möglichkeiten der dehnbaren Arbeitslosengesetzgebung ausgeschöpft hat. Die belgische Art, mit Problemen umzugehen, geht auch aus den Fernsehprogrammen hervor. Wurden nach einem kurzen Gewitter im flächendeckend zubetonierten Flandern wieder einmal ganze Dörfer überschwemmt, hat man in Brüssels Zentralbahnhof wieder einen toten Obdachlosen gefunden, haben in Antwerpen Nicht-Europäer einen Diamantenladen ausgeraubt, dann wird zwar darüber berichtet, aber die Geschehnisse werden nicht unbedingt in einen umfassenden, gar bedrohlichen Kontext wie Umweltkatastrophe, Verarmung oder die Einwandererproblematik eingeordnet. Manchmal fehlt mir und meinen deutschen Freunden dann die Analyse – der Hintergrundbericht, der Kommentar, die Talkshow zum Thema. Aber in den vergangenen zwanzig Jahren habe ich gelernt, dass derartige Diskussionen in Belgien eher als Zeitverschwendung betrachtet werden.

Anders als Deutsche, Franzosen, Engländer oder Spanier betrachten die Belgier sogar ihren eigenen Staat als endlich. »Kein Staat, auch nicht Belgien, hat einen Anspruch auf Unsterblichkeit«, bemerkte Anfang 2005 ein flämischer Historiker während eines Radiointerviews anlässlich des 175. Jahrestags der belgischen Staatsgründung. Solche Äußerungen gelten als politisch durchaus korrekt: Niemand wagt es heute, vorauszusagen, wie lange es Belgien als Staat noch geben wird. Seit 1963, als definitiv die Sprachengrenze zwischen Flandern und der Wallonie festgelegt wurde, driften die beiden Volksgemeinschaften systematisch auseinander. Heute fordert Flandern mehr oder weniger unverhüllt die weitgehende Abspaltung von Belgien; allenfalls würde man sich mit einer konföderalen Lösung zufrieden geben, was bedeuten würde, dass Flandern und die Wallonie nur noch ein loser Staatenbund wären. Die Gründe für dieses Auseinanderdriften reichen bis in die Mitte des 19. Jahrhunderts zurück. Damals sprach im offiziell zweisprachigen Belgien die gesamte Elite Französisch, während in Flandern, da nur an den Volksschulen auf Niederländisch unterrichtet wurde, kaum jemand eine Chance hatte, jemals in die Oberschicht aufzusteigen. Dafür schufteten die Flamen für Hungerlöhne in den Eisenhütten und Bergwerken der Wallonie und in den flämischen Textilfabriken. Damals war die Wallonie reich und Flandern arm. Heute ist es umgekehrt. Der Umschwung begann mit dem Niedergang der veralteten wallonischen Stahlindustrie und dem Aufblühen der flämischen Häfen nach dem Zweiten Weltkrieg.

Das seit jeher gespannte Verhältnis zwischen den beiden großen Sprachgemeinschaften Belgiens hat sich seitdem nur verschlechtert, da die Flamen genau wissen, dass es ihnen wirtschaftlich sehr viel besser ginge, wenn sie nicht die Renten und die Arbeitslosenunterstützung der – in ihren Augen durchaus dem Mittelmeerraum zuzurechnenden – Wallonen bezahlen müssten, von denen sie mehr als ein Jahrhundert lang nach Kräften unterdrückt wurden. In finanzieller Hinsicht sind die Spannungen zwischen Flandern und Wallonien denen zwischen West- und Ostdeutschland vergleichbar – nur, dass das Wort »Geld« nicht offen ausgesprochen wird, weil es im einstmals streng katholischen Belgien noch immer nicht als vornehm gilt, über Geld zu reden. Dafür wird der Kampf auf Nebenkriegsschauplätzen ausgetragen, wie zum Beispiel den Randgemeinden Brüssels, die zwar auf flämischem Territorium liegen, aber von vielen wohlhabenden Französischsprachigen und gut verdienenden Beamten der europäischen Institutionen bewohnt werden, die lieber Französisch als Niederländisch lernen und sprechen. Die Flamen fordern seit Jahrzehnten, dass die Behörden im amtlichen Umgang mit den Bürgern ihrer Gemeinden nur das Niederländische benutzen, die einzige Amtssprache in Flandern. Vorerst gibt es für die Französischsprachigen noch Ausnahmeregelungen. Es fällt Ausländern schwer, zu begreifen, dass über die Frage der Beibehaltung oder Abschaffung von auf Französisch formulierten Aufforderungen, zu einem bestimmten Datum den Sperrmüll vor die Tür zu stellen, schon Regierungen gestürzt sind.

Die Konflikte zwischen den Flamen und den Wallonen, die kein »Sprachenstreit« sind, sondern eine Auseinandersetzung zwischen zwei unterschiedlichen Kulturen um Einfluss, Macht und als angestammt betrachtete Rechte, beherrschen seit Jahrzehnten die belgische Gesellschaft und absorbieren unendlich viel Energie. Sie haben dazu geführt, dass sich die Volksgruppen auch auf menschlicher Ebene erheblich entfremdet haben. Als ich in einem spanischen Ferienort meinen zukünftigen Mann kennen lernte und erfuhr, dass er in Antwerpen wohnte, wollte ich unserem Gespräch auf die Sprünge helfen, indem ich ihm ein bisschen von meinen vier Jugendjahren in Brüssel erzählte. Brüssel liegt 45 Kilometer südlich von Antwerpen. »Weißt du, ich bin nicht oft in Brüssel«, sagte mein neuer Bekannter und senkte, verlegen ob meiner Kenntnis der Welt, das Haupt. Fast wollte ich an ihm zweifeln. Später erfuhr ich, dass er, wie zahllose andere Flamen, nur ein einziges Mal in seinem Leben in der zweisprachigen Hauptstadt-Region war, um dort irgendwelche administrativen Dinge zu erledigen. Freiwillig fahren Flamen nicht nach Brüssel, übrigens auch nicht zum wirklich schönen dortigen Weihnachtsmarkt; da fahren sie lieber mit dem Reisebus nach Aachen oder nach Canterbury jenseits des Ärmelkanals. Deutschland und England sind ihnen emotional näher und durchaus auch sympathischer als Brüssel und die südliche Hälfte des eigenen Landes. Wenn ich wiederum, die ich viele Jahre im Brüsseler Verlagshaus der Zeitung »Le Soir« arbeitete, französischsprachigen Kollegen erzählte, dass ich in Antwerpen wohne, dann konnte ich von ihren Gesichtszügen unausgesprochenes Mitleid ablesen. »Solch ein wohlerzogenes Geschöpf«, dachten meine Kollegen garantiert, »und dann verbannt in die tiefste Provinz!« Für die Brüsseler – und auch die Wallonen – sind die Flamen noch immer dumm und bäurisch. Für die Flamen sind die Brüsseler arrogant und distanziert.

Zu den Aversionen vor allem der jungen Flamen gegen ihre Landsleute südlich der Sprachengrenze trägt auch bei, dass alle Flamen ab dem vierten Schuljahr Französisch lernen müssen, während kein wallonischer Schüler jemals im Laufe der Geschichte dazu gezwungen wurde, das Niederländische zu erlernen. Seit jeher wird Niederländisch an wallonischen Schulen gar nicht oder nur als Wahlfach angeboten, und nur wenige Schüler wählen es auch. Dass ihre Altersgenossen die zweite Landessprache nicht erlernen müssen, merken die kleinen Flamen spätestens dann, wenn sie mit ihren Eltern zum ersten Mal ein Wochenende in den Ardennen verbringen. Sie finden diese Asymmetrie durch und durch ungerecht, zumal nicht wenige flämische Schüler wegen der Französischnoten regelmäßig um die Versetzung bangen müssen. Einig sind sich beide

Volksgruppen allerdings darin, dass sie die Sprache der jeweils anderen kompliziert und schwer erlernbar finden. Wer könnte es ihnen verübeln? Ein Flame erlernt spielend das Englische, zumal amerikanische und englische Kino- und Fernsehfilme wegen der Begrenztheit des niederländischen Sprachraums selten synchronisiert, sondern mit Untertiteln versehen werden; ein Wallone erlernt leicht romanische Sprachen wie Italienisch oder Spanisch. Das Problem Belgiens ist, dass die Grenze zwischen dem germanischen und romanischen Sprachraum mitten durchs Land verläuft, wohingegen sie sich im übrigen Europa, abgesehen von der Schweiz, mit den Landesgrenzen deckt. Warum hat die Schweiz nicht diese Probleme? Weil sich ihre Einwohner ihren Staat erkämpft haben, die Belgier aber von den europäischen Großmächten in einen Staat geschoben wurden.

Die mangelnde Solidarität zwischen den Einwohnern Belgiens trägt entscheidend zur Unsichtbarkeit des Landes bei. Auch Deutschland besteht aus höchst unterschiedlichen Regionen, aber es hat wenigstens nach außen hin ein relativ einheitliches, wenn auch ziemlich derbes Image, das – ich beschränke mich auf den Durchschnittsbelgier – aus der Nationalelf, den Volksmusiksendungen im Fernsehen und aus als unverwüstlich angesehenen Markenartikeln à la Volkswagen besteht. Belgien hat bis auf Pralinen, Pommes frites und sein Königshaus wenig Symbole. Berühmte französischsprachige Belgier gelten meistens als Franzosen. Berühmte alte flämische Maler wie Peter Paul Rubens und die Brueghel-Familie laufen in den Kunstenzyklopädien unter »niederländische Maler«. Natürlich stimmt das, da Flandern zu ihren Lebzeiten, im 16. und 17. Jahrhundert, Teil der spanischen Niederlande war, aber der durchschnittliche Kunstkenner schlägt sie dennoch dem heutigen Holland zu. Und der König taucht nur ganz selten in der Öffentlichkeit auf, und wenn, dann wählt er seine Worte mit Bedacht, um ja nicht die Befugnisse eines konstitutionellen Monarchen zu überschreiten, der sich – anders zum Beispiel als die niederländische Königin Beatrix – aus den politischen Querelen seines Landes herauszuhalten hat. Das macht auch den belgischen König nicht gerade zum Symbol für Belgien.

Auch die heutige Staatsstruktur hindert Belgien daran, sich nach außen hin deutlich zu profilieren. 1970 fing die Regierung an, das Land in mundgerechte Häppchen zu zerlegen, um die Streitereien zwischen den Sprachgemeinschaften zu entschärfen. Zunächst gründete sie »Kulturräte«, die bestimmte, begrenzte Befugnisse in Bezug auf die Sprache und die Kultur der einzelnen Regionen hatten, nämlich Flandern, die Wallonie und die deutschsprachige Gemeinschaft im Osten des Landes. Aus den Kulturräten sind im Laufe der Jahrzehnte veritable Parlamente geworden, die Regierungen und Ministerpräsidenten ernennen und weitgehend autonom ihr jeweiliges »Bundesland« regieren.

Bei diesen Bundesländern, in Belgien »Regionen« genannt, handelt es sich heute um Flandern, die Wallonie und das offiziell zweisprachige, de facto jedoch einsprachig frankophone Brüssel. Hinzu kommen aber noch drei weitere »Bundesländer«, die allerdings keinen territorialen Charakter haben, nämlich die Flämische Gemeinschaft, die Französischsprachige Gemeinschaft und die Deutschsprachige Gemeinschaft. Auch diese »Gemeinschaften« haben je ein gewähltes Parlament, wobei Flandern aber bereits zu Beginn der Föderalisierung so weitsichtig war, »Region« und »Gemeinschaft«[*] zusammenzulegen, um sein Image zu konsolidieren. Das macht in Belgien, das ungefähr so groß ist wie das deutsche Bundesland Baden-Württemberg, nämlich rund 35 000 Quadratkilometer, und das ungefähr ebenso viele Einwohner hat, nämlich 10,4 Millionen, schon einmal fünf Parlamente, fünf Regierungen und fünf Ministerpräsidenten. Hinzu kommt natürlich die Bundesregierung in Brüssel, macht sechs Parlamente, sechs Regierungen und sechs Ministerpräsidenten.

Die kleinste »Gemeinschaft« ist mit rund 70 000 Bürgern die deutschsprachige. Sie wird von einem Ministerpräsidenten und drei Ministern regiert, was in punkto Ministerdichte pro Kopf

---

[*] Im weiteren Verlauf dieses Buch wird der Deutlichkeit halber fast durchgängig der nicht ganz korrekte Begriff »Bundesland« für die belgischen »gewesten« beziehungsweise »régions« (Regionen) sowie für die Französische und Deutschsprachige Sprachgemeinschaft benutzt.

der Bevölkerung weltweit einen Rekord bedeuten dürfte. Das größte Bundesland ist mit 6 Millionen Einwohnern Flandern, gefolgt von der Wallonie mit 3,4 Millionen Einwohnern und der Brüsseler Hauptstadt-Region mit knapp 1 Million Einwohnern.

Vertrackt daran ist, dass sich die drei Regionen und die drei Gemeinschaften zum Teil überschneiden. Das führt dazu, dass französischsprachige Brüsseler oft jährlich wählen müssen: Zu wählen gilt es abwechselnd das Parlament der Französischsprachigen Gemeinschaft, des Bundeslands Brüssel und des belgischen Staats, wozu noch die Kommunal- und die Europawahlen kommen. Wie soll man all die Minister, die einander in schneller Folge ablösen, noch auseinander halten, wie gar die Namen der Minister der jeweiligen Nachbarregionen und -gemeinschaften im Kopf behalten?

Im Januar 2006 gab es in Belgien insgesamt 43 Bundes-, Regional- und Gemeinschaftsminister, neun – den Ministern in etwa gleichgestellte – Staatssekretäre und sechs Ministerpräsidenten; in Baden-Württemberg hingegen, um beim Beispiel zu bleiben, werden rund 10 Millionen Menschen von neun Ministern und einem Ministerpräsidenten regiert.

Sogar die Belgischen Verkehrsämter im Ausland wurden »föderalisiert«. Für Deutschland heißt das, dass das in Köln ansässige Belgische Verkehrsamt 2001 in ein Verkehrsamt mit dem Namen »Tourismus Flandern-Brüssel« und eines mit dem Namen »Belgien-Tourismus Wallonie-Brüssel« aufgeteilt wurde. Jedes Verkehrsamt wirbt bei Journalisten und Reiseveranstaltern mit Presseverlautbarungen, Pressereisen, Prospekten und Pauschalreiseangeboten für ihr jeweiliges Bundesland und beide werben, wenn auch mit unterschiedlichen Schwerpunkten, für Brüssel. Das Ergebnis ist total verwirrend. Kürzlich entdeckte ich in einer deutschen Zeitung einen Artikel, in dem zu lesen stand, dass Belgien sich nun als Wald- und Wanderland profilieren würde. In Flandern gibt es kaum Wälder. In Wirklichkeit handelte es sich um eine Aktion, die ausschließlich auf die Wallonie und dort auf die Ardennen beschränkt war.

Umleitungsschilder in Niederländisch und Französisch – Brüssel ist offiziell zweisprachig und, wie man sieht, manchmal chaotisch.

Was tut man, wenn man in solch einem Chaos lebt? Man zieht sich, um seine Umwelt überhaupt noch strukturieren zu können, auf das eigene Dorf, die eigene Stadt, allenfalls die eigene Provinz zurück, als da auf flämischer Seite Westflandern, Ostflandern, Antwerpen, Limburg und Flämisch-Brabant und auf wallonischer Seite Hennegau, Namur, Lüttich, Luxemburg und Wallonisch-Brabant wären. Die Treue zur eigenen Stadt hat in Belgien eine Tradition, die bis auf die flandrischen Grafen und die Lütticher Fürstbischöfe zurückgeht. Man fühlt sich in allererster Linie als Antwerpener, Genter und Lütticher. Dann kommt erst einmal lange Zeit nichts. Anschließend fühlt man sich als Flame oder Wallone. Und ganz zum Schluss folgt die belgische Identität. Auch das Verhältnis zwischen den einzelnen Städten und Provinzen kann, selbst wenn sie auf ein- und derselben Seite der Sprachengrenze liegen, als eher distanziert betrachtet werden. Ein Lütticher fühlt sich noch immer als Bürger des alten, stolzen Fürstbistums, ein Einwohner Arlons als halber Luxemburger. Die durch ihren Hafen durchaus weltoffenen Antwerpener blicken nicht ohne Geringschätzung auf die etwas schwerfälligen Ost- und Westflamen herab, die fern der Küste in Städten und Dörfern leben, in denen – nach Meinung der Antwerpener – der Kirchturm immer noch der wichtigste Orientierungspunkt ist. Überdies können Antwerpener und Westflamen, um nur ein Beispiel zu nennen, einander schlecht verstehen: Durch die jahrhundertelange Isolation Flanderns von der niederländischen Hochsprache haben sich in den vergangenen fünfhundert Jahren im 280 Kilometer breiten und 75 Kilometer tiefen Flandern zahllose Dialekte herausgebildet, die nicht mehr Ähnlichkeit miteinander haben als das Bayerische und das Norddeutsche. Ich selbst hatte jahrelang Probleme mit dem von zahllosen französischen Lehnwörtern durchsetzten Dialekt des Heimatdorfes meines Mannes, obwohl es nur 16 Kilometer von Antwerpen entfernt liegt. Dafür schmunzelt man heute dort, wenn ich einmal ein Antwerpener Dialektwort ins Gespräch einfließen lasse. Das Ganze hat dazu geführt, dass zum Bespiel Fernsehreportagen, die im westflämischen Brügge gedreht werden, wo man das »g« als »h« ausspricht, sicherheitshalber für die übrigen flämischen Fernsehzuschauer mit hochniederländischen Untertiteln versehen werden. Auch das fördert nicht gerade das Wir-Gefühl der Belgier.

Nicht viel anders ist die Situation in der Wallonie: Auch dort wird in jeder Region ein eigener Dialekt gesprochen, und insgesamt unterscheidet sich das wallonische Französisch mit seinen keltischen Einflüssen recht stark von der französischen Hochsprache, was dazu führt, dass Franzosen auf die Wallonen herabblicken und die Wallonen die Franzosen arrogant finden. Der sprachliche Schmelztiegel Belgiens ist Brüssel. Das echte »Bruxellois« ist ein von flämischen Dialektausdrücken durchsetztes wallonisches Französisch, das ausgesprochen gemütlich und originell klingt; nur verschwindet es langsam, aber sicher unter dem Ansturm der belgischen, europäischen und nichteuropäischen Neu-Brüsseler, die eher Französisch sprechen als Niederländisch, und schon gar kein »Bruxellois«.

Der wahre Hort des Belgiers aber ist nicht seine Provinz, seine Stadt oder sein Dorf, sondern sein Haus. »Sein« ist hier durchaus als besitzanzeigendes Fürwort zu begreifen. Phänomenale

72,3 Prozent aller Belgier wohnen in ihrem eigenen Einfamilienhaus, wobei der Großraum Brüssel mit nur 28 Prozent die Statistik erheblich nach unten zieht: In Flandern sind es knapp 80 Prozent, in der Wallonie 82 Prozent und außerhalb der großen Städte vielerorts mehr als 90 Prozent. »Ein Belgier wird mit einem Backstein im Magen geboren«, lautet ein geflügeltes Wort im Land. Zählt man zu den Einfamilienhäusern die von ihren Besitzern bewohnten Eigentumswohnungen hinzu, stellt man fest, dass nur 22 Prozent aller Belgier zur Miete wohnen. Mietern begegnet man mit Mitleid. »Einer von fünf Belgiern kann sich kein Wohneigentum leisten!« titelte kürzlich anklagend die linksliberale flämische Tageszeitung »De Morgen«. Zumindest die flämische Regierung hat sich mittlerweile ihrer erbarmt: Im Dezember 2005 gab sie weitere 100 000 Grundstücke zum Bebauen frei.

Ich selbst gehöre der Mehrheit der Hausbesitzer an. Mein Mann und ich fanden ein Haus, noch bevor ich nach Antwerpen zog. Die Haussuche hatte genau eine Woche gedauert. Wir waren ein paar Mal durch das Viertel unserer Wahl spaziert, hatten uns die Telefonnummern aufgeschrieben, die auf den orangeroten DIN-A-4-Plakaten standen, die in den Fenstern der zu verkaufenden Häuser hingen, die Besitzer angerufen und uns die Häuser angesehen. Das dritte war das Richtige. Es war, wie unzählige andere Reihenhäuschen in Belgien, aus Ziegelsteinen erbaut und fünf Meter breit, fünfzehn Meter tief und ein Stockwerk hoch. Dahinter befand sich ein ebenfalls fünfzehn Meter tiefer Garten. Ich war bezaubert. Daraufhin machten wir einen Termin mit der Hausbesitzerin, der Witwe eines städtischen Beamten, die froh war, sich zu einem akzeptablen Preis von einem ihrer drei Häuser trennen zu können, leerten mit ihr eine Flasche Champagner und verabredeten uns beim Notar. Vier Wochen später gehörte das Haus uns. *

Das damals fünfzig Jahre alte, schwer renovierungsbedürftige Reihenhäuschen kostete umgerechnet 30 000 Euro. Heute,

---

* Über die derzeitigen Modalitäten des Immobilienerwerbs in Belgien erschien im Debelux-Journal 6/2005 der Deutsch-Belgisch-Luxemburgischen Handelskammer (debelux) Köln/Brüssel ein informativer Artikel.

gut zwanzig Jahre später, würde solch ein Haus in Flandern 100 000 Euro und in der Wallonie 87 000 Euro kosten – noch immer ein Preis, den man, legt man das Äquivalent einer durchschnittlichen Wohnungsmiete von 400 Euro zugrunde, auch ohne Startkapital in 25 Jahren abbezahlen kann, ohne sich krumm zu legen. Tatsächlich ist der durchschnittliche Belgier mit 33 Hausbesitzer. Viele junge Belgier aus meinem Bekanntenkreis kaufen aber bereits ein Haus oder eine Eigentumswohnung, sobald sie über ein festes Einkommen verfügen, also Mitte zwanzig. »Ich bezahle die Miete lieber in meine eigene Tasche als in die eines Vermieters«, dieses tatsächlich logische Argument hört man in Belgien dauernd.*

Natürlich greift es nur, wenn auch genügend Wohnraum zur Verfügung steht. In Belgien übertrifft das Angebot bei weitem die Nachfrage. In meiner Straße und den angrenzenden Straßen, die alle in den dreißiger und vierziger Jahren des vergangenen Jahrhunderts angelegt wurden, stehen zurzeit rund zwei Dutzend Häuser zum Verkauf – eins hübscher als das andere und viele davon bereits geschmackvoll renoviert. Die meisten Häuschen sind klein und innen verwinkelt. Aber sie haben einen individuellen Charme, und auf 150 Quadratmetern, die sich in eine Etage und einen ersten Stock von je 75 Quadratmetern aufteilen, kann auch eine vierköpfige Familie glücklich werden.

Das Überangebot an Häusern hat zwei Gründe, erklären Hans Ibelings und Francis Strauven in ihrem Buch »Zeitgenössische Architektur in den Niederlanden und Flandern«. Der erste ist ein historischer, der zweite ein psychologischer, der aber mit dem ersten verschränkt ist. Historisch erlebte Belgien in den dreißiger Jahren des vergangenen Jahrhunderts und in den Nachkriegsjahren je eine große Bauwelle. In den dreißiger Jahren begannen viele belgische Städte wegen hoher Geburtenraten und einer florierenden Wirtschaft aus allen Nähten zu platzen. Die Stadtverwaltungen stellten den Bürgern

---

* Durchschnittlich heiratet nach Angaben des Nationalen Statistik-Instituts (Zahlen von 2003) eine Belgiern mit 26 und ein Belgier mit 29 zum ersten Mal. Viele von ihnen ziehen dann bereits ins eigene Haus.

Bauland am Stadtrand zur Verfügung, das sie in schmale Parzellen von ungefähr fünf mal dreißig Meter aufteilte, von denen die vorderen fünfzehn Meter bebaut werden durften. So entstanden rings um Brüssel, Lüttich, Antwerpen oder Gent die ersten, für Belgien typischen langen Straßenzüge mit relativ einheitlichen Klinkerfassaden. Da im Zweiten Weltkrieg in Belgien wenig Bausubstanz zerstört wurde, gibt es diese Häuser immer noch. Zur zweiten großen Bauwelle kam es nach dem Zweiten Weltkrieg. Diesmal ging es nicht darum, die Menschen aus überbevölkerten Städten ins Grüne auszusiedeln; es ging der starken Katholischen Partei vor allem darum, der Sozialistischen Partei Wähler abspenstig zu machen, wobei die »Entproletarisierung« der Bevölkerung durch möglichst weit verbreiteten Eigenheimbesitz das Hauptinstrument war. Das Wohnen im Wohnblock wurde im katholisch-liberalen Belgien traditionell als unzumutbare Einschränkung der persönlichen Freiheit und der Wohnblock selbst als Brutstätte des Unfriedens betrachtet. Schon 1945 nahm die Katholische Partei kräftige Zuschüsse für künftige Hausbesitzer in ihr Wahlprogramm auf. 1949 kamen die Katholiken, die sich nun Christlichsoziale Volkspartei (CVP/PSC) nannten, nach einem kurzen sozialistischen Intermezzo an die Regierungsmacht. In den Jahren darauf wurde gebaut, was das Zeug hielt. Die Motivation der Bauherren wurde dadurch erhöht, dass sie bauen durften, wo sie wollten beziehungsweise ein erschwingliches Grundstück fanden. Bis 1995 gab es in Belgien keine verbindlichen Bebauungs- und Strukturpläne. Die einzige Vorgabe war jahrzehntelang, dass das Haus ans öffentliche Straßennetz angeschlossen war. Das konnten Straßen sein, die zwei Dörfer miteinander verbanden, was zum Entstehen monotoner Straßendörfer führte, die heute vor allem in Flandern die Landschaft streckenweise nicht wenig verschandeln. Das konnten auch ländliche oder Gewerbegebiete sein, in denen es noch freie Grundstücke gab.

Ein eindrucksvolles Beispiel ist die Schnellstraße A12 zwischen Brüssel und Antwerpen, wo sich Discountläden, eine Müllverbrennungsanlage, Baumärkte, Autogroßhändler, Kneipen und Klinkerhäuschen über Dutzende von Kilometern ein bizarres Stelldichein geben. Erstaunlicherweise haben viele der

Häuschen, vor deren Haustür der tägliche Berufsverkehr zwischen Brüssel und Antwerpen vorbei rast, überraschend gepflegte Fassaden und Vorgärten mit Ligusterhecken und Rosenstöcken, die von Liebe zum und Sorge ums Häuschen zeugen, auch wenn die Rauchschwaden der benachbarten Müllverbrennungsanlage des Antwerpener Vororts Wilrijk darüber hinwegziehen. Wieso halten die Menschen es hier aus? Ganz einfach: Weil ein Belgier nicht umzieht. Einer meiner Nachbarn bekam vor einigen Jahren eine Stelle in Namur. Namur ist rund 100 Kilometer von Antwerpen entfernt. Jeden Tag fährt er mit dem Auto morgens von Antwerpen nach Namur und abends zurück, wobei er täglich zwei Mal mindestens eine halbe Stunde lang auf der Brüsseler Umgehungsautobahn im Stau steht. Das macht zusammen vier Stunden Fahrzeit pro Tag. Aber nie würde er auf die Idee kommen, sich in Namur ein Studio für die Woche zu mieten: Nur in den eigenen vier Wänden, die niemand ihnen mehr wegnehmen kann, fühlen Belgier sich sicher und geborgen. Nicht ohne Grund werden in ganz Belgien abends um fünf die Jalousien der Häuser heruntergelassen. Ein Freund von mir, Lehrer an einem Brüsseler Jesuitenkolleg, hat die Fenster an der Vorderfront seines äußerst geschmackvoll eingerichteten Hauses sogar mit Gardinen versehen lassen, die ringsherum fest in einen Rahmen eingespannt sind, so dass man sie nicht auf- oder hochziehen kann. So kann niemand in das Haus hineinsehen. »Und wenn du die Fenster einmal putzen möchtest?« fragte ich ihn verblüfft. Durch die Spanngardinen würden die Fenster von innen nicht schmutzig, bemerkte er richtig, und einmal im Jahr könnte man die Rahmen ja auch demontieren.

Von vorne geben sich die Häuser adrett und ordentlich. Drinnen und dahinter jedoch herrscht der pure Individualismus, manchmal auch das reine Chaos. Die meisten Belgier betrachten ihre Häuser ihr ganzes Leben lang als »work in progress«. Ständig werden sie umgebaut, wobei sich die Umbauten vor allem an der jeweiligen Familiengröße orientieren. Kommt ein Kind hinzu, wird mit Hilfe von Freunden und Verwandten in einem Zimmer eine Zwischenwand hochgezogen und ein Fenster in die Außenmauer gebrochen, um ein zusätzliches Kinderzimmer zu schaffen. Hat man endlich genug Geld beisammen, um neue elektrische Leitungen verlegen zu lassen, werden die Wände und Fußböden wieder aufgefräst. Will man Heizungskosten sparen, werden Zwischendecken eingezogen. Natürlich ist man bei alledem auf die vorhandene Bausubstanz angewiesen. Das führt manchmal zu gewagten Lösungen.

Ein gutes Beispiel ist das gut hundert Jahre alte Haus einer befreundeten belgischen Familie. Als meine Freundin und ihr Mann es vor zwanzig Jahren kauften, gab es dort keine Badezimmer, und die Toilette befand sich im Hof. Wie mit wenig Geld das Problem lösen? Man ließ der Phantasie freien Lauf und brachte Toilette und Dusche in einem Anbau an der Rückseite des Hauses unter. Der kleine Nachteil ist, dass man den Anbau durchqueren muss, wenn man in den Garten gelangen will. Für den Vater, die Mutter und die beiden Kinder ist das kein Problem – man kann durchaus einmal an einem duschenden Kind vorbeispazieren, und wenn die Toilette besetzt ist, wartet man halt im Wohnzimmer oder aber im Garten, bis sie wieder frei ist. Für Bekannte der Familie ist das schon schwieriger. So klopfe ich denn, wenn ich aus dem Garten wieder ins Haus will, ans Küchenfenster – das seinerseits nicht ins Freie führt, sondern an eine ebenfalls nachträglich angebaute Veranda –, und wenn die Toilette frei ist, winkt mich derjenige, der gerade im Haus ist, herein. Erstaunlich ist in vielen alten, renovierten Häusern auch die Kleinheit der Küche. Vor hundert Jahren wurde auf schicke Küchen nun einmal kein Wert gelegt. Wenn man nicht das Geld hat, Mauern heraus zu brechen und neue Gas-, Wasser- und Stromleitungen zu verlegen, muss man sich mit der alten Einteilung zufrieden geben. Das führt dazu, dass die Küchen vieler meiner Bekannter gerade einmal sechs Quadratmeter groß sind. Für eine Spülmaschine reicht auch in noblen, alten, großen Häusern oft der Platz nicht.

Wirklich abenteuerlich wird die belgische Baulandschaft, wenn man hinter die Häuser schaut. Das geht, da man selten eingeladen wird, am besten von den Zügen aus, die an der Rückseite der Häuser vorbeifahren. Vor dem Zugfenster entfaltet sich eine wirre Landschaft von Veranden und Schuppen, die, hintereinander gestaffelt, oft fast die ganze Tiefe der Gärten einnehmen. Diese aus Holzbalken, Teerpappe und Wellblech zusammengezimmerten Schuppen, die so typisch belgisch sind, dass sie in beiden Landessprachen *kot* genannt werden, enthalten alles, was ihre Besitzer in den kleinen Häuschen nicht unterbringen können, vom Angelgerät bis zur Waschmaschine, und was sie nicht wegwerfen wollen, vom verrosteten Fahrrad bis zu leeren Ölkanistern. Warum werfen sie den Schrott nicht weg? Weil er ihnen das Gefühl vermittelt, für kommende Notzeiten gerüstet zu sein. Die allermeisten dieser Anbauten, auch veritable Veranden, wurden unter wohlwollendem Wegblicken der Behörden errichtet. Denn eigentlich darf ein 15 Meter tiefes Haus nicht tiefer werden, weil es drinnen sonst zu dunkel wird, was der Gesundheit der Bewohner abträglich wäre. Aber die Obrigkeit weiß sowieso, dass sie die Bau- und Bastelwut ihrer Untertanen nicht eindämmen kann, weshalb sie sich mit den zahllosen illegalen *koten* und Veranden abgefunden hat.

Mehr noch, wenn jemand einen Anbau ordnungsgemäß anmelden will, stößt er auf völliges Unverständnis. Das erfuhr ich, als ich versuchte, beim Bauamt unserer Gemeinde die Genehmigung für den Bau einer Veranda einzuholen. Ich fand mich ehrlich. Der Beamte fand mich exotisch. Es galt, die Veranda an eine Waschküche anbauen zu lassen, von der ich aus dem aus dem Jahr 1937 stammenden Grundriss meines Hauses wusste, dass sie ursprünglich eine Terrasse war, die aber zu einem späteren Zeitpunkt überdacht worden war. Schon durch die Waschküche war das Haus tiefer als die gesetzlich gestatteten fünfzehn Meter. Also begab ich mich mit viel Energie zum Bauamt unserer Gemeinde, um die Waschküche nachträglich und die Veranda mit Blick auf die Zukunft legalisieren zu lassen.

Ich trug dem Schalterbeamten mein Anliegen vor. Er hörte mir zu, setzte seine Brille ab, lehnte sich zurück, betrachtete mich lange und sagte dann: »Wollen Sie wirklich eine Genehmigung haben?« Ich sagte frisch: »Aber gewiss. Wissen Sie, es ist mir ein unangenehmes Gefühl, in einem Haus zu wohnen, das gesetzlich nicht in Ordnung ist. Was muss ich tun?«

Typisch belgische Grundstücke mit schmalem Vorderhaus und langem Gartenstück – hier finden sich die abenteuerlichsten Nebengebäude.

Mein Beamter verschluckte ein – so nehme ich heute an – »Typisch deutsch«, schüttelte den Kopf, kramte in seinen Schubladen und zog schließlich einen Aktenordner heraus. Darin blätterte er lange herum, bevor er mir mit einem Gesichtsausdruck, den ich nicht zu interpretieren vermochte, ausführlich antwortete. Ich müsse den ursprünglichen Plan unseres Hauses vorlegen sowie einen Plan meines Hauses zeichnen oder zeichnen lassen, aus dem der Jetzt-Zustand hervorginge. Den müsste ich überdies mit Fotos belegen. Anschließend müsste ich beim Grundbuchamt einen Bebauungsplan unserer Straße anfordern, aus dem die Einbettung unseres Hauses zwischen den Nachbarhäusern ersichtlich sei. Und schließlich müsste ich eine beglaubigte Kopie der Kaufurkunde beschaffen. Wenn ich alle Dokumente beisammen hätte, dann könnte ich wiederkommen. Dann dauere das Verfahren noch etwa drei Monate und dann bekäme ich mit ein bisschen Glück die nachträgliche Genehmigung für die Waschküche und die offizielle Baugenehmigung für die Veranda. Am Ende seiner Ausführungen sah er mich triumphierend an. Einige Sekunden lang war ich etwas verwirrt. Dann verabschiedete ich mich und eilte nach Hause.

Dort machte ich mich unverzüglich ans Telefonieren, Vermessen und Zeichnen. Das Zeichnen auf Millimeterpapier war mühsam. Ich rief den Beamten an. Er sagte: »Am besten, Sie beauftragen damit einen Architekten. Das ist aber teuer.« Ich hörte an seinem Tonfall, dass er eigentlich hätte sagen wollen: »Sind Sie wirklich von Ihrer Genehmigung so besessen, dass Sie immer noch nicht aufgegeben haben?« Nein, nun war mein Ehrgeiz erst richtig geweckt! Ich übertrug die Roh- in eine Reinzeichnung. Dann fotografierte ich die Rückfront unseres Hauses und die Waschküche. Schließlich traf auch der Bebauungsplan ein. Nun musste ich nur noch die Kaufurkunde beim Notar beglaubigen lassen. Nach zwei Monaten besuchte ich abermals meinen Beamten.

Er studierte eingehend meine Zeichnungen und die liebevoll mit Stehlampen ausgeleuchteten Fotos und fragte dann: »Wie lange gibt es Ihrer Meinung nach schon die Waschküche?«

Ich sagte: »Keine Ahnung. Als wir das Haus kauften, war sie schon da.«

Er: »Die Waschküche vergessen wir jetzt ganz schnell. Wahrscheinlich ist sie älter als 25 Jahre und mithin verjährt. Da kann niemand Sie mehr belangen. Und nun eine Frage, junge Frau: Wie ist das Verhältnis zwischen Ihnen und Ihren Nachbarn?«

Total verblüfft antwortete ich, dass es besser nicht sein könne. »Warum fragen Sie mich das, bitteschön?«

Er erklärte, dass missgünstige Nachbarn bei der Gemeinde eine Beschwerde einreichen könnten, wenn sie erfahren würden, dass ich an die Rückfront meines Hauses eine Veranda anbauen würde. Damit könnte ich mir ein Verfahren wegen eines ungesetzlichen Bauvorhabens an den Hals laden. Da ich aber offensichtlich keine missgünstigen Nachbarn hätte, sähe er nicht ganz ein, warum ich überhaupt eine Genehmigung beantragen würde. Und was erschwerend hinzukäme: »Ihre Nachbarn haben doch sicherlich ›koten‹ in ihrem Garten. Wenn die Baubehörde die Veranda abnimmt, werden sie wahrscheinlich entdeckt, und dann möchte ich nicht in Ihrer Haut stecken.« Er sah mein hilf- und ratloses Gesicht. Daraufhin fuhr er sein schwerste Geschütz auf: »Und beinahe hätte ich es vergessen: Durch die Waschküche«, er studierte meinen Plan, »ist Ihr Haus heute schon sechs Quadratmeter größer als offiziell angegeben. Durch die Veranda wird es noch größer. Also müssten Sie, wenn Sie sie anmelden, künftig höhere Steuern dafür bezahlen. Und das wollen wir doch nicht, oder?« Er sagte »wir« und nicht »Sie«.

Ich unternahm einen letzten Versuch, mein Haus zur Gänze legalisieren zu lassen: »Und was ist, wenn ich das Haus verkaufe und Küche und Veranda sind nicht genehmigt?«

Der Beamte sagte: »Auch die Veranda ist in 25 Jahren verjährt und«, er lächelte freundlich, »so wie Sie aussehen, *juffertje*, Fräuleinchen, glaube ich nicht, dass irgendeine Notwendigkeit für Sie besteht, Ihr Haus innerhalb dieser Zeit zu verkaufen.« Ich hatte zu diesem Zeitpunkt die Lebensmitte überschritten und war natürlich ein bisschen geschmeichelt.

Also raffte ich Fotos, Zeichnungen und Bebauungsplan zusammen und nickte ihm verwirrt zu. Er lächelte mich aufmunternd an, stand auf und reichte mir, was in Belgien eher unüblich ist, die Hand. Das hatte etwas Definitives. Eine Woche später rückte Marcel an, der Vater eines Freundes meines Sohnes und mittelständischer Bauunternehmer, und lud unter den wohlwollenden Blicken der Nachbarn die schweren Balken aus seinem Lieferwagen. Daraufhin baute er die Veranda an die verjährte Waschküche an. Natürlich ohne Rechnung, weil, wie Marcel mir erklärte, »ich die meinem Steuerberater vorlegen müsste und du dann Ärger mit der Baubehörde bekommen könntest«. Er unterließ es, zu erwähnen, dass auch er eine ordentliche Summe in Schwarzarbeit verdient hatte. Ich verstand ihn ohne Worte. Vor allem aber hatte ich verstanden, dass letztendlich drei Parteien von dem Deal profitiert hatten – Marcel, weil er weniger Steuern bezahlen musste, ich, weil ich auf unabsehbare Zeit weiterhin den niedrigsten Steuersatz für mein Haus zu zahlen habe, und mein Beamter, da er sich unnötige und ungewohnte Arbeit erspart hatte. Der einzige Geschädigte ist in diesen und ähnlichen Fällen immer nur der Staat. Aber den empfinden die Belgier als fern und feindlich und sie können absolut nicht einsehen, wieso sie ihn unterstützen sollen, wo er ihnen doch knapp zweitausend Jahre lang das Leben schwer gemacht hat.

Alles und jedes wird in Belgien ausgehandelt, wobei im Mittelpunkt der Verhandlungen stets das Bestreben steht, es sämtlichen beteiligten Parteien möglichst recht zu machen. Das bezieht sich auf die politische, wirtschaftliche und private Ebene der Gesellschaft. Der Vorteil ist, dass selten jemandem richtig wehgetan wird, der Nachteil, dass viele Entscheidungsprozesse schleppend verlaufen und der erzielte Kompromiss oft ein wackeliges Konstrukt ist. Seit rund fünfzig Jahren verhandeln Flamen und Wallonen über ihre Rechte und Kompetenzen innerhalb des belgischen Staats – herausgekommen ist dabei ein Staatsgebilde, in dem einerseits der Konfliktstoff auf ein Minimum reduziert wurde, das andererseits jedoch total unübersichtlich geworden ist. Auch die Wirtschaftsunternehmen können es sich nicht erlauben, Entscheidungen über Löhne und Arbeitszeiten ohne vorherige gründliche Verhandlungen mit drei verschiedenen Gewerkschaften – der christlichen, der liberalen und der sozialistischen – zu treffen, wobei sich im Vorfeld der Verhandlungen erst die Gewerkschaften untereinander einigen müssen, was schon einmal einige Wochen, ja Monate dauern kann. Vor allem ausländische Kunden sind natürlich häufig genervt, weil sie nicht begreifen können, dass die Unternehmensleitung nicht einfach einmal mit der Faust auf den Tisch haut und zum Beispiel Nachtarbeit verfügt, wenn im Antwerpener Hafen Engpässe bei der Schiffsabfertigung auftauchen. Aber da ist erstens der Gesetzgeber vor und zweitens haut ein Belgier nicht mit der Faust auf den Tisch.

Im privaten Bereich äußert sich die Kompromissbereitschaft in einer gewissen, durchaus wohltuenden Stille, die über der Gesellschaft liegt. Anders als in Deutschland habe ich in den vergangenen zwanzig Jahren so gut wie nie erlebt, dass jemand auf der Straße einen anderen Menschen anpöbelte, dass sich ein Gast in einem Restaurant lautstark über die Qualität einer Mahlzeit beschwerte oder dass sich jemand in einer Schlange Wartender vordrängelte. Ärgert man sich auf der Straße aus irgendeinem Grunde über einen Mitmenschen, dann geht man lieber einfach weg, als ihn wegen des Ärgernisses zur Rechenschaft zu ziehen. Ist man mit seiner Mahlzeit nicht zufrieden, dann antwortet man auf die Frage des Obers, ob es geschmeckt hat, mit einem neutralen »ja, danke« und besucht das nächste Mal ein anderes Restaurant. Hat man es bei der Post, an der Supermarktkasse oder in der Bank wirklich einmal eilig, dann fragt man die anderen Wartenden so freundlich wie möglich, ob sie einen vielleicht vorlassen könnten, wobei man häufig noch den Grund angibt, à la: »Ich muss meine Tochter von der Schule abholen und ich habe mich verspätet.« Jeder wird einen vorlassen.

Natürlich gibt es auch in Belgien nicht nur bescheidene Menschen mit mittlerem Einkommen. Aber die Society, hier *beau monde* oder *schoon volk*, »schönes Volk« genannt, setzt alles daran, um nicht aufzufallen. Das tut man, indem man unter sich bleibt. Die *beau monde* wohnt in Villen im Hinterland der Küste und an den Rändern der Städte, vorzugsweise im Norden Antwerpens, im Südosten Brüssels oder am Fluss Leie südlich von Gent, sie feiert Feste von unerhörtem Luxus – wie die Antwerpener Stauerei Katoen Natie, die 2005 ihr 150-jähriges Jubiläum mit 1500 Gästen beging, die volle vier Tage lang von morgens (!) bis abends mit Champagner, Delikatessen und Live-Musik der Spitzenklasse verwöhnt wurden – und sie besitzt Schlösser in Frankreich, wo der eigene Wein angebaut wird, was vor allem unter den Vorstandsvorsitzenden großer belgischer Holdings ein verbreitetes Hobby ist. Auch Katoen Natie feierte ihr Fest unter Ausschluss der Öffentlichkeit; nur in einer einzigen flämischen Zeitung las ich im »Vermischten« den eher amüsierten kurzen Artikel eines Journalisten, der wahrscheinlich eher versehentlich eingeladen worden war. Wer Geld hat, schweigt darüber. Die Gründe dafür liegen, so interpretiere ich das, im katholischen Erbe des Landes und in der angeborenen Scheu der Belgier, sich über die Masse zu erheben. Und dass Öffentlichkeit und Presse mitspielen, liegt am traditionellen Respekt eines jeden Belgiers, selbst der Journalisten, vor dem Privatleben anderer Menschen.

Dies alles führt dazu, dass Belgien ein total heldenresistentes Land ist, was sich im Übrigen auch auf die Sport- und Showbusiness-Szene bezieht. Da die Reichen, Schönen und Erfolgreichen kein Bedürfnis danach haben, sich bewundern zu lassen, ja, es sorgfältig vermeiden, ins Rampenlicht zu geraten, und das Volk nicht dazu neigt, sie zu bewundern, lässt man sich gegenseitig in Ruhe. Im kleinen Belgien läuft man häufig bekannten Schauspielern, Sportlern oder Politikern über den Weg. Anfänglich starrte ich, die ich für den Glanz der Prominenz durchaus empfänglich bin, ihnen noch neugierig und fasziniert nach. Eines Tages standen meine Tochter und ich in einem Gemüseladen in einer Antwerpen Vorstadt plötzlich neben Panamarenko, immerhin eine international anerkannte Ikone der Gegenwartskunst. Nachdem ich mich von meinem ersten Ehrfurchtsschauer erholt hatte, holte ich Luft, um ihm etwas Bewunderndes über seine jüngste Ausstellung im Brüsseler Palais des Beaux-Arts zu sagen. Meine Tochter trat mir nachdrücklich auf den Fuß. Als wir den Laden verließen, sagte sie: »Mama, lass ihn doch in Ruhe, der hat es bestimmt nicht gerne, wenn er von Fremden angesprochen wird!« In solchen Augenblicken findet sie ihre Mutter wieder einmal typisch deutsch, nämlich aufdringlich und indiskret.

»Diskretion ist die Tugend besetzter Völker«, schrieb Geert Van Istendael im erwähnten Essay. Die vielen Jahrhunderte der Fremdherrschaft haben tiefe Spuren in den Genen der Belgier hinterlassen und sind indirekt auch die Ursache für die vielen Brüche, die heute das Land durchziehen. Um Belgien und die Belgier begreifen zu können, muss man die Geschichte des Landes einschließlich der Vorgeschichte kennen. Sie ist eine Erzählung von Armen und Reichen, von Herrschern und Beherrschten, von Glanz und Elend. Und sie ist im kollektiven Gedächtnis des Landes tief verankert: Den Belgiern ist das Schicksal beispielsweise der schönen Maria von Burgund wesentlich geläufiger als den Deutschen, um ein Parallelbeispiel zu nennen, die Wahl ihres Mannes Maximilian zum deutschen König im Jahr 1486, vier Jahre nach Marias tragischem und folgenreichen Reitunfall. Bis dahin hatte »Belgien« aber schon einen weiten Weg zurückgelegt. Er begann in einer kleinen Eburonensiedlung im Osten des Landes, die Atuatuca hieß und heute Tongern heißt.

Belgiens Geschichte: das Stiefkind Europas

Von den Römern bis zur Staatsgründung

Tongern ist ein Dreißigtausend-Einwohner-Städtchen, nur wenige Kilometer nördlich der belgischen Sprachengrenze auf einer flachen Anhöhe gelegen. Westlich der Stadt geht es hinunter zu Flanderns Obstgarten, dem Haspengau, im Osten zum alten Kohlebecken rings um die verarmte wallonische Industriemetropole Lüttich. Knapp hinter Lüttich beginnen die dunklen Wälder der Ardennen. Tongerns Stadtzentrum ist klein, geschlossen und gesellig. Natürlich gibt es dort die unvermeidliche Fußgängerzone mit Mode-, Schuh- und CD-Läden, aber man entkommt ihr schnell: In Tongern sind alle Wege kurz, und schon öffnet sich oben auf dem Plateau der maasländisch-gediegene Marktplatz.

Umgeben ist er von alten Bürgerhäusern, deren Fassaden, wie überall in Belgien, hier und da ein wenig bröckeln. In den Erdgeschossen befinden sich Cafés und Restaurants mit flämischen und französischen Namen: »Le Toerist«, »Café Majestic«, »Taverne Centraal« oder »Au Phare«. Beim geringsten Sonnenstrahl ist auch der letzte Tisch auf den Terrassen voll besetzt. Von dort aus bestaunen die Touristen nach ihrem Besuch des Gallo-Römischen Museums, der bekanntesten Attraktion des Städtchens, die wuchtige Liebfrauenbasilika, die die westliche Seite des Platzes begrenzt. Daneben, zierlich, das barocke Rathaus. Auf den Bürgersteigen stehen Tafeln, auf denen Muscheln, überbackener Chicoree und Käsekroketten angepriesen werden. Ab und zu überquert eine lärmende Pfadfindergruppe den Platz.

Nur flämisch-wallonische Grenzlandidylle? Halt, da ist noch etwas anderes! Fast hätte man es übersehen! Leicht verschoben vom Zentrum des Platzes und umgeben von parkenden Autos erhebt sich auf einem groben Steinsockel das Standbild eines heidnischen Kriegers. In der rechten Hand hält er eine Axt, die linke hat er auf die nackte, muskulöse Brust gelegt. Auf dem Haupt trägt er einen Helm mit zwei Hörnern, über den Rücken hat er einen Fellumhang geworfen. Zornig blickt er über Autos und Straßencafés zur Basilika hinüber. Ein Römer kann der Schnauzbärtige nicht sein, die sahen zivilisierter aus. Eine Inschrift am Fuß des Sockels klärt die Touristen auf: Es handelt sich um den eburonischen Feldherrn Ambiorix vom Stamm der Belgen.

Dass er zornig ist, hat seinen Grund. 54 vor Christus hat er versucht, den Angriff Gajus Julius Cäsars auf die Gegend rings um die Eburonensiedlung Atuatuca abzuwehren. Immerhin ist es ihm und seinen ungeschlachten Mannen gelungen, eine ganze römische Legion aufzureiben. Aber Cäsar rächte sich fürchterlich: Er vernichtete das Volk der Eburonen und verwüstete ihr Land.

Allerdings konnte der Imperator den Belgen (lat. *Belgae*) seinen Respekt nicht versagen: »Ganz Gallien ist in drei Teile aufgeteilt«, schrieb er in seinem Kriegstagebuch »De bello gallico«, »dessen ersten die Belgen bewohnen, den zweiten die Aquitanier und den dritten, die in ihrer eigenen Sprache Kelten und in unserer Gallier genannt werden. (...) Die Belgen aber sind von allen die tapfersten, weil sie von Lebensart und feinerer Bildung am weitesten von der [römischen] Provinz entfernt sind, und weil sehr selten Kaufleute bei ihnen verkehren und das, was zur Verweichlichung der Herzen führt, herbringen, und weil sie den Germanen am nächsten sind, die jenseits des Rheins leben und mit denen sie ständig kämpfen.«

Ihre Tapferkeit hat den Belgen nichts genutzt. 51 vor Christus war nicht nur ihre Heimat, sondern ganz Nordgallien von den Römern erobert. Ambiorix gelang es, in die Ardennen zu flüchten. Dort soll er noch einmal versucht haben, den Widerstand seiner Landsleute gegen den römischen Imperator zu organisieren; dann verliert sich seine Spur für immer im Dunkel der Geschichte und der Sage.

Man möchte beinahe sagen: zum Glück für ihn. Denn er musste nicht mehr mit ansehen, mit welcher Flexibilität sich die Belgen der römischen Lebensweise anpassten. Nun, da sie im Schutze des Imperiums nicht mehr gegen die Germanen kämpfen mussten und außerdem zahlreiche römische Kaufleute in Atuatuca und seinem Umland verkehrten, nahmen sie schnell Lebensart und feinere Bildung an und gaben sich auch sonst nicht ungern dem römischen Luxus hin.

Atuatuca, das heutige Tongern, wurde zu einer prächtigen Stadt mit einem Forum, einem Tempel, einem Amphitheater und einem weitläufigen Thermenkomplex. Dort ließen es sich auch die romanisierten Gallier wohl ergehen. Dass die Römer ihre Untertanen pflegten, lag daran, dass das Umland die Kornkammer Nordgalliens war: Mit dem Ertrag der riesigen Getreidefelder wurden die Truppen am Rheinlimes versorgt, die sich nun anstelle der Gallier den Germanen entgegenstellten. Im Umland von Tongern wurden zahlreiche Überreste römischer Gutshöfe oder Villen ausgegraben. Die Stadtmauer Tongerns war um 100 nach Christus mit gut viereinhalb Kilometern länger als die Kölns.

Es gab sogar Germanen, die freiwillig in die blühende Provinz Gallica Belgica einwanderten. Sie schlossen mit den Römern Verträge ab, die beinhalteten, dass sie im Gegenzug zum Dienst im Heer Ländereien auf römischem Hoheitsgebiet erhielten. Diese Germanen wurden Föderaten genannt. Die Römer schätzten ihren Mut und ihre Stärke. Viele von ihnen brachten es im Heer zu Ruhm und Ehren, wie aus Grabbeigaben wie Medaillen hervorgeht, die rings um Tongern in reicher Zahl gefunden wurden.

Zweieinhalb Jahrhunderte lang herrschte Frieden in der Region. Aber ab 250 brachen die Dämme. Von Osten her stürmten die Saxonen und die Franken über den Rhein ins Reich. Sie zerstörten Tongern und weitere sechzig Städte im nördlichen Gallien und rückten bis nach Paris vor.

Mitten im Chaos, im Jahr 260, wirft sich ein romanisierter gallischer Kommandant zum Gegenkaiser auf. Der Soldat heißt Postumus, stammt aus der Gegend um Köln und lässt sich von seinen Landsleuten zum Herrscher über das gallische Sonderreich mit Spanien und den römischen Provinzen Germanien und Britannien ausrufen. Der »Retter Galliens«, wie er sich selbst nennt, besiegt nacheinander die ins Reich einfallenden Franken und die Alamannen. Anschließend verstärkt er die Grenzen. Besonders geeignet als Verteidigungslinien sind die bereits vorhandenen römischen Heerstraßen, die Postumus mit einer dichten Kette von Festungen und Wachttürmen versehen lässt. Eine davon ist die Römerstraße, die von Köln bis Boulogne in Pas-de-Calais reicht. 274 gelingt es Rom, das Sonderreich wieder ins Imperium zurückzuführen.

Ab Beginn des 4. Jahrhunderts konzentrieren sich die Römer vor allem auf die Verteidigung der Gebiete innerhalb dieser Verteidigungslinien. Auch in Gallica Belgica, seit Kaiser Augustus Gallica Secunda genannt, überlassen sie die Verteidigung der nördlich der Heerstraße gelegenen Gebiete den germanischen Föderaten, die sich dort angesiedelt haben.

Unter Kaiser Konstantin dem Großen (306–336) zog noch einmal Frieden in die Region ein. Die verlassenen Villen wurden neu besiedelt, das zerstörte Tongern wieder aufgebaut. Dann kündigte sich das Ende Roms an.

Die letzten Kaiser, die versuchten, die Verteidigung Nordgalliens effizient zu organisieren, waren Konstantin II. (407–411) und Jovinus (411–413). Nach Jovinus' Tod konnte von einer Verteidigung der gallischen Grenzen keine Rede mehr sein. Vom zweiten Viertel des 5. Jahrhunderts an wurde Nordgallien nur noch von germanischen, reichstreuen Hilfstruppen verteidigt. Das führte dazu, dass immer mehr Franken in das zivilisierte, fruchtbare Gebiet strömten. Südlich der Straße zwischen Köln und Boulogne-sur-Mer, die sie nun ungehindert überqueren konnten, trafen sie auf romanisierte Landsleute, nördlich der Straße auf Germanen, die schon 150 Jahre zuvor von den Römern ihrem Schicksal überlassen worden waren. Im Süden entwickelten sich lateinische Dialekte, im Norden germanische Dialekte weiter.

Die Sprachengrenze, die Belgien heute von Osten nach Westen durchzieht, stand fest. Noch immer verläuft sie ungefähr

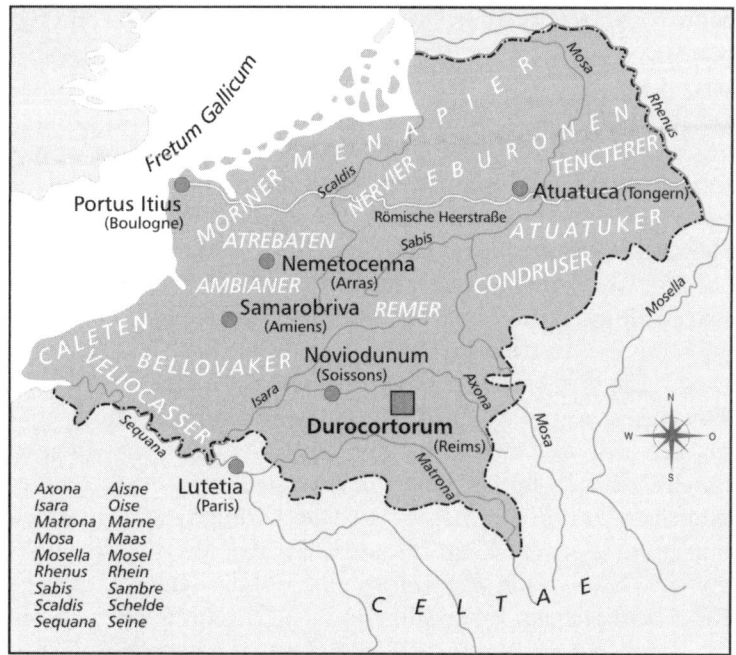

Die römische Provinz Gallica Belgica zu Zeiten Julius Caesars.

entlang der alten Heerstraße, was man leicht nachprüfen kann, indem man auf der Landkarte eine gerade Linie zwischen Köln und Boulogne-sur-Mer zieht. Sie trennt nicht nur zwei Volksgruppen, eine niederländisch- und eine französischsprachige, sondern auch zwei völlig unterschiedliche Landschaften voneinander, das flache Flandern und die hügeligen, bewaldeten Ardennen. Vielleicht hat die Sprachengrenze sich auch deshalb nie mehr wesentlich verschoben: Küstenbewohner ziehen nun einmal nicht gerne ins Hügelland und umgekehrt, und schon gar nicht, wenn im Flachland Niederländisch und im Hügelland Französisch gesprochen wird.

Ist es Zufall oder ein Trick der Geschichte, dass Europa heute von Brüssel aus verwaltet wird? Die in Belgien eingewanderten Franken jedenfalls waren die Väter des Karolinger- und

Merowingerreichs, an dessen Ende der Vertrag von Verdun stehen sollte, der die Konturen des modernen Europas bereits vorzeichnete.

Um 450 herrschte im Raum um Tournai ein gewisser Merowech über ein Kleinkönigreich salischer Franken. Wiewohl historisch nicht zur Gänze nachweisbar, nimmt man an, dass sich seine Residenz in Tournai in der heutigen belgischen Provinz Hennegau befand; jedenfalls wurde dort 1653 das Grab seines Sohnes, Childerich I., entdeckt. Der Föderatensohn Childerich war nicht nur fränkischer König, sondern auch der letzte Verwalter der römischen Provinz Belgica Secunda.

482 folgte Chlodwig I. seinem Vater Childerich auf den Thron. Er war von unstillbarem Machthunger erfüllt und machte sich zielbewusst an die Vergrößerung seines kleinen Reichs. Zunächst eroberte er von »Belgien« aus, dem Kern des künftigen Frankenreichs, die übrigen Königreiche im Süden und breitete seine Macht bis zur Loire aus, um 507 das westgotische Königreich von Tolosa und 509 das Rheinfränkische Reich zu besiegen. Innerhalb von wenigen Jahrzehnten waren die Franken zur führenden Macht Europas geworden.

Chlodwig, der Enkel Merowechs, starb 511. Es folgten mehrere Teilungen und Wiedervereinigungen des Reichs. Seine größte Ausdehnung erreichte es unter Karl dem Großen, der 747 in Herstal bei Lüttich das Licht der Welt erblickt hatte. Das Frankenreich reichte nun von den Pyrenäen bis zur Oder, von der Nordsee bis nach Süditalien. Karl starb 814. Sein Sohn Ludwig der Fromme (814–840) war nicht in der Lage, das Riesenreich allein zu regieren, und bezog seine Söhne Lothar, Ludwig und Pippin in die Regierungsgeschäfte mit ein. Lothar machte Ludwig zum Mitkaiser, die beiden anderen zu Königen. Die Ansprüche eines weiteren Sohns aus zweiter Ehe, Karl dem Kahlen, führten zu einer weiteren Teilung. Schließlich erhoben sich die Söhne gegen ihren Vater Ludwig; das Ergebnis war 843 der Vertrag von Verdun, der die Aufteilung des Reichs Karls des Großen festlegte. Karl der Kahle erhielt das Westfrankenreich, das sich ungefähr mit dem Westen des heutigen Frankreichs deckte, Ludwig der Deutsche das Ostfrankenreich, das spätere Heilige Römische Reich deutscher Nation, und Lothar das von der Nordsee bis nach Italien reichende Mittelreich (oder Loth-ringen), das dieser jedoch nach weiteren Verträgen (855, 870 und 880) unter Karl und Ludwig aufteilte.

Ab nun wird die Lage wieder übersichtlich.

Wir erkennen in Europa zwei mächtige Blöcke. Aus dem Westfrankenreich wird später Frankreich, aus dem Ostfranken-reich Deutschland hervorgehen. Im Norden verläuft die Grenze zwischen beiden Frankenkreichen quer durch das heutige Bel-gien. Sie wird durch die Schelde gebildet; südlich davon setzt sie sich entlang der Flüsse Maas und Rhone bis zum Mittel-meer fort. Das linksscheldische Flandern gehört zu Frankreich, das rechtsscheldische Brabant zum Heiligen Römischen Reich deutscher Nation. Im Südosten Belgiens bildet sich das Fürst-bistum Lüttich heraus, das zwar zum Deutschen Reich gehört, aber eine immer größere Selbstständigkeit erlangt, die es sich bis zur Eroberung durch Napoleon bewahren wird.

Antwerpen ist eine deutsche Markstadt, noch heute blickt der goldene Adler auf dem Renaissance-Rathaus nach Osten, ins Reich hinein. Der Kahn, in dem Lohengrin laut deutschem Sagengut von Elsa von Brabant scheidet, wird von einer Taube über die Schelde gezogen. Brabant und Lüttich können sich im Schutz des Deutschen Reichs ungestört entfalten. Hingegen ist das Verhältnis zwischen Flandern und seinem Lehnsherrn, dem französischen König, ausgesprochen gespannt. Das liegt auch an den flandrischen Grafen. Sie sind Dickköpfe und streiten sich mit Frankreich ständig um Privilegien und Handelsmonopole. Zunächst zieht Flandern am längeren Strang. Die Grafschaft umfasst nicht nur den Norden des heutigen Belgiens, sondern auch weite Teile des heutigen Nordfrankeichs und der Wallo-nie. Und sie ist mit allen Gütern dieser Erde gesegnet – mit ei-nem Hafen, mit fruchtbarem Boden, mit befestigten Straßen, mit schiffbaren Flüssen und mit aufblühenden Städten.

Die flandrischen Grafen residieren ab dem 10. Jahrhundert in Brügge, das durch einen breiten Meeresarm mit der Nordsee verbunden ist. Durch eine florierende Textilindustrie häufen sie riesige Vermögen an. Aus England kommt Wolle, die im Land zu Tuch gewebt, gefärbt und anschließend zu kostbaren Gewändern und Gobelins verarbeitet wird. Auch andere Luxusgüter aus ganz Europa werden an den Kais von Brügge umgeschlagen. Italienische, deutsche, französische und englische Kaufleute reisen in die Hafenstadt; viele lassen sich dort nieder. Mit den deutschen Hansestädten gibt es rege Handelsbeziehungen. Auch Gent, Antwerpen und Brüssel blühen auf. Ende des 13. Jahrhunderts ist Gent der wichtigste Tuchlieferant Europas. In Ypern, Brügge und Gent werden Belfriede (hohe Glockentürme) als Symbol der Macht und prunkvolle Tuchhallen erbaut. Die mächtigen Gilden regeln die Zulassung zum Handwerk, kontrollieren die Qualität der Waren und verhandeln selbstbewusst mit den Magistraten.

1214 gerät Flandern in die Mühlen der bereits lange gärenden Auseinandersetzungen zwischen Frankreich und England. Am 27. Juli stehen sich beim Dörfchen Bouvines die Heere des Franzosenkönigs Philipp II. August und des englischen Königs Johann I. und seines Verbündeten, des deutschen Königs Otto IV., gegenüber. Flandern, das sich unbedingt von den Franzosen befreien will, hat sich auf die Seite des befreundeten Handelspartners England geschlagen und kämpft in dessen Reihen. Das Glück ist ihm nicht hold: Frankreich geht als Sieger aus der Schlacht von Bouvines hervor.

Schon immer war das freiheitsliebende Flandern Frankreich ein Dorn im Auge; nun setzt das Königreich alles daran, den aufständischen Vasallen zu knebeln. Die Franzosen zerstören die Befestigungen der Städte, besetzen hohe Verwaltungsposten und erlegen Flandern erdrückende Steuern auf. Aber der französische König Philipp der Schöne hat nicht mit der Wut der verarmenden Weber, Färber und Walker gerechnet. Am 18. Mai 1302 kommt es zur »Brügger Mette«, einem Aufstand der Zünfte, die zahlreiche mit den Franzosen »kollaborierende« Mitglieder der Oberschicht überwältigen und niedermetzeln. Zwei Monate später schickt Philipp sein Heer nach Flandern, um das Blutbad zu rächen. Am 11. Juli treffen im westflandrischen Kortrijk die französischen Ritter in ihren schimmernden Rüstungen auf schlecht ausgerüstete, aber vor Wut schäumende und immerhin rund 10 000 Mann umfassende Fußtruppen. Die

Der Belfried von Gent – Symbol der Macht der aufstrebenden Bürgerstädte im 13. Jahrhundert.

Schlacht endet mit einer fürchterlichen Niederlage der Franzosen. Die Sieger sammeln siebenhundert goldene Sporen vom Schlachtfeld auf.[*]

Obwohl die Flamen die Franzosen besiegt haben, gelingt es ihnen nicht, sich vom Joch Frankreichs zu befreien. 1305 unterzeichnen Flandern und Frankreich den Vertrag von Athis. Zwar erhalten die flandrischen Städte ein wenig mehr Bewegungsfreiheit, dafür müssen sie Frankreich die wallonischen Teile ihres Territoriums zurückgeben. Am schlechten Verhältnis der stolzen Städte zu ihrem Lehnsherrn ändert sich nichts. Die flandrischen Grafen sind hin- und hergerissen zwischen ihrer Treue zum Volk und ihrer erzwungenen Loyalität gegenüber Frankreich und dementsprechend schwach. Auch werden die Wirtschaftsprobleme drückender, da der Meeresarm, der Brügge mit der Nordsee verbindet, langsam, aber stetig versandet und der Stern des am breiten Fluss Schelde gelegenen Antwerpens aufsteigt. Und Antwerpen liegt in Brabant. Brabant war von Kriegen verschont geblieben. Auch Lüttich blüht: Das Fürstbistum umfasst mittlerweile fast den ganzen Ardennenraum einschließlich des heutigen Luxemburg und wird sowohl von Frankreich wie von Deutschland weiter in Ruhe gelassen.

»Bruges-la-morte«, »Brügge die Tote« heißt eine Erzählung des belgischen Autors Georges Rodenbach (1855–1898). Vom 14. bis zum 19. Jahrhundert herrschte in dem isoliert im Küstenhinterland gelegenen Provinzstadt Brügge gespenstische Stille; fünfhundert Jahre lang kam die Einwohnerzahl über 40000 nicht hinaus. Die Burg der flandrischen Grafen gibt es nicht mehr. Sie diente ab dem 15. Jahrhundert als Steinbruch.

Im 19. Jahrhundert erlebte Brügge seine Wiederauferstehung. Im Zuge der Selbstbesinnung des jungen Belgien auf seine Vergangenheit wurden nach und nach alle historischen Gebäude

---

[*] Als »Goldsporenschlacht« ist die Schlacht gegen die Franzosen als konstituierendes Datum in die Geschichte Flanderns eingegangen. Seit Beginn der Föderalisierung Belgiens (1970) feiert Flandern am 11. Juli seinen »Flämischen Festtag«.

Der Beginenhof in Brügge wurde 1230 auf Anregung von Johanna von Konstantinopel erbaut.

restauriert oder orginalgetreu wieder aufgebaut. Dazu gehörten die Heiligblutbasilika, deren Ursprünge auf das 12. Jahrhundert zurückgehen, die Stadthalle und der Belfried aus dem 13. Jahrhundert und das gotische Rathaus aus dem 14. Jahrhundert. Sie alle gruppieren sich um den Marktplatz und den benachbarten heutigen Platz »Burg«, wo einst die Grafenresidenz stand.

Obwohl Brügge durch all die Restaurierungen insgesamt etwas puppenstubenhaft wirkt, ist die Stadt, abgesehen von Brüssel, die beliebteste Touristenattraktion Belgiens. Die Pferdekutsche ist das populärste Transportmittel. Über die Grachten tuckern Touristenboote. In den zahllosen Souvenirläden werden Klöppelspitzendeckchen und Pralinen angeboten. Ein Restaurant reiht sich ans andere, man hört Japanisch, Englisch, Deutsch und Französisch. Und irgendwann ist man den ganzen Trubel Leid und flüchtet sich in den Beginenhof.

Er wurde 1230 von der flandrischen Gräfin Johanna von Konstantinopel erbaut. Inmitten eines Rings aus kleinen, weißen Häuschen erstreckt sich eine Wiese, auf der im Frühling Tausende von Narzissen blühen. Senkt sich der Abend, dann ist es im Beginenhof ganz still. Es gibt das alte Brügge noch immer. Man muss es nur zu finden wissen.

Wir nähern uns der Burgunderzeit. Sie war gewiss die glücklichste Periode der belgischen Vorgeschichte. Noch heute bezeichnen die Belgier sich gerne als »burgundisch«. Dieser Begriff leitet sich von der Prachtentfaltung des burgundischen Hofs ab und signalisiert Lebensfreude und Liebe zu Kultur und Luxus, was unter den Burgundern zum Synonym gerät. Die Jahre zwischen 1369 und 1477 sind in warmes Burgunderrot getaucht. Ein Rot, wie es noch heute auf dem »Genter Altar« und vielen anderen Gemälden der altniederländischen Maler auftaucht, die von den Kunst liebenden Burgunderherzögen gehegt, gepflegt und gefördert wurden.

Mitte des 14. Jahrhunderts regiert in Brügge Graf Ludwig van Male. Er hat es sich in den Kopf gesetzt, die mit dem Vertrag von Athis an Frankreich abgetretenen Gebiete für die Grafschaft zurückzugewinnen, und bietet zum Tausch dem Bruder des französischen Königs die Hand seiner Tochter Margarete an. Dieser Bruder, Philipp der Kühne, ist Erbe des im Südosten Frankreichs gelegenen französischen Herzogtums Burgund. 1369 findet die Hochzeit statt, Ludwig von Male stirbt 1384. Mit einem Schlag ist Philipp nun auch Erbe Flanderns. Damit ist das Fundament zum Burgunderreich gelegt. Im Grunde träumt Philipp von einem eigenen Königreich. Zunächst aber macht er sich an die Vergrößerung seines Herzogtums.

Das gelingt sowohl ihm wie seinem Sohn Johann Ohnefurcht und seinem Enkel Philipp dem Guten, und zwar auf friedliche Weise. Die Mittel sind Ankäufe, Verträge und Heiraten. Mitte des 15. Jahrhunderts gehörte der gesamte Raum des heutigen Belgien zu Burgund, einschließlich Flandern, Brabant, Hennegau, Namur, Holland, Limburg und Luxemburg. Im Süden erstreckt es sich bis zur Loire (mit einer erheblichen Verjüngung in der Mitte, auf Höhe von Reims) und ist Frankreich, das sich im Hundertjährigen Krieg aufreibt, nur noch lose verbunden.

Die Burgunderherzöge verlassen das von der Nordsee nunmehr abgeschnittene Brügge und machen das aufstrebende Brüssel im rechtsscheldischen Brabant zu ihrer Residenz. Dort lassen sie das gotische Rathaus erbauen. Auch andere Städte blühen auf: Löwen bekommt eine Universität und ebenfalls ein Rathaus und in Antwerpen wird mit dem Bau der späteren Kathedrale begonnen. Das Volk atmet auf.

In diesem friedlichen Klima können sich die Künste entfalten. In Brüssel betreibt Rogier van der Weyden ein Maleratelier, bei dem selbst der Florentiner Lorenzo di Medici Wandteppichentwürfe bestellt. In Gent malen die Brüder Jan und Hubert van Eyck den »Genter Altar«. Nach Brügge zieht der aus Deutschland ausgewanderte Hans Memling, um dort die gesamte Prominenz zu porträtieren. Weitere Schützlinge des Burgunderhofs sind die Maler Petrus Christus, Dieric Bouts, Hugo van der Goes, Gerard David und Bernard von Orley. Sie alle zusammen bilden die Schule der »altniederländischen Maler«, die, kunsthistorisch unkorrekt, aber historisch korrekter, auch als die Schule der »Flämischen Primitiven« bezeichnet wird. Aber nicht nur die bildenden Künste blühen. Die Herzöge suchen Musikmeister, bei denen sie zum höheren Ruhme Burgunds Messen, Motetten und Lieder in Auftrag geben können. In Chimay finden sie Guillaume Dufay, in Binche Gilles Binchois. Auch der Flame Johannes Ockeghem und der Wallone Josquin de Prez komponieren revolutionäre, da mehrstimmige Stücke, die selbst in Paris bejubelt werden. Die Bücherei Philipps des Guten in Brüssel ist neben der Laurentiana in Florenz und der Vaticana in Rom eine der drei großen Bibliotheken der westlichen Welt. Der Mäzen Philipp der Gute gibt in den Klöstern illuminierte Handschriften und in den Weberateliers ganze Bildteppichreihen in Auftrag.

Burgund war eine Insel im zerstrittenen Europa. Die Blütezeit dauerte gut hundert Jahre.

Der vierte und letzte Burgunderherzog war Karl der Kühne. Auch er träumte von einem großen Königreich, aber er war von anderem Charakter als seine Vorfahren. Karl zog gegen Frankreich, Lothringen und die Schweiz zu Felde. Zwischendurch entfaltete er in seiner Heimat, die von Schlachten verschont blieb, eine unerhörte Pracht.

1468 heiratete er in Brügge in dritter Ehe Margareta von York, die Schwester König Edwards IV. von England. Es war die Hochzeit des Jahrhunderts. Auf ein riesiges Festbankett und einen Empfang der italienischen, deutschen und spanischen Kaufleute folgten Ritterturniere, die sich über acht Tag erstreckten. Elf Jahre und zahllose Feldzüge später fiel Karl bei einem weiteren Versuch, auch im Süden sein Reich zu vergrößern, während einer Schlacht gegen die Lothringer und die Schweizer bei Nancy. Man fand ihn, halb von Raben aufgefressen; seine Ehe mit Margareta war kinderlos geblieben.

Karls einziges Kind war Maria von Burgund, seine Tochter aus zweiter Ehe. Noch im gleichen Jahr heiratete die zwanzigjährige Herzogstochter, die als die schönste Frau und kühnste Reiterin ihrer Zeit galt, trotz des Protests der Stände den Habsburger Maximilian von Österreich. Die Stände fürchteten um ihre Selbständigkeit und ihre Privilegien. Maria aber traute es Maximilian am ehesten zu, das verwaiste Herzogtum vor dem Zugriff Frankreichs zu schützen. Fünf Jahre später verunglückte sie bei einer Jagdpartie in den Wäldern rings um Brügge. Maximilian soll sein ganzes Leben lang um sie getrauert haben.

1508 wurde Maximilian I. Kaiser des Heiligen römischen Reichs deutscher Nation. Flandern, Brabant und Limburg wurden zum »Burgundischen Reichskreis«, einem der zehn Reichskreise, in die 1512 das Deutsche Reich eingeteilt wurde. Aber bald schon sollte es im riesigen spanischen Weltreich aufgehen. Denn in Gent hatte bereits 1500 der spätere Kaiser Karl V. das Licht der Welt erblickt. Er sollte über ein Reich regieren, in dem »die Sonne nicht unterging«.

Karl war der Enkel von Maria von Burgund und Maximilian von Österreich.

Gent ist ein Monolith in der flandrischen Tiefebene. Es hat nicht die Leichtigkeit des vom römischen Wohlstand verwöhnten Tongern, auch liegt über der Stadt nicht der Glanz des Reichtums von Brügge. Gent ist Drama. Noch heute zuckt

Die finstere Festung Gravensteen in Gent, bis zum 14. Jahrhundert die Residenz der flandrischen Grafen.

man unwillkürlich zusammen, wenn sich nach einem Spaziergang entlang der Grachten mit ihren spitzgiebeligen ehemaligen Speicherhäusern, deren ältestes aus dem 12. Jahrhundert stammt, plötzlich der Blick auf die Festung Gravensteen (»Grafenstein«) öffnet. An den Mauern der Vorläuferin der Burg waren im 9. Jahrhundert schon die Normannen abgeprallt. Das Erschrecken der Touristen mischt sich beim Anblick der Folterwerkzeuge im größten Saal der Burg mit Grauen. Im 14. Jahrhundert fanden selbst die flandrischen Grafen die Burg, in der sie bei ihren Reisen über Land logierten, zu düster, und machten das ungleich freundlichere Schlösschen Prinsenhof zu ihrer Genter Residenz. Bis zur Nordsee sind es rund fünfzig Kilometer. Aber auch über Gent lastet häufig ein Himmel, der genau die gleiche Farbe hat wie die Nordseebrandung an einem stürmischen Herbsttag.

Maria von Burgund hatte einen Sohn namens Philipp und eine Tochter namens Margarete hinterlassen. Beide wurden, entsprechend den Sitten der Zeit und vor allem der Habsburger, von ihrem Vater Maximilian mit den Erben großer Reiche verheiratet, in diesem Fall spanischer: Philipp mit Johanna von Kastilien und Margarete mit deren Bruder Johann, Prinz von Aragon. Philipp I. starb 1506 im spanischen Burgos, als sein ältester Sohn Karl sechs Jahre alt war. Damit wurde der junge Prinz, der die nächsten zehn Jahre von seiner Tante Margarete von Österreich in Mecheln erzogen werden sollte, Erbe der burgundischen Niederlande. 1516 starb auch Karls Großvater Ferdinand, der Vater von Johanna von Kastilien und sein Großvater mütterlicherseits. Somit wurde Karl Erbe von Kastilien, Aragon, Navarra, Granada und den spanischen Ländereien in Übersee. Drei Jahre später schließlich, 1519, starb sein Großvater Maximilian I. Durch eine unglaubliche Verkettung von Todesfällen und Erbfolgen war Karl zum spanischen König, zum römischen König und schließlich zum deutschen Kaiser geworden. Jedoch verbrachte er, abgesehen von seinen zahllosen Reisen, fast sein ganzes Leben in Spanien, dem Land seiner Mutter Johanna, die ihn zunächst bei den Regierungsgeschäften unterstützt hatte und anschließend dem Wahnsinn verfiel. Von Madrid aus ließ Karl sein Reich einschließlich der überseeischen Kolonien durch Statthalter regieren.

Der Raum des heutigen Belgien, für den Karl zeitlebens eine Schwäche hatte, kommt zunächst gut dabei weg. Zur Statthalterin der fernen niederländischen Provinz des Habsburger Riesenreichs, das durch Frankreich von Spanien getrennt ist und in etwa das heutige Belgien, Holland und Luxemburg umfasst, hat Karl seine tüchtige, intelligente und Kunst liebende Erzieherin und Tante Margarete von Österreich bestellt. Margarete bezieht eine Residenz in Mecheln, der Hauptstadt der spanischen Niederlande, die sie ab 1508 zu einem Zentrum der Künste und der Gelehrsamkeit macht. Noch einmal blüht so etwas wie burgundischer Glanz in den spanischen Niederlanden auf. Europa steht an der Schwelle zwischen Mittelalter und Renaissance. Zahllose berühmte Gelehrte, Künstler, Musiker und Dichter, darunter der Humanist Desiderius Erasmus, der Maler Albrecht Dürer und der spätere Papst Hadrian VI., Theologieprofessor in Löwen, gehen am Mechelner Hof ein und aus. 1521 trennt sich Karl zugunsten seines Bruders Ferdinand von den österreichischen Besitzungen. Die Niederlande bleiben unter seiner Herrschaft. Margarete stirbt 1530. Ihre Nachfolgerin wird Maria von Ungarn, eine Schwester Karls. Sie verlegt die Residenz von Mecheln nach Brüssel, wo sie 1505 das Licht der Welt erblickt hatte, und regiert die Niederlande bis 1556. Ein Jahr zuvor hatte Karl V., erschöpft und verbittert, in einer dramatischen Abschiedsszene in seiner Brüsseler Residenz seinen Rücktritt zugunsten seines Sohns Philipp erklärt, um 1558 nach einem Nervenzusammenbruch im spanischen Kloster Yuste zu sterben.* Auch Maria erwies sich als fähige und milde Regentin. Als auch sie starb, war Philipp II. spanischer König.

Unter Philipp sollten die damaligen Niederlande die blutigste Epoche ihrer Geschichte erleben. Denn erstens war der Spanier von hartem Charakter, zweitens war er ein fanatischer Katholik und drittens fühlte er keinerlei Zuneigung zum Geburtsland seines Vaters.

Die Abneigung beruhte auf Gegenseitigkeit. Denn in den Niederlanden hatte der Protestantismus Fuß gefasst.

Der Weg zum Protestantismus war von Desiderius Erasmus bereitet worden. Der 1466 in den spanischen Niederlanden, in Rotterdam geborene Humanist und Theologe war ein Renaissancemensch und mithin gegen jede Diktatur irgendeiner Religion. In seiner Heimat fand er ein mehr als aufgeschlossenes Publikum. Denn nicht nur, dass die Nachkommen der Burgunder kosmopolitisch dachten; im Land gab es immer noch viel Reichtum und viel Bildung, und die Bewohner der spanischen Niederlande fühlten sich durch Philipp an ihrer Entfaltung zu freien, selbstbewussten, humanistischen Menschen gehindert. Erschwerend kam hinzu, dass unter Philipp die Inquisition an Schrecken gewonnen hatte: 1478 hatte der König in Spanien den Großinquisitor eingesetzt und mit fast unbeschränkter

---

* Der ehemalige Brüsseler Palast Karls V. wurde 1731 durch eine Feuersbrunst zerstört. Auf den Trümmern wurde die Place Royale angelegt. Nach sorgfältigen Ausgrabungs- und Restaurierungsarbeiten kann der (heute unterirdische) Palast wieder besichtigt werden.

Machtfülle ausgestattet. Und außerdem verlangte er von den Niederlanden hohe Steuern, Truppen sowie einen Truppenstandort, um England und Nordfrankreich angreifen zu können. In den Niederlanden hatte man keinerlei Lust mehr, sich seinen Wünschen zu beugen.

Eine Struktur bekamen die antispanischen und antikatholischen Gefühle der humanistisch orientierten niederländischen Intelligenz durch die Lehre Luthers. Zunächst wurde sie in den Gelehrtenstuben und Kaufmannskontoren vor allem Antwerpens diskutiert, das durch seinen Hafen zur reichsten Stadt der Niederlande und einer der reichsten Nordwesteuropas aufgestiegen war. Dann griff der Protestantismus auf Adel und Volk über.

In den Niederlanden erhoben sich drei Anführer des Widerstands gegen Philipp: die flandrischen Grafen Lamoraal van Egmont und Filips van Horne, die beide für eine tolerante Religionspolitik eintraten, und der nordniederländische Willem van Oranje, dessen Vater zum Protestantismus konvertiert war. Die drei Adligen konnten, wiewohl gemäßigt, nicht aufhalten, was 1566 geschah. In den nördlichen Niederlanden hatte sich der Kalvinismus wie eine Feuersbrunst ausgebreitet. Die zum Teil ausgesprochen demagogischen kalvinistischen Prediger erreichten Menschen, die ihnen zu Tausenden anheim fielen. Im Mai begann in Cassel, im westlichen Flandern, der kalvinistische Bildersturm, mit dem sämtliche bildliche Darstellungen Gottes und der Heiligen zerstört wurden. Am 20. August hatten die Bilderstürmer Antwerpen erreicht. In weniger als 24 Stunden waren praktisch alle Gotteshäuser Antwerpens, auch die Liebfrauenkathedrale, vollständig geplündert. Am 29. September endete der Bildersturm in Leeuwaarden. Philipp, dem klar war, dass der Aufstand schnell auf andere Teile seines Reichs übergreifen konnte, musste eingreifen. Ein Jahr nach dem Bildersturm schickte er den für seine Grausamkeit bekannten Fernando Alvarez de Toledo, Herzog von Alba, als Statthalter in die Niederlande.

Alba hielt fürchterlich Gericht. Er setzte den »Blutrat von Brüssel« ein, der im Jahr 1568 sechstausend »Häretiker«, darunter die Grafen van Egmont und van Horne, verurteilte und

»Die spanische Furie« – anonymes Gemälde, das die grausamen Folgen der Meuterei spanischer Soldaten im Jahre 1576 nach dem Abzug von Herzog Alba zeigt.

auf dem Marktplatz öffentlich hinrichten ließ. 1573 zog sich Philipp Alba aus Gründen, über die noch heute spekuliert wird, aus den Niederlanden zurück. Jedoch ließ er seine Truppen in der geknechteten Provinz. 1576 steckten die unterbezahlten spanischen Soldaten Antwerpen in Brand und metzelten 18 000 Menschen nieder. Ein Jahr später schickte der König als Nachfolger Albas Alexander Farnese in die Niederlande. Im Gegensatz zu Alba setzte der intelligente Farnese in seinem Bemühen, der Aufständischen Herr zu werden, nicht nur militärische, sondern auch diplomatische Mittel ein, um für die Krone zu retten, was zu retten war.

Farnese war klug genug, um zu erkennen, dass er der nördlichen Teile der Niederlande nicht mehr Herr werden konnte. Das lag auch an ihrer Geografie: Die zahllosen Deiche konnten jederzeit durchstochen, das Land geflutet und für Eroberer unerreichbar gemacht werden. Aber im Südwesten der umkämpften Niederlande gab es noch immer Katholiken, die Spanien die Treue hielten. Auf die Utrechter Union, mit der die sieben nördlichen Provinzen der Niederlande 1579 ihre Unabhängigkeit von Spanien erklärt hatten, antwortet Farnese im gleichen Jahr mit dem Vertrag von Arras, mit dem er sich die Unterstützung der Grafschaften Hennegau und Artois sicherte. Übrig und wiederzuerobern blieben Flandern und Brabant.

1584 begann nach der Eroberung Brüssels und anderer flandrischer Städte die Belagerung Antwerpens. Farnese schnitt der noch immer florierenden und strategisch wichtigen, zwischen Flandern und Brabant und zwischen den protestantischen nördlichen und den katholisch gebliebenen südlichen Niederlanden gelegenen Hafenstadt den Zugang zur See ab, indem er die Schelde durch aneinander gekettete Boote für Schiffe unpassierbar machte. 1585 unterzeichnete Antwerpens Bürgermeister Marnix von Sint-Aldegonde die Kapitulation der ausgehungerten Stadt. Eine der Klauseln war, dass alle Protestanten Antwerpen innerhalb von zwei Jahren zu verlassen hatten. Um 1566 hatte die Stadt 90 000 Einwohner gezählt. 1589 waren es noch 40 000. Ingesamt verließen 80 000 bis 150 000 Südniederländer ihre Heimat, um sich im protestantischen Norden, vor allem im aufblühenden Amsterdam, in Deutschland – allein nach Frankfurt am Main zogen 3000 Flamen –, in England und in Skandinavien niederzulassen. Die Region war wirtschaftlich ausgeblutet.

Noch heute verläuft der westlichste Abschnitt der Grenze zwischen Belgien und den Niederlanden quer durch die weite Polderlandschaft im Norden des Antwerpener Hafens. Und noch immer beginnt jenseits der Grenze eine Welt, die anders und ordentlicher ist als die chaotische, barocke Welt Antwerpens und des übrigen Flanderns.

Hat man das Grenzdorf Putte hinter sich gelassen, entdeckt man auf den Weiden keine verrosteten Badewannen mehr, die als Viehtränken dienen, und auch keine verfallenen Zäune. Ja, selbst die Zaunpfähle stehen gerade wie kleine Soldaten. Es gibt auf den Weiden auch keine brüchigen Holzschuppen, in denen alte Traktoren vor sich hin rosten. Durch die Wohnhäuser rechts und links der Straße kann man hindurchblicken, um festzustellen, dass die Gärten ebenso gepflegt sind wie die Einrichtung. Ein Kalvinist versteckt sich nicht hinter Gardinen. Wenn er wohlhabend und mithin von Gott gesegnet ist, dann möchte er, dass seine Mitmenschen ihn bewundern. Wenn er nicht wohlhabend ist, dann möchte er ihnen zumindest beweisen, dass er einen ordentlichen und reinlichen Haushalt führt.

Auch die Straßen sind blitzsauber. In den Blumenkübeln blühen im Frühjahr reich die Tulpen. Sie werden regelmäßig gegossen, die Kübel niemals umgefahren. Belgier auf Holland-Ausflug gehen innerlich auf Zehenspitzen, weil sie Angst haben, etwas zu zerstören oder zu verschmutzen.

Sie schämen sich ein wenig und denken an das Chaos in und hinter ihren Häuschen. Aber gleichzeitig wissen sie, dass sie es in Holland nicht lange aushalten würden. Sie bewundern die Holländer für ihren Fleiß und ihre Ordnungsliebe. Und fangen schon wieder an, die Stunden zu zählen, bis sie wieder in ihrem unordentlichen, katholischen Land sind, in dem alles wuchert und die Phantasie stets die wildesten Blüten treibt.

Noch immer ist die Welt diesseits der Grenze katholisch und jenseits der Grenze kalvinistisch.

Flandern trumpfte bis zum 20. Jahrhundert nur noch ein einziges Mal auf. Das war in der Zeit der Gegenreformation.

Philipp II., der nun keine Aufstände in den unterworfenen Provinzen mehr zu befürchten brauchte, schickte 1598 seine Tochter Isabella, Gattin des österreichischen Erzherzogs Albrecht, als Statthalterin in die Niederlande. Das tief gläubige Paar setzte all seinen Ehrgeiz daran, die leer geplünderten Kirchen mit neuem Glanz auszustatten und ihre Mechelner Residenz noch einmal zu einem Zentrum der Kunst und der Gelehrsamkeit zu machen. Zugute kam ihnen, dass sie geradewegs in die Zeit des Barock hinein lebten, eines Kunststils, der wie kein anderer geeignet schien, den Triumph der katholischen Kirche zu verherrlichen.

Der Barock kam aus Italien. Und aus Italien kehrte 1608 nach achtjähriger Bildungsreise ein junger Maler zurück, der Peter Paul Rubens hieß und in Antwerpen sofort begann, Christus und die Heiligen auf seinen Gemälden mit Fleisch und Blut zu versehen und seinen Madonnen die Züge der Michelangelo-schen Pietà zu verleihen. Albrecht und Isabella engagierten den ein wenig opportunistischen Sohn einer mit dem Protestantismus sympathisierenden Familie, die 1568 vor dem Schreckensregiment Albas nach Deutschland geflüchtet war, als Hofmaler. Auch andere prominente Einwohner der südlichen Niederlande orientierten sich flugs an der neuen Zeit, darunter Christoph Plantin, der in Antwerpen vor der Wiedereroberung durch Farnese die größte Druckerei des Abendlandes betrieben und ebenfalls mit den Protestanten sympathisiert hatte.* Kurz vor der Belagerung Antwerpens war er in den protestantischen Norden, nach Leiden, geflüchtet, um nach dem Fall der Stadt wieder zurückzukehren und sich auch durch das Verlegen von Bibeln, die bis in die spanischen Kolonien vertrieben wurden, als der treueste aller Katholiken auszuweisen.

Das ausgeblutete Volk war geblendet von dem Glanz der rubensschen Gemälde, der Pracht der neu dekorierten Gotteshäuser und, alles in allem, von der Wucht der römischen Kirche. Noch einmal trafen sich Gelehrte im Umkreis Rubens' und Plantins – darunter der ebenfalls flexible Humanist Justus Lipsius, der lange Zeit im protestantischen Leiden gelehrt hatte –, noch einmal entstanden unter dem Pinsel Anthonis van Dycks, Jacob Jordaens' und der Breughel-Söhne unsterbliche Gemälde und ein letztes Mal nach der Zeit der Gotik und der Renaissance wurden herrliche Kirchen wie die Antwerpener Carolus-Borromäuskirche erbaut, deren Fassade Rubens voll sehnsüchtiger Erinnerung an Italien mit Putten, Voluten und schwungvollen Skulpturen schmückte. Dann war es vorbei mit dem Glanz. Rubens starb 1640. Van Dyck war bereits nach England ausgewandert. Jordaens vollendete die letzten

---

* Das heutige Museum Plantin-Moretus, die Werkstatt und das Wohnhaus von Plantin und seinen Nachfolgern, wurde im Juli 2005 in die UNESCO-Liste des Weltkulturerbes aufgenommen.

Die spanischen Niederlande nach dem Westfälischen Frieden am
Ende des Dreißigjährigen Krieges 1648.

Gemälde des Malers und acht Jahre später, 1648, besiegelte der
Frieden zu Münster endgültig die Trennung der nördlichen, bis
dato international nicht anerkannten »Republik der Vereinigten Niederlande« von den südlichen Provinzen. Dieser Süden,
der unter spanischer Herrschaft blieb, umfasste die jetzigen
belgischen Provinzen Antwerpen, Flämisch- und Wallonisch-
Brabant, Ost- und Westflandern und Hennegau sowie Teile
von Namur, Luxemburg, Lüttich und Limburg. Die heutigen
Niederlande mit ihren reichen und gebildeten Flüchtlingen aus
dem katholischen Süden wurden zur Weltmacht. »Belgien«,
wegen der Abriegelung der Schelde weiterhin von der Nordsee
abgeschlossen, verfiel mangels wirtschaftlicher Entfaltungs-
möglichkeiten zu einer unbedeutenden Grenzregion des spanischen Habsburgerreichs.

Die spanische Epoche war nach insgesamt zweihundert Jahren erst 1713 zu Ende. Anschließend sollte die Region in rascher Folge in die Hände der Österreicher, der Franzosen und der Holländer übergehen.

1700 starb König Karl II., der letzte spanische Habsburger. Bei der Testamentsöffnung stellte sich heraus, dass er sein ganzes Erbe Philipp von Anjou, dem Enkel des – noch regierenden – französischen Sonnenkönigs Ludwig XIV., hinterlassen hatte. Das Gespenst einer spanisch-französischen Großmacht löste in ganz Europa Angst und Schrecken aus. Der anschließende Spanische Erbfolgekrieg zwischen Frankreich einerseits und einer unter der Leitung Österreichs stehenden Großen Allianz aus England, Holland, Portugal und Deutschland andererseits zog eine Blutspur durch ganz Europa. 1708 trafen im flämischen Oudenaarde und 1709 in Malplaquet südwestlich von Brüssel die Truppen der Großen Allianz unter Leitung von Prinz Eugen von Savoyen und dem Earl von Marlborough auf die französisch-spanischen Truppen. Während dieser letzten großen Schlacht des Spanischen Erbfolgekriegs fielen 40 000 Soldaten (noch heute heißt ein Bächlein bei Malplaquet »Blutbach«). 1713 gaben sich die Franzosen geschlagen. Im Frieden von Utrecht wurde 1713 unter anderem festgelegt, dass Philipp von Anjou Spanien und seine Kolonien behalten durfte, im Frieden von Rastatt 1714 unter anderem, dass der österreichische Habsburgerkaiser Karl IV. die spanischen Niederlande erhielt.

Abermals hatten die südlichen Niederlande den Besitzer gewechselt. Von da an heißt die Hauptstadt von »Belgien« Wien.

Zunächst ist das für das flexible Land kein Problem. Auf Karl folgt 1740 Kaiserin Maria Theresia, die ihren Schwager Karl von Lothringen als Statthalter der *Pays-Bas Autrichiens* einsetzt. Karl ist ein Bonvivant, der die Jagd und die Frauen liebt und sich in Brüssel eine prunkvolle Residenz erbauen lässt. Ansonsten ändert sich nicht viel. Maria Theresia, für die die Niederlande nicht wirklich von Interesse sind, hat ihrem Schwager den Rat mit auf den Weg nach Brüssel gegeben, sich politisch möglichst bedeckt zu halten: »*Laissez aller les choses* *commes elles sont, contentez-vouz, mon frère, d'être le coq de village«* – »Lasst alles so, wie es ist, und begnügt Euch, mein Bruder, damit, der Dorfgockel zu sein«.* Die Kontakte zwischen Brüssel und Wien sind denn auch durchaus freundschaftlich. Viele adlige Belgier werden österreichische Offiziere; Mozart besucht 1763 Lüttich, Tienen, Löwen und Brüssel und 1766 Antwerpen, Mecheln und noch einmal Brüssel; Maria Theresia, die selbst nie nach Belgien kam, gründet in Brüssel die »Académie Theresienne« und eine öffentliche Bibliothek und lässt sich vorzugsweise in Gewändern malen, die mit Brüsseler Spitze besetzt sind. Die österreichischen Niederlande erleben eine friedliche und konfliktfreie Zeit. Bei Marias Tod im Jahr 1780 trauert das ganze Land. In der Brüsseler Kathedrale findet ein Gottesdienst statt, zu dem sich die Crème de la crème der belgischen Gesellschaft einfindet.

Vielleicht ahnte man, dass es bald vorbei sein würde mit dem Frieden.

Maria Theresias Sohn und Nachfolger Joseph II., der 1780 die Regierungsgeschäfte übernommen hatte, verfolgte eine andere Politik als seine milde, traditionsbewusste Mutter. Er verstand sich als aufgeklärter Reformer und strebte einen zentralistischen Staat an, der weitgehend unabhängig sein sollte von der Macht des Klerus. Damit stieß er in ganz Europa auf Protest. Auch in den österreichischen Niederlanden brachte er alle gegen sich auf: die Kirche, weil er die Klöster aufhob, die Städte, weil er deren Autonomie beschnitt, und die Universität zu Löwen, weil er ihr eine Reform aufzwang. 1786 brach an der Universität ein Aufstand gegen den als despotisch empfundenen Herrscher aus. 1788 kam es in ganz Belgien zu Unruhen. Ihr Kopf war der Rechtsanwalt Henri Van der Noot, ein radikaler Aufklärungsgegner. Am 11. Januar 1790, einen Monat vor dem Tod Josephs II., wurden die »Vereinigten Staaten von Belgien« ausgerufen. Van der Noot wurde vom ad hoc zusammengestellten »Souveränen Kongress« zum belgischen Premierminis-

---

* Dieses Zitat ist dem sehr informativen Vortrag »Österreich und Belgien« entnommen, den Gerhard Stadler am 28. 6. 2004 im Brüsseler Verbindungsbüro der Stadt Wien hielt.

ter gewählt. Dieser direkte Vorläufer des heutigen Staats existierte jedoch nur ein Jahr lang und hat keine greifbaren Spuren im Land hinterlassen. 1791 marschierten die Truppen von Leopold II., dem Nachfolger Josephs, ins aufmüpfige Belgien ein. Das kleine, schwache Land unterlag. Ein letztes Mal wurde Belgien ins Habsburgerreich zurückgeholt. Drei Jahre später war die habsburgische Epoche Belgiens zu Ende. Sie hatte fast genau 300 Jahre gedauert.

Mit der Eroberung durch die französischen Revolutionstruppen begann das vorletzte Kapitel der belgischen Vorgeschichte.

1792 marschieren die Franzosen in Belgien ein und besiegen die österreichischen Heere bei Jemappes. 1794 kommt es zu einer weiteren Schlacht in Fleurus bei Charleroi. Drei Jahre später gibt Österreich die niederländische Provinz auf. Längst nicht alle Belgier sind unglücklich über diese Entwicklung; vor allem in liberalen französischsprachigen Kreisen gibt es große Sympathien für die Französische Revolution, die als Gegenentwurf zur absolutistischen Herrschaft der Habsburger empfunden wird. Und auch das Großreinemachen, zu dem Napoleon nach 1795 ausholt, empfinden viele als Befreiung vom feudalen Joch.*

Gemeinsam mit dem Ancien Régime verschwinden die Rechte des Adels; zahllose belgische Adlige flüchten Hals über Kopf nach England. Die archaische Justiz, die sich noch der Folter bedient hat, wird durch die Einführung des »Code Napoléon« reformiert. Aber vor allem gibt Napoleon die zahllosen Klöster und Abteien mitsamt ihren riesigen Ländereien, die ein Viertel Belgiens ausgemacht hatten, zum Verkauf frei. Die Käufer rekrutieren sich aus den Schichten der Industriellen,

---

* Auch die belgische Sitte, das »van« (von) als Bestandteil des Nachnamens mit großem »V« zu schreiben, stammt aus der Zeit Napoleons. Erstmals wurden alle Bürger Belgiens in Listen registriert, wobei der Nachname zuerst genannt wurde. Aus Theo van Haute beispielsweise wurde Van Haute Theo und schließlich Theo Van Haute. In den von Napoleon nicht besetzten Niederlanden blieb es beim kleinen »v«. Das »Van« ist allerdings kein Zeichen von Adel, sondern verweist meistens auf den Ort, aus dem die Familie ursprünglich stammte.

Großgrundbesitzer und Intellektuellen und sind Frankreich durchaus dankbar dafür. In Antwerpen wird das erste Hafenbecken, das Napoleondock, gebaut. Im Lütticher Raum steigt die Kohleförderung, im benachbarten Seraing legt ein junger Engländer namens John Cockerill den Grundstein zu seinem späteren Eisen-Imperium und die flämischen Textilbetriebe florieren durch die große Nachfrage aus Frankreich. Auch in Flandern wird das Französische die Sprache der Intellektuellen und der Oberschicht.

Vorbei ist es mit der 800 Jahre währenden Aufteilung des Landes in Flandern, Brabant und das Fürstbistum Lüttich. »Belgien« wird in neun Departements aufgeteilt, die sich in etwa mit den heutigen belgischen Provinzen decken.* Die Konturen des künftigen Staates stehen fest.

1814 wird Napoleon zur Abdankung gezwungen. Russen und Preußen ziehen in Brüssel ein. Napoleons unerwartete Rückkehr aus dem Exil und seine siegreiche Gegenoffensive werden am 18. Juni 1815 von Engländern, Preußen und Holländern unter Leitung des englischen Feldherrn Wellington und des preußischen Feldherrn Blücher beim Dörfchen Waterloo südlich von Brüssel beendet. Während der fürchterlichen Schlacht in strömendem Regen fallen innerhalb von 24 Stunden 57 000 Menschen – 34 000 auf Seiten der Franzosen und 23 000 auf Seiten der Alliierten.

Heute erinnert auf der »plaine morte«, der Todesebene, ein 28 Tonnen schwerer Bronzelöwe auf einem künstlich aufgeschütteten, vierzig Meter hohen Hügel an die Schlacht. Er blickt grimmig in Richtung Frankreich. Am Fuß des Hügels befinden sich ein rundes Gebäude, in dem auf einer 110 Meter langen und zwölf Meter hohen Leinwand das Schlachtengetümmel panoramisch dargestellt ist, ein Wachsfigurenkabinett, ein Besucherzentrum mit Souvenirladen und Filmsaal sowie ein Res-

---

* 1995 wurde die zweisprachige Provinz Brabant in Wallonisch-Brabant und Flämisch-Brabant aufgeteilt, weshalb es in Belgien heute zehn Provinzen gibt.

An die legendäre Schlacht von Waterloo, aber nicht an ihre Tragik, erinnert dieses Café in Brüssel.

taurant mit Biergarten. Im Bauernhof gleich nebenan, in dem Napoleon die Nacht vor der Schlacht verbrachte, ist ein Museum eingerichtet. Es verfügt, so kann man auf der Website von Belgien Tourismus nachlesen, »über Räumlichkeiten für Ausstellungen, Versammlungen und Festlichkeiten sowie über einen Park und Obstgarten für napoleonische Biwaks«.

Derartige Biwaks finden einmal im Jahr rund um den 18. Juni statt, wenn belgische Gechichtsbegeisterte in historischen Kostümen zum »Marche du souvenir« antreten. Im Feldlager gibt es historische Waffen zu bestaunen, es werden Schießübun-gen veranstaltet und ein »Buffet campagnard« sorgt fürs leibliche Wohl. Und alle fünf Jahre, zum nächsten Mal 2010, wird die Schlacht von teils berittenen Statisten aus Belgien, Deutschland, Frankreich, England und Russland nachgestellt. Dann herrscht auf der Todesebene direkt neben der Autobahn von Brüssel in Richtung Süden tagelang Volksfest-Atmosphäre.

Ein letztes Mal verfügten die europäischen Großmächte während des Wiener Kongresses per Federstrich über die alten südlichen Niederlande: Sie beschlossen, die besitzlose Region zwischen den Flüssen Yser und Maas, zwischen der Nordsee und den Ardennen, den protestantischen Niederlanden zuzuschlagen. Damit wollten sie einen Pufferstaat zwischen den Erbfeinden Deutschland und Frankreich schaffen. Souverän der »Vereinigten Niederlande« wurde der in Den Haag residierende Oranier Willem I.

Dass sowohl der Norden wie auch der Süden sich durch diese Lösung überfahren fühlten, liegt auf der Hand. Seit 1648 hatten sich die nördlichen und die südlichen Niederlande in entgegengesetzte Richtungen entwickelt. Der Norden war protestantisch, der Süden katholisch. Der Norden hatte keine Lust, in einem Staat mit katholischer Mehrheit zu leben: »Belgien« zählte rund 4 Millionen, »Holland« 2,5 Millionen Einwohner. Umso weniger konnte der Süden begreifen, dass er in der siebenköpfigen Regierung nur mit einem einzigen Minister und im 28-köpfigen Korps der Spitzendiplomaten nur mit einem Diplomaten vertreten war. Außerdem hatten die Holländer nach der Niederlage Napoleons abermals die Schelde für die Schifffahrt abgeriegelt. Und schließlich hatte der Wiener Kongress verfügt, dass die Staatsschuld gleichmäßig über Nord und Süd aufzuteilen sei. Die des Nordens betrug allerdings 1250 Millionen, die des Südens 100 Millionen Gulden. Die Belgier sahen keinerlei Anlass, Den Haag mit auch nur einem einzigen Cent auszuhelfen.

König Willem I. gab sich trotz allem Mühe, die Gemüter zu besänftigen. Er organisierte im Süden einen Grundschulunterricht, er ließ Kanäle und Straßen bauen und er gründete die Universitäten von Gent und Lüttich und die von Löwen neu. Jedoch hatte er auch despotische Züge. So kontrollierte er Presse und Justiz, indem er kritische Journalisten verfolgen ließ und Richter nach Gutdünken ein- und absetzte. Außerdem führte er in seinem Königreich das Niederländische als offizielle Amtssprache ein, was nicht nur die Wallonen erzürnte, sondern auch die flämische Oberschicht. Ebenso wie einst Joseph II. gelang es Willem, alle gegen sich aufzubringen.

Der katholische südliche Landesteil blickte nach Frankreich, dem man sich wesentlich verwandter fühlte als dem Norden des eigenen Landes. Im Juli 1830 erhoben sich in Paris die demokratischen Kräfte gegen die reaktionäre Politik des französischen Königs Karl X. Der Funke der Julirevolution schlug auf Belgien über. Am 25. August entfachte er einen Flächenbrand.

Die »Belgische Revolution« wird oft belächelt. Immer wieder wird in Artikeln und Büchern über Belgien darauf hingewiesen, dass der Auslöser des Aufstands, der zur Unabhängigkeit des Staats führen sollte, eine Opernaufführung in der Brüsseler »Monnaie« war und die Akteure sich sozusagen in Sektlaune befanden. In Wirklichkeit waren die Dinge wesentlich komplizierter und wesentlich weniger heiter. Von einer Stunde zur anderen brach sich der seit dem 17. Jahrhundert aufgestaute Hass gegen die Holländer Bahn. Die erste Konsequenz war ein anarchistisches Getümmel im Land, das eine Spur der Zerstörung hinterließ und sämtliche gesellschaftlichen Gruppen gegeneinander aufbrachte.

In der Brüsseler Oper wird an jenem heißen 25. August »Die Stumme von Portici« des Franzosen François Esprit Aubert aufgeführt, die den Aufstand der Neapolitaner gegen den spanischen König Philipp IV. verherrlicht. In der Rolle des Aufrührers stimmt der Tenor Lafeuillade die Arie »Heilige Liebe zum Vaterland« an. Im Publikum entsteht Aufregung. Beim Ruf »Zu den Waffen!« stürzt es nach draußen. Von der Oper aus setzt sich die Menge zum Gebäude der Regierungszeitung »Le National« in Bewegung. Das Haus wird geplündert und verwüstet, ebenso wie die Häuser hoher niederländischer Beamter wie das des Polizeikommissars Knyff, des verhassten Justizministers van Maanen und des Staatsanwalts Schuermans. Die Menge zieht weiter, plündert Waffengeschäfte und dringt in die Fabriken in Forest und Anderlecht ein. In den Wochen darauf greift der Aufstand aufs ganze Land über. Auch in Lüttich, Verviers, Mons und Löwen kommt es zu Straßenkämpfen. Am 23. September marschieren die Truppen Willems unter Leitung seines jüngsten Sohnes Frederik in Brüssel ein und

dringen im Kugelhagel der Belgier bis zur Rue Royale im Stadtzentrum vor, wo sie sich im benachbarten Königspark ver-
schanzen. Bei den Kämpfen fallen auf belgischer Seite 400 und
auf holländischer Seite 700 Menschen.

Am 29. September gibt Holland Belgien auf. Das Parlament
in Den Haag, das im Grunde mehr als erleichtert ist, den ungeliebten Süden abtreten zu können, spricht sich mehrheitlich
für eine getrennte Verwaltung im Norden und Süden des Landes aus. Nun überstürzen sich die Ereignisse. Fünf Tage später
konstituiert sich in Brüssel eine neun Mitglieder umfassende
vorläufige Regierung, am 3. November wählen 30 000 reiche
und gebildete Zensusbürger die 200 Mitglieder des National-
kongresses, am Tag darauf erklärt der Nationalkongress die
Unabhängigkeit Belgiens. Am 4. November schließlich finden
sich Großbritannien, Preußen, Österreich und Frankreich bei
der Londoner Konferenz mit den Tatsachen ab und erkennen
den neuen Staat an (jedoch wird König Willem Belgien erst
1839 vertraglich anerkennen).

Auf die Trümmer der nordwestlichen Besitzungen des Rö-
mer-, des Franken-, des Burgunder- und des Habsburgerreichs
sowie des napoleonischen Imperiums ist ganz unerwartet ein
Winzling gekrabbelt, der da Belgien heißt. Aber er ist noch
nackt und bloß und muss erst einmal einen Vater, eine Haus-
ordnung und seinen Platz zwischen seinen starken Brüdern finden, die nicht gerade auf seine Ankunft gewartet haben. Das
wird ihn in Atem halten, bis ein zunächst unerkannter Ge-
burtsfehler manifest wird: Das Baby hat zwei Herzen, ein flämisches und ein wallonisches.

Von der Staatsgründung bis zur Gegenwart

Der Kampf um die Unabhängigkeit Belgiens ist vor allem von
der französischsprachigen Mittel- und Oberschicht ausgefoch-
ten worden, die den revolutionären französischen Idealen von
Freiheit, Gleichheit und Brüderlichkeit anhing. Dennoch will
sie, dass Belgien eine Monarchie wird. Der Grund für diese an
sich unlogische Entscheidung ist unter anderem, dass man den

Nachbarländern, die noch immer unter dem Trauma der Französischen Revolution und ihren Folgen leiden, keine Republik zumuten will. Jedoch sind sich die neun Mitglieder der vorläufigen Regierung darüber einig, dass der künftige König mit wenig Machtfülle ausgestattet werden soll. Die am 7. Februar 1831 verabschiedete Verfassung des Landes ist denn auch die demokratischste Europas: Belgien wird eine parlamentarische Monarchie, was bedeutet, dass der künftige König in erster Linie der Repräsentant seines Volkes ist, und außerdem sind darin die Versammlungsfreiheit, die Freiheit der Religionsausübung, die Freiheit des Unterrichts, die Pressefreiheit und die Freiheit eines jeden Bürgers verankert, sich seiner Muttersprache zu bedienen. Letzteres Grundrecht bleibt aber zunächst Schall und Rauch: Die Verfassung ist ausschließlich auf Französisch formuliert, und gegen das Niederländische hat man schon deswegen etwas, weil es die Sprache des verhassten Königs Willem ist und außerdem mit dem Protestantismus assoziiert wird.[*]

Der Konflikt zwischen Niederländisch- und Französischsprachigen wird aber erst viel später offen ausbrechen. Zunächst einmal geht die Suche nach einem König weiter. Und die gestaltet sich zum Problem.

Bereits vier Tage vor der Verabschiedung der Verfassung hat der Nationalkongress mit großer Mehrheit Louis d'Orléans, Herzog von Nemours und zweitältester Sohn des französischen Königs Louis-Philippe, zum belgischen König gewählt. Aber der Kongress hat die Rechnung ohne England gemacht, das als einziges europäisches Land die Unabhängigkeit Belgiens ausdrücklich unterstützt hat. Die englische Regierung lässt der belgischen Regierung nur 24 Stunden nach der Wahl über ihren Brüsseler

---

[*] Es gab noch einen anderen Grund für die Missachtung des Niederländischen im zweisprachigen Staat. Schon im November 1930 hatte die provisorische Regierung festgestellt: »Niederländisch und Deutsch, Sprachen, die von den Einwohnern einiger Gegenden gesprochen werden, unterscheiden sich von Provinz zu Provinz und manchmal von Distrikt zu Distrikt. Es ist darum eindeutig, dass es unmöglich ist, einen offiziellen Text auf Deutsch oder Niederländisch anzufertigen.« Dieses Zitat verdanken wir der Niederlandistik-Fakultät der FU Berlin.

Gesandten Sir John Ponsonby mitteilen, dass sie nicht bereit sei, diese Wahlentscheidung zu akzeptieren, denn ein französischer Prinz auf dem belgischen Königsthron käme einem Anschluss des Landes an Frankreich gleich. Soll man nun auf den Kandidaten mit der zweithöchsten Stimmenzahl ausweichen, August Herzog von Leuchtenberg, einem Sohn aus der ersten Ehe von Napoleons Gattin Joséphine de Beauharnais? Dagegen ist dann wieder Frankreich, das ein Wiederaufleben des Napoleonismus im Nachbarland befürchtet. Der Kongress kann aufs Neue mit der Suche beginnen.

Diesmal geht es jedoch schnell. Auch durch die Vermittlung Ponsonbys wird Leopold von Sachsen-Coburg aufs Schachbrett geschoben. Der vierzigjährige deutsche Prinz ist der Witwer der englischen Thronanwärterin Charlotte Auguste, die 1817 nach nur einjähriger Ehe an den Folgen einer Totgeburt gestorben war. Mit diesem Vorschlag ist auch Frankreich zufrieden. Am 4. Juli 1831 schreitet der Kongress abermals zur Wahl und entscheidet sich mit großer Mehrheit für Leopold. Der Prinz ist nicht wirklich glücklich über das Angebot, ein Land zu regieren, dessen revolutionäres Potenzial schwer einzuschätzen ist. Aber er kann sich den übereinstimmenden Wünschen Englands, Belgiens und Frankreichs nicht widersetzen und nimmt die Wahl an. Am 21. Juli reitet er, nachdem er – zähneknirschend, so wird überliefert – den Verzicht auf die englische Dotation von jährlich 50 000 Pfund unterzeichnet hat, mit seinem Gefolge bei herrlichem Sonnenschein und unter dem Jubel der Bevölkerung durch Brüssel zum Kongressgebäude, um den Eid auf die Verfassung abzulegen.[*] Aus seiner Kritik an der Verfassung macht er allerdings keinen Hehl. „Meine Herren«, so wendet er sich an den Kongress, »Sie sind hart mit dem Königtum ins Gericht gegangen, das nicht in der Lage war, sich zu verteidigen. Ihre Verfassung ist arg demokratisch!« Aber dann fügt er, sich den Umständen beugend, hinzu: »Aber mit ein wenig gutem Willen von beiden Seiten wird es schon irgendwie gehen.«

---

[*] Der 21. Juli ist seitdem der belgische Nationalfeiertag.

Noch immer schweift der Blick Leopolds über die Hauptstadt, die ihm sozusagen aufgedrängt wurde. An der prächtigen Rue Royale, die die Brüsseler Ober- von der Unterstadt trennt, steht seit 1859 die fünfzig Meter hohe Kongresssäule, die von seinem Standbild gekrönt ist. Unten, im Westen, erkennt man den gotischen Turm des Rathauses an der Grand Place. Im Osten der Rue Royale beginnt das belgische Regierungsviertel, an das sich das Europaviertel anschließt. Zu Füßen der Säule bewachen vier Frauengestalten das ewige Feuer, das dort zu Ehren des Unbekannten Soldaten brennt.

Der steinerne Leopold in seinem langen Militärmantel ist ganz und gar königliche Würde. Die Wirklichkeit sah etwas anders aus. In europäischen Adelskreisen galt Leopold als ausgesprochen berechnend und zudem als Frauenheld. Noch 1829 hatte er in England eine deutsche Tänzerin namens Karoline Bauer geheiratet, aber da die Ehe nie offiziell bestätigt wurde, konnte sie nach Leopolds »Umzug« nach Brüssel für nichtig erklärt werden. Am 9. August 1832 heiratete er aus diplomatischen Erwägungen die zwanzig Jahre jüngere Prinzessin Louise von Orléans, eine Tochter des französischen Königs Louis Philippe. Die stets unglückliche Louise starb 1850 im Alter von 38 Jahren und damit 15 Jahre früher als ihr Gatte. Von den vier Kindern überlebten zwei Söhne, Leopold und Phillip, und die Tochter Charlotte. Außerdem hatte Leopold mit seiner Mätresse Arcadia Claret Baronin von Eppingoven zwei weitere Söhne. Der erste hatte ein Jahr vor, der zweite ein Jahr nach Louises Tod das Licht der Welt erblickt.

Leopold war auch der Onkel der englischen Königin Viktoria, der 1837 gekrönten Tochter der von ihm gestifteten Ehe zwischen seiner Schwester Viktoria von Sachsen-Coburg und des Herzogs von Kent. 1840 arrangierte er abermals eine Ehe, die von Viktoria mit seinem Neffen Albert von Sachsen-Coburg-Gotha. So trug er seinen Teil dazu bei, dass das Geschlecht der Coburger zu den führenden Adelshäusern Europas aufstieg.

In der Tat, beide Seiten geben sich Mühe. Zunächst gilt es, die Wirtschaft wieder anzukurbeln. Das Land hat den französischen und den niederländischen Markt einschließlich der nie-

Ehrenformation vor dem Königspalast in Brüssel.

derländischen Kolonien verloren und die Holländer fordern aufs Neue einen hohen Zoll von den Schiffen, die über die Nordsee nach Antwerpen fahren. 1834 beschließen Regierung und König deshalb, im Land ein Eisenbahnnetz anzulegen, das vom Staat verwaltet wird. Die Lütticher Eisenhütten Cockerill und Dupont werden mit der Lieferung von 5600 Tonnen Gleisen beauftragt und schon ein Jahr später wird zwischen Mecheln und Brüssel die erste Eisenbahnstrecke auf dem europäischen Kontinent eröffnet. Das ist der Auftakt zu einem Wirtschaftsaufschwung ohnegleichen.

Das Eisenbahnnetz wird zügig ausgebaut – noch heute ist es das dichteste Europas –, zwischen Charleroi und Lüttich werden zahlreiche Kohlengruben erschlossen und Eisenhütten gegründet, im Raum Gent und Kortrijk entstehen neue Textilfabriken. Die Industrie wird von den beiden großen Banken des Landes, der Société Générale und der Banque de Belgique, massiv unterstützt. Im Parlament, dessen Abgeordnete weiterhin von den rund 50 000 Reichen und Gebildeten des Landes gewählt werden, ist man sich meistens über alle zu ergreifenden Maßnahmen einig. Erst zehn Jahre nach der Staatsgründung kommt es zu deutlichen Unstimmigkeiten im Parlament.

Gibt es im Land auch keine Parteien, so gibt es doch zwei Weltanschauungen oder politische Überzeugungen, die konservativ-katholische und die progressiv-liberale. Auch im »unionistischen« Parlament gibt es katholische und liberale Abgeordnete, weshalb sich die von der Regierung ernannten katholischen und liberalen Premierminister in unregelmäßiger Folge abwechseln. Jedoch kommen Katholiken und Liberale immer schlechter miteinander zurecht. Die Liberalen wissen die Menschen im Land hinter sich, die gegen Papst und Kirche sind und auch dem König kritisch gegenüberstehen, und das sind, wie in den Zeiten der spanischen Habsburger, nicht wenige. Zu ihnen gehören vor allem Mitglieder der intellektuellen Mittelschicht, die sich aus dem Griff des »Unionismus« befreien wollen, den sie als erstickend empfinden. Nach zahllosen erbitterten Diskussionen im Parlament gründen die Liberalen 1846 gegen den Willen Leopolds die erste belgische Partei. Bereits 1847 gewinnen sie die Wahl und auch danach werden sie viele Jahre lang als stärkste Kraft aus den Wahlen hervorgehen. Was jedoch nichts daran ändert, dass sie stets wieder in »unionistischen« Regierungen landen.

König Leopold stirbt 1865 und hinterlässt ein nach außen harmonisches Land. Sein Nachfolger wird sein Sohn, der als Leopold II. den Eid auf die Verfassung ablegt. Er ist seit 1853 in ebenfalls liebloser Ehe mit der österreichischen Erzherzogin Marie-Henriette verheiratet. Das Paar hat vier Kinder, mit denen es aber wenig Glück hat: Leopold, der einzige Sohn, stirbt 1869 im Alter von zehn Jahren, Tochter Louise heiratet 1875 Philipp, Prinz von Sachsen-Coburg, und führt in Wien ein liederliches Leben, und Stephanie heiratet 1891 den österreichischen Thronfolger Rudolf und wird 1889 in Schloss Mayerling gemeinsam mit ihrem Gatten tot aufgefunden (nie wurde geklärt, ob es sich um Mord oder Selbstmord handelte). Nur Clementine wird dem Vater als Vertraute bleiben, weshalb er eifersüchtig darüber wacht, dass sie nicht heiratet, was sie denn auch bis zu seinem Ableben nicht tut. Erst ein Jahr danach heiratet sie den französischen Prinzen Victor Napoleon.

Wirtschaftlich geht es Belgien beim Tod des älteren Leopolds blendend. Die Kohlebergwerke, die Eisenhütten und die Textilfabriken florieren, und auch mit dem Antwerpener Hafen geht es aufwärts: 1863 hat sich Belgien für 17 Millionen Gulden vom niederländischen Scheldezoll freigekauft, weshalb nun wieder Schiffe aus Richtung Nordsee Belgien anlaufen können, was den internationalen Handel ankurbelt. In innenpolitischer Hinsicht ist die Situation jedoch angespannt. Schon in den vierziger Jahren hat sich außer der Kluft zwischen Katholiken und Liberalen eine zweite Kluft im Land aufgetan, die zwischen der flämischen Land- und Arbeiterbevölkerung und der französischsprachigen Oberschicht.

Unter den Flamen herrscht die pure Armut. Da nur an den – meist katholischen – Volksschulen auf Niederländisch unterrichtet wird, der Unterricht an den Gymnasien jedoch ausschließlich auf Französisch erfolgt, haben die wenigsten von ihnen auch nur den Hauch einer Chance auf gesellschaftlichen Aufstieg. Dafür schuften selbst sechsjährige Kinder in den Textilfabriken, um das Familieneinkommen aufzubessern. In Brüssel gilt das Niederländische als die »Sprache der Tiere und der Knechte«. Dennoch haben sich schon kurz nach der Staatsgründung in Flandern kleine Zirkel von Philologen, Beamten, Lehrern und Freiberuflern gebildet, die ihre Muttersprache pflegen. Sie streben zunächst keine politische Macht an; dafür trifft man sich vor allem in Antwerpen und Gent zu Dichterlesungen und Diskussionen, um sich der Vergangenheit und Kultur Flanderns zu besinnen. Dann aber macht ein Buch Furore, das auch die Massen erreicht. Bereits 1838 hat der Antwerpener Schriftsteller Hendrik Conscience sein historisch-romantisches Epos »Der Löwe von Flandern« geschrieben. Der Roman spielt im 13. Jahrhundert und handelt vom Kampf des edlen flandrischen Grafen Gwinde gegen den französischen König und die frankreichfreundliche Oberschicht in Flandern, weshalb er genau den Nerv der Zeit trifft. Wer im Volk lesen kann, liest nun den »Löwen von Flandern«. Wer nicht lesen kann, und das gilt für die allermeisten Flamen, lässt sich den Roman vorlesen. Er steht, wiewohl literarisch, am Anfang einer politischen flämischen Bewegung, die sich nicht mehr nur auf romantische Reminiszenzen beschränkt.

1847 weiht König Leopold in Brüssel die erste Ladenpassage Europas ein, die prächtige, überglaste Sankt-Hubertus-Galerie. Im Umland jedoch nimmt die Not zu. In Flandern ist genau im gleichen Jahr eine Typhusepidemie ausgebrochen, die fast 12 000 Menschen das Leben kostet. Außerdem sind die flämischen Felder von einer Kartoffelkrankheit befallen, die einige Jahre lang die gesamte Ernte vernichten wird, was besonders hart ist, da zahllose Flamen sich fast ausschließlich von Kartoffeln ernähren. Aber auch in der Wallonie herrschen Hunger und Armut. 1848 greifen die europäischen Arbeiteraufstände auf die Bergwerke und Eisenhütten über, es kommt zu Streiks und Protestaktionen. Die Verzweiflung treibt Tausende von hungernden und ausgebeuteten Flamen und Wallonen im gleichen Jahr auf die Grand Place in Brüssel. Aber die Demonstration wird von der Polizei brutal auseinander getrieben.

In Brüssel wohnt seit 1845 auch Karl Marx, der nach seiner Ausweisung aus Frankreich ins liberalere Belgien geflüchtet ist. Dort hat er sein »Elend der Philosophie« und, gemeinsam mit Friedrich Engels, der ihm nach Brüssel gefolgt ist, sein »Kommunistisches Manifest« geschrieben. Auch angesichts des blutigen Getümmels auf der Grand Place hält Marx sich an die Bedingung, unter der ihm Asyl gewährt worden war, nämlich, sich nicht in die belgische Politik einzumischen. Dennoch wird er Leopold zu gefährlich: Nach den Unruhen von 1848 unterzeichnet der König persönlich den Ausweisungsbefehl. Marx kehrt nach Paris zurück. Das Manuskript des »Kommunistischen Manifests« hat er nach London geschickt, wo es zum ersten Mal gedruckt wird. In den Notizen zum ersten Band seines Werks »Das Kapital« hatte Marx sich gegen die in England vorherrschende Meinung gewandt, Belgien sei das Paradies der Arbeiter. »Nichts ist verkehrter«, schreibt Marx, »es ist im Gegenteil das Paradies der Kapitalisten.«

Die sozialen Unruhen flauen unter dem Druck der Ordungsmächte zunächst einmal ab. Dafür verschärfen sich die Auseinandersetzungen zwischen den Flamen und der Regierung. 1857 veröffentlicht die ein Jahr vorher eingesetzte »Flämische Beschwerde-Kommission« einen Bericht, in dem die Nichteinhaltung des in der Verfassung verankerten Grundrechts auf den Gebrauch der Muttersprache angeprangert wird. Tatsächlich weigern sich die Standesämter in Flandern, Geburtsurkunden auf Niederländisch auszustellen, es gibt nur französische Steuerformulare, die meisten Richter an flämischen Gerichtshöfen können kein Wort Niederländisch und unter den 382 belgischen Staatsbeamten gibt es nur 22 Flamen. Der Bericht mündet in die Forderung nach mehr Zweisprachigkeit, aber sie wird von Innenminister Charles Rogier abgewiesen, weil er die Spaltung des Landes befürchtet. In ganz Flandern, vor allem in den Genter Textilfabriken, kommt es daraufhin zu Protesten. Aber auch in Brüssel selbst ist die Situation gespannt. Schon immer war den Liberalen das katholische Schulwesen ein Dorn im Auge, wohingegen die Katholiken im Parlament der Meinung sind, dass der Schulunterricht frei von staatlichen Einflüssen sein müsse.* 1879 unterzeichnet der liberale Premierminister Walthère Frère-Orban ein Gesetz, das die 2600 belgischen Gemeinden verpflichtet, neben den bereits bestehenden katholischen Grundschulen mindestens eine neutrale, laizistische Grundschule einzurichten, an der der Religionsunterricht außerhalb der Schulstunden und nur katholischen Kindern erteilt wird. Dagegen macht die Kirche mobil, die allen Lehrern, Eltern und Schülern der staatlichen Schulen die Sakramente verweigert. Es kommt sogar zum Abbruch der diplomatischen Beziehungen zwischen dem Vatikan und Belgien. 1884 werden die Katholiken wiedergewählt, die das Schulgesetz schleunigst rückgängig machen. Aber die Stimmung zwischen Katholiken und Liberalen ist über die Schulfrage nachhaltig getrübt.**

---

* Noch heute nennen sich die katholischen Schulen in Belgien im Gegensatz zu den staatlichen und den kommunalen Schulen »freie Schulen«, was auf Ausländer, die »katholisch« nicht automatisch mit »frei« assoziieren, verwirrend wirkt.

** Der belgische »Schulkampf« endete erst 1954. Nach erbitterten Auseinandersetzungen zwischen Christdemokraten, Liberalen und Sozialisten einigte sich das Parlament darauf, sowohl das katholische wie auch das staatliche und das kommunale Unterrichtswesen als gleichberechtigt zu behandeln und zu subventionieren.

1873 gehen mehr als zehntausend, von der Ablehnung des Berichts der Beschwerde-Kommission tief enttäuschte Flamen abermals in Brüssel auf die Straße. Die Stimmung wird bedrohlich. Und schließlich erkennt auch die katholische Regierung, dass sie es sich nicht mehr leisten kann, drei Millionen Untertanen die elementarsten Sprachenrechte zu verweigern.

Schnell nacheinander werden die ersten drei belgischen Sprachengesetze erlassen. Noch 1873 wird in Flandern das Niederländische als Gerichts-, Verwaltungs- und Unterrichtssprache eingeführt, ab 1878 müssen Beamte der Provinzverwaltungen bei der Einstellung Niederländischkenntnisse vorweisen können und ab 1883 wird gesetzlich festgelegt, dass an den Gymnasien einige Fächer, insgesamt rund acht Stunden pro Woche, auf Niederländisch unterrichtet werden müssen. 1898 schließlich bestimmt man, dass alle offiziellen Dokumente und Inschriften in zwei Sprachen abgefasst sein müssen und der König den Amtseid auf Niederländisch und Französisch leisten soll. In der Praxis werden die Gesetze allerdings nur unzureichend angewandt. Die Niederländischprüfungen, die zu den Voraussetzungen der Einsetzung eines Richters oder Beamten in Flandern gehören, sind sehr oberflächlich, wohingegen flämische Kandidaten perfekt das Französische beherrschen müssen. Und es gibt kaum niederländischsprachige Ausbildungsstätten für Lehrer. Jedoch ist eine Bresche in das französischsprachige Gerichts-, Verwaltungs- und Schulmonopol geschlagen, und langsam, aber sicher entwickelt sich eine Generation von Flamen, die gebildet genug ist, um es mit der französischsprachigen Oberschicht aufnehmen zu können. Die Wallonie bleibt weiterhin einsprachig französisch.

Näher sind sich Flamen und Wallonen durch die Sprachengesetze nicht gekommen. Leopold II. aber, der ebenso wie sein Vater Belgien nicht gerade als Ziel seines irdischen Strebens betrachtet, interessieren die innenpolitischen Probleme in seinem Land nur am Rande. Darum sollen sich seine Minister kümmern. Sein Blick schweift vielmehr weit über die Grenzen Belgiens hinaus, und zwar nach Afrika. Dort möchte er eine Kolonie besitzen.

Das Streben nach einer Kolonie hat Leopold II. von seinem Vater übernommen, der bereits in China und Guatemala ergebnislos versucht hatte, sich eines Stück Lands zu bemächtigen. 1874 kommen seinem Sohn Reiseberichte eines Engländers namens Henry Morton Stanley zu Ohren, der das zentralafrikanische Gebiet rings um den Fluss Kongo erforscht. Das Land soll über unermessliche Schätze wie Diamanten, Kupfer, Zink, Kautschuk, Kaffee und Elfenbein verfügen. Leopolds Gier ist geweckt. 1878 beauftragt er Stanley mit einer zweiten Expedition, bei der er die Stammeshäuptlinge überreden soll, ihm ihr Land zur Nutzung zu überlassen. Die Finanzierung der Expedition ist kein Problem: Leopold hat mittlerweile ein Privatvermögen von 50 Millionen Goldfranken angehäuft, und er ist durchaus bereit, einen großen Teil dieses Vermögens in seinen afrikanischen Traum zu investieren.

Ab 1879 schließt Stanley im Kongobecken mit rund vierhundert analphabetischen Häuptlingen so genannte »Protektoratsverträge« ab: Sie überlassen Leopold ihr Land zur Nutzung und erhalten als Gegengabe wertlose Stoffballen. Bis 1884 hat Leopold auf diese Weise einen Privatbesitz zusammengerafft, der achtzig Mal so groß ist wie Belgien. Er nennt seine Privatkolonie *État Indépendant du Congo* (Unabhängiger Kongo-Staat). Was fehlt, ist die Anerkennung Leopolds als Souverän des Kongo durch die Weltmächte. Sie erfolgt nach intensiven geheimdiplomatischen Verhandlungen des gewieften Königs mit den rivalisierenden Groß- und Kolonialmächten Frankreich, Deutschland und Großbritannien während der vom November 1884 bis Februar 1885 in Berlin stattfindenden und von Bismarck einberufenen Internationalen Kongo-Konferenz, an der außer zwölf europäischen Ländern auch die USA und die Türkei teilnehmen. Die Konferenz endet mit der Anerkennung Leopolds als Souverän des Unabhängigen Kongo-Staats. Sechs Jahre nach dem Beginn der Expedition von Henry Morton Stanley hat Leopold sein Ziel erreicht.

Ab 1890 schießt in der ganzen Welt aufgrund neuer industrieller Bedürfnisse die Nachfrage nach Rohkautschuk in die Höhe. Und im Kongobecken gedeiht der Gummibaum fast genauso gut wie in Brasilien. Es beginnt das schwärzeste Kapitel der belgischen Geschichte. Die Einheimischen werden von den Kolonialherren in die Plantagen gehetzt und dort gnadenlos zur Arbeit angetrieben. Zahlose Schwarze, die nicht das Tagessoll erfüllen, werden mit der Nilpferdpeitsche, der *chicotte*, tot geprügelt und noch mehr sterben an Erschöpfung. Die Schätzungen über die Zahl der Opfer, die der Kautschuk-Wahn bis 1910 fordern wird, klaffen auseinander; sie schwanken zwischen 2,5 und 10 Millionen. Von 1895 bis 1897 kommt es immer wieder zu Aufständen Einheimischer. Sie werden blutig niedergeschlagen.

Zunächst erfährt Belgien wenig oder nichts von diesen Gräueltaten. Aufgrund der Einfuhr riesiger Mengen von Elfenbein und Kautschuk, die im Antwerpener Hafen aus den Schiffen der Reederei der Kongo-Linie geladen werden, boomt die Wirtschaft des Landes mehr als je zuvor. Nun will Leopold die Hauptstadt seines kleinen Landes zu einer der schönsten Metropolen Europas machen. In Brüssel werden Prachtbauten wie der gigantische Justizpalast hochgezogen, für den ein ganzes Arbeiterviertel abgerissen wird. Im Park bei Schloss Laeken, der vor den Toren Brüssels gelegenen Privatresidenz des Königs, entsteht der weitläufige Komplex der Königlichen Gewächshäuser. Auch die offizielle Residenz des Königs im Stadtzentrum wird modernisiert und vergrößert. In der südlich von Brüssel gelegenen Gemeinde Tervuren wird zum höheren Ruhm des Königs ein riesiges Afrikamuseum im Stil eines barocken Schlosses angelegt. Und das Stadtzentrum und das Afrikamuseum werden durch eine breite, zehn Kilometer lange Allee miteinander verbunden, die Avenue de Tervuren, noch heute eine der Prachtstraßen von Brüssel. Sie ermöglicht es dem König, sich durch ein angemessenes Ambiente kutschieren zu lassen, wenn er im Afrikamuseum die Früchte seiner Taten bewundern will. Aber auch die reiche Bourgeoisie baut, was das Zeug hält. In Brüssel, Antwerpen und anderen belgischen Städten entstehen ganze Straßenzüge mit herrlichen Häusern im Stil der Gründerzeit und des Art Nouveau, wie der Jugendstil in Frankreich und Belgien genannt wird. Und in Antwerpen wird 1900 der prächtige Hauptbahnhof eingeweiht, der noch heute nicht zu Unrecht »Eisenbahnkathedrale« genannt wird.

König Leopold II. in jungen Jahren.

Jedoch gelangen langsam, aber sicher über England Berichte über die Gräueltaten im Kongo an die belgische Öffentlichkeit. Im Antwerpener Hafen arbeitet Edmund Morel, der Angestellte einer Liverpooler Reederei. Er wundert sich darüber, dass die einlaufenden Schiffe der Kongo-Linie mit Elfenbein und Kautschuk vollgeladen sind, aber bei der Rückreise nur Waffen, Munition und Armeeoffiziere mitnehmen, und macht sich auf die Suche nach der Lösung des Geheimnisses.

Nach gründlicher Recherche kommt er zu dem Schluss, einem Menschheitsverbrechen auf die Spur gekommen zu sein. Er verbündet sich mit Roger Casement, britischer Botschafter im Kongo, der seine Vermutungen bestätigt. Gemeinsam gründen sie in Liverpool die »Congo Reform Association«, die unermüdlich, unter anderem durch Zeitungsartikel, die Zustände im Kongo anprangert. 1904 veröffentlicht das britische Außenministerium einen erschütternden Bericht Casements über die Lage in der Kolonie. In England erhebt sich ein Aufschrei der Empörung. Leopold geht in Deckung: Unverzüglich ruft er in höchsteigener Person einen Untersuchungsausschuss ins Leben, der an Ort und Stelle die Verbrechen seiner fernen Untertanen aufdecken soll, von denen er behauptet, nichts gewusst zu haben.

Zu seinem Entsetzen nimmt der Ausschuss seine Arbeit jedoch ernst. Immer mehr Berichte über den Massenmord an der kongolesischen Bevölkerung dringen nach Belgien. Vor allem die Katholiken, die hunderte von Missionaren in den Kongo entsandt haben, wenden sich nun gegen Leopolds Kolonialpolitik. Unter dem Druck der internationalen und belgischen Öffentlichkeit beschließt das belgische Parlament 1908, die Privatkolonie dem belgischen Staat einzuverleiben. Leopold stirbt einsam und verbittert zwei Jahre später, seine Frau ist schon 1902 gestorben. Testamentarisch hat er verfügt, dass nur sein Neffe Albert, der älteste Sohn seines Bruders Philipp und sein designierter Nachfolger, und einige enge Mitarbeiter am Begräbnis teilnehmen sollen. Was die Regierung allerdings nicht daran hindert, aus dem Begräbnis einen Staatsakt zu machen, der die Solidarität des Volks mit ihrem toten König beweisen soll.

Ausländern, die in Belgien leben, fällt immer wieder auf, wie oft und ausführlich belgische Medien über aktuelle Entwicklungen in Zentralafrika berichten. Man muss schon die Kolonialgeschichte des Landes kennen, um die Gründe zu verstehen: Erstens haben viele noch lebende Belgier Jahrzehnte ihres Lebens im Kongo verbracht, bevor die Kolonie 1960 vom belgischen Staat aufgegeben wurde, und zweitens fühlt Belgien der heutigen Demokratischen Republik Kongo gegenüber noch immer eine Verantwortung. Belgische Politiker reisen häufig in das krisengeschüttelte Land, um dort nach dem Rechten zu sehen, und 2003 unterstützte Belgien den Kongo mit einer Summe von fast 700 Millionen Euro.

In Belgien leben heute Tausende von kongolesischen Flüchtlingen. In Brüssel gibt es einen ganzen Stadtteil, genannt Matongé, der fast ausschließlich von Kongolesen bewohnt ist. Man wähnt sich dort in Kinshasa, der kongolesischen Hauptstadt, die bis 1960 Leopoldville (Leopoldstadt) hieß.

Dennoch liegt über der Kolonialzeit ein seltsames Tabu. 2005 fand im Königlichen Afrikamuseum von Tervuren die erste Ausstellung statt, die der kolonialen Vergangenheit Belgiens gewidmet war. Anhand von Dokumenten und Objekten wurde ausführlich über die Wohltaten berichtet, die die belgischen Missionare und Lehrer nach der Übereignung der Privatkolonie an den belgischen Staat an der kongolesischen Bevölkerung verrichtet hatten, während die Kautschuk-Periode nur kurz gestreift wurde. Immerhin war ein Exemplar der gefürchteten »chicotte« ausgestellt. Auch waren einige Fotos von Kongolesen zu sehen, denen zur Strafe für ihr »Faulheit« die Hände abgehackt worden waren. Ebenfalls 2005 fand in Brüssel anlässlich des 175. Gründungsjubiläums von Belgien die fast ein Jahr dauernde Ausstellung »Made in Belgium« statt, die anhand von rund 1400 Objekten zweitausend Jahre Kultur und Geschichte Belgiens illustrierte. Die Kolonialzeit wurde ganz einfach ausgelassen.

Das Schweigen liegt auch in der defensiven Haltung der letzten Zeitzeugen begründet. »Die ehemaligen belgischen Bewohner der Kolonie«, erklärt der Historiker Professor Eric Vanhaute von der Universität Gent, »fühlen sich automatisch angegrif-

fen, weil sie stets befürchten, mit dem Vorgehen Leopolds II.
identifiziert zu werden. Und außerdem fühlen sie sich vom bel-
gischen Staat im Stich gelassen, weil er die Kolonie 1960 ohne
Vorwarnung aufgegeben hat. Sie möchten nicht mehr darüber
reden. Sie haben sich vollständig zurückgezogen.«

Ende des 19. Jahrhunderts ist Belgien wegen seiner Kolonie und
der Bodenschätze im wallonischen Industrierevier, das sich wie
ein breites Band von Lüttich über Charleroi, La Louvière und
Mons bis zur französischen Grenze erstreckt, zur reichsten In-
dustrienation Europas geworden. In China hat der belgische In-
genieur Jean Jadot 1898 innerhalb von nur acht Monaten mit
Lütticher Stahl die 1200 Kilometer lange Eisenbahnlinie zwischen Wuhan und Peking angelegt, und auch in Ägypten, Russland und Südamerika bauen Belgier Brücken, Eisenbahnen und
Straßenbahnen. Ein kleiner Teil der belgischen Bevölkerung
lebt komfortabel. Wer vom Aufschwung nicht profitiert, das
sind die Männer, Frauen und Kinder, die sechs Tage pro Woche
und mehr als zwölf Stunden pro Tag in den flämischen Textilfabriken und den wallonischen Bergwerken und in Eisenhütten
schuften. Auch die Prachtbauten in Brüssel bekommen sie nicht
zu Gesicht.

1885 konstituiert sich in Brüssel aus dem Potenzial der Armen und Unterdrückten die Belgische Arbeiterpartei (die sich
erst nach dem Zweiten Weltkrieg Sozialistische Partei nennen
wird). Abermals zeichnet sich eine Entwicklung ab, die Belgien
bis in die Gegenwart hinein prägt: In der Wallonie mit ihren
rund 500 000 Industrieproletariern laufen die Menschen der
Arbeiterpartei nur so zu, Flandern hingegen bleibt tendenziell
katholisch. Denn dort gibt es, abgesehen von den Textilfabriken
im Genter Raum und einigen Ziegelbrennereien sowie grauen-
voll ungesunden Schwefelhölzerfabriken nach wie vor keine
nennenswerte Industrie. In den Dörfern und auf dem Land haben die Pfarrer und die Französisch sprechenden Barone das
Sagen und die Handwerker, Heimarbeiter und Tagelöhner sind
nach wie vor autoritären Strukturen verhaftet und wenig revolutionär gesinnt. Aber in der Wallonie kommt es 1886 und
1887 abermals zu Aufständen, das Militär greift ein, es gibt

Tote. Nun schreckt die – katholische – Regierung auf. Es werden einige Sozialgesetze erlassen, darunter eines, das die Arbeit für Kinder unter zwölf Jahren verbietet. Aber die Sozialisten wollen mehr. Sie fordern eine Änderung des seit 1830 geltenden Zensuswahlrechts, das es zu diesem Zeitpunkt nur 136 000 von insgesamt 6,7 Millionen Belgiern erlaubt, Abgeordnete ins Parlament zu wählen. Die Regierung kann sich dem Druck der Masse nicht mehr widersetzen.

1893 ist die Schlacht gewonnen: In der belgischen Verfassung wird das allgemeine Mehrfachwahlrecht für Männer verankert. Nun können alle männlichen Belgier wählen, zehn Mal so viel wie bisher. Auch, wenn die Wohlhabenden und die Inhaber eines Hochschuldiploms immer noch eine bis zwei zusätzliche Stimmen erhalten, zieht die Arbeiterpartei bei der Wahl von 1894 mit 28 von 154 Abgeordneten ins belgische Parlament ein. Damit wird sie mit einem Schlag die zweitstärkste Fraktion (die Katholiken haben 104, die Liberalen 20 Sitze).

Aber immer noch kann ein Brüsseler oder ein Wallone, der kein einziges Wort Niederländisch spricht, belgischer Premierminister werden, wohingegen der unbedeutendste flämische Zollbeamte das Französische beherrschen muss, um seine Berichte abliefern zu können. Das macht den Flamen mehr und mehr zu schaffen. Dem nördlichen Landesteil geht es nun allmählich besser; vor allem im Umkreis der Häfen von Antwerpen und Gent wurden zahlreiche neue Betriebe und Schifffahrtskantore gegründet. Es gibt auch schon einen »Flämischen Wirtschaftsverband«, eine flämische Juristenkammer und einen »Verband der flämischen Staatsangestellten«. 1912 reichen die flämischen Abgeordneten aller Parteien einen Gesetzesentwurf ein, der die Einführung des Niederländischen an der ausschließlich französischsprachigen Genter Universität fordert. Die Verabschiedung zieht sich hin, da die französischsprachige Elite nicht darauf erpicht ist, die Konkurrenz an ihrem Busen zu nähren. Und es wird zunächst auch nicht dazu kommen. Denn 1914 wird Belgien in den Ersten Weltkrieg hineingezogen. Die Konflikte, die das Land zu diesem Zeitpunkt spalten – die zwischen Niederländisch- und Französischsprachigen einerseits und die zwischen Katholiken, Liberalen und Sozialisten andererseits – wirken geradezu lächerlich im Vergleich zu dem Drama, das sich bis 1918 auf der Mündungsebene des Flusses Yser im äußersten Westen Belgiens abspielen wird.

Am 4. August 1914 marschieren deutsche Truppen auf dem Weg nach Frankreich ins neutrale Belgien ein. Das Land widersetzt sich der Verletzung seiner Grenzen, indem es Deutschland den Krieg erklärt. Die kleine belgische Armee hat keinerlei Chance, dem Ansturm der Deutschen zu widerstehen. Bis zum 20. August fallen nacheinander Lüttich, Tienen, Brüssel, Mons, Dinant und Namur. Am 27. August geht Löwen mitsamt seiner 500 Jahre alten Universitätsbibliothek in Flammen auf. Im Oktober fallen Antwerpen und der Rest Flanderns. Im gleichen Monat wird die belgische Regierung nach Le Havre verlegt. Der König aber und Königin Elisabeth, eine bayerische Herzogin, die Albert im Jahr 1900 geheiratet hat, harren demonstrativ in Belgien aus: Sie haben sich mit den belgischen Truppen, die von englischen im Kampf gegen Deutschland unterstützt werden, hinter den Fluss Yser zurückgezogen. Alle Schleusen werden geöffnet, das Land geflutet. In der westflandrischen Schlammwüste kommt der deutsche Vormarsch zum Stehen. Anschließend wütet dort ein vier Jahre dauernder, verheerender Stellungskrieg, der 15 000 Belgier, 134 000 Deutsche und 250 000 Engländer das Leben kosten wird. Und die uralte Tuchmacherstadt Ypern, einst im Bunde mit Brügge und Gent die dritte der starken flandrischen Städte, ist am Ende wie alle Dörfer der Umgebung dem Erdboden gleichgemacht.

Nach dem Waffenstillstand vom 11. November 1918 ist Westflandern ein einziges Gräberfeld. In 678 Gemeinden waren deutsche Soldaten bestattet worden. 126 000 deutsche Gefallene wurden seit den fünfziger Jahren vom Volksbund Deutsche Kriegsgräberfürsorge auf die drei großen Soldatenfriedhöfe Menen, Langemark und Vladslo (bei Diksmuide) umgebettet. Aber immer noch entdecken Bauern beim Pflügen oder Arbeiter beim Straßenbau knapp unter der Erdoberfläche die Gebeine Gefallener. Die meisten können anhand ihrer Metallplaketten identifiziert werden.

Alle paar Jahre finden stille, feierliche Bestattungen auf den Soldatenfriedhöfen statt. Über den Gräbern mit ihren unendlichen Reihen schlichter Kreuze oder einfacher Steinplatten – fast 48 000 sind es in allein in Menen, dem größten deutschen Soldatenfriedhof des Ersten Weltkriegs im Westen – liegt ein großer Frieden. Nur ganz selten wandern noch Nachfahren der Toten über die Friedhöfe. Viele der Soldaten haben auch keine Nachfahren, weil sie blutjung starben. Fünfzehn Prozent der deutschen Kriegsfreiwilligen, die nach Flandern zogen, waren Abiturienten und Studenten. Zu ihnen gehörte Peter Kollwitz, der Sohn von Käthe Kollwitz, der sich im Alter von 18 Jahren freiwillig an die Westfront gemeldet hatte. Er fiel zwei Wochen später, am 23. Oktober 1914, beim Sturm der Deutschen auf Diksmuide.

Seine Mutter schuf für ihn die Figurengruppe »Trauerndes Elternpaar«, die 1932 auf dem Friedhof Vladslo aufgestellt wurde. Die beiden steinernen Gestalten knien. Der Vater hat die Arme um seinen Oberkörper geschlungen, den er erstarrt aufrecht hält, die verschleierte Mutter ist vor Gram gebeugt. Haltung und Gesichter beider Skulpturen drücken unendlichen Schmerz aus. Kaum ein anderes Kunstwerk bezeugt so erschütternd das Grauen des Ersten Weltkriegs.

Und noch heute bläst ein Trompeter allabendlich um acht Uhr unter der Menenpoort, einem gewaltigen Torbogen, der 1927 im Zuge des Wiederaufbaus von Ypern anstelle des gleichnamigen alten Stadttors errichtet wurde, zum Gedenken an die Opfer der Flandernschlacht »The Last Post«, den Zapfenstreich der Engländer. Ein ergreifender Augenblick, der die Erinnerung stets lebendig erhält.

Am 22. November 1918, elf Tage nach der Kapitulation Deutschlands, kehren Albert I. und Elisabeth, die an der Front als Krankenschwester gearbeitet hat, nach Brüssel zurück. Das ganze Volk ist stolz auf sie; endlich hat das Land einmal ein Königspaar, das tapfer, integer und solidarisch ist mit seinen Untertanen. Sofort nach seiner Rückkehr stimmt Albert der Forderung der Sozialisten nach der Einführung des allgemeinen einfachen Wahlrechts für Männer zu, um sich bei den belgischen Arbeitern für ihre Opferbereitschaft im Krieg zu bedanken. Jeder Mann hat nun eine Stimme, die nicht mehr um zusätzliche Stimmen korrigiert wird (Frauen erhalten erst 1948 das Stimmrecht). Das Ergebnis der Wahlrechtsänderung übertrifft die kühnsten Erwartungen der Sozialisten: 1919 erringt die Belgische Arbeiterpartei siebzig Sitze im Parlament, nur drei weniger als die Katholiken. Und wieder stammen die meisten sozialistischen Wähler und Abgeordneten aus der Wallonie (was im Übrigen zu der bizarren Konstruktion führt, dass vor allem die wallonischen Arbeiter die Vorherrschaft des Französischen in Parlament und Regierung weiterhin aufrecht erhalten).

Aber nicht nur die Tatsache, dass der Norden tendenziell katholisch-konservativ und der Süden weiterhin tendenziell sozialistisch bleibt, führt zu einer immer größeren Fremdheit zwischen den beiden Landesteilen. Dazu trägt auch der Widerwillen der Wallonen gegen die Flamen bei, die im Krieg mit den Deutschen teilweise kollaboriert hatten. Tatsächlich ist die »Flämische Bewegung« nach dem Krieg in einen radikalen und einen gemäßigten Flügel gespalten. Der radikale Flügel hat sich von den deutschen Besatzern einen unabhängigen Staat Flandern unter deutschem Schutz erhofft und offen oder verdeckt mit den Besatzern kollaboriert*. Diese so genannten »Aktivisten« werden nun gnadenlos verfolgt; es kommt zu hunderten von Prozessen gegen die Kollaborateure, denen die Bürgerrechte auf Lebenszeit aberkannt werden, wenn sie nicht zu langen Gefängnisstrafen oder zum Tod verurteilt werden. Aber da gibt es auch noch die »Front-Bewegung«. Sie besteht aus ehemaligen flämischen Infanteristen, die im Krieg unter dem Kommando französischsprachiger Offiziere standen und sich nun ihrer Leiden in den Schützengräben erinnern. Außerdem wer-

---

* 1916 hatten die deutschen Besatzer das Niederländische an der Genter Universität eingeführt, eine Regelung, die nach dem Krieg jedoch sofort rückgängig gemacht wurde. Und noch 1917 hatten sie Pläne bekannt gegeben, das »Generalgouvernement Belgien« in einen nördlichen, flämischen Teil mit Hauptstadt Brüssel und einen südlichen, wallonischen Teil mit Hauptstadt Namur aufzuspalten, aber zur Ausführung des Plans kam es nicht mehr.

fen sie der Armeeleitung vor, dass Tausende ihrer Kameraden starben, nur weil sie die französischen Kommandos nicht verstanden.

Diese Veteranen gründen 1919 die »Frontpartei«, die explizit ein unabhängiges Flandern fordert. Aufsehen erregt sie erstmals 1928. Die Flamen wählen den zum Tod verurteilten (und später zu lebenslänglicher Haftstrafe begnadigten) Kollaborateur August Borms als Vertreter der Partei ins belgische Parlament. Er hat so viele Stimmen bekommen, dass sie unmöglich nur von flämischen Extremisten stammen können. Natürlich kann Borms sein Amt als Abgeordneter nicht antreten. Aber die Stimmung ist aufgeheizt. Weitere radikale Parteien betreten die belgische Bühne: 1921 wird die Kommunistische Partei gegründet, 1933 entsteht als Sammelbewegung rechter Strömungen in Flandern die Partei *Vlaamsch National Verbond* oder VNV (Flämischer Nationalistischer Verbund), und ab 1935 gibt es auch in der Wallonie eine katholisch-nationalistische Partei, die Rex-Partei, die ihren Namen von »Christus König« oder »Christus Rex« ableitet.

Zwar gewinnen die flämischen Nationalisten 1936 sechzehn Sitze im belgischen Parlament, die Rex-Anhänger einundzwanzig und die Kommunisten neun. Jedoch gelingt es den Katholiken und den Liberalen weiterhin, die Opposition und sogar die sozialistische Arbeiterpartei in Schach zu halten. In der Zeit zwischen den beiden Weltkriegen sind die Sozialisten zwar an elf von insgesamt 19 Regierungskoalitionen beteiligt, aber sie stellen nur ein einziges Mal den Premierminister: Paul Henri Spaak regiert vom Mai 1938 bis Februar 1939.* Ansonsten hat im Brüsseler Unter- und Oberhaus und in der Regierung wei-

---

* Paul Henri Spaak, der nach dem Krieg noch zweimal belgischer Premierminister wurde, gilt als einer der Gründerväter der Europäischen Union. Von 1952 bis 1954 war er Präsident der Parlamentarischen Versammlung der Europäischen Gemeinschaft für Kohle und Stahl (EGKS). 1955 wurde er von den europäischen Staats- und Regierungschefs als Vorsitzender eines Ausschusses eingesetzt, der einen Bericht zur Vorbereitung eines gemeinsamen europäischen Markts erstellen sollte. Der »Spaak-Bericht« führte 1957 zur Unterzeichnung der Römischen Verträge und damit zur Gründung der Europäischen Wirtschaftsgemeinschaft (EWG).

terhin die Hochfinanz das Sagen, vor allem in Form der mächtigen Bank Société Générale, die nach und nach die gesamte Konkurrenz aufgekauft hat und die wirtschaftlichen Geschicke Belgiens fest in der Hand hält. Sie hat auch die ganze Kongo-Kolonie unter Kontrolle.

Dennoch herrschen im Kongo seit der Übernahme durch den belgischen Staat und dem jähen Rückgang der weltweiten Kautschuk-Nachfrage im Jahr 1910 einigermaßen geordnete Verhältnisse. Es werden Schulen und Krankenhäuser gebaut und Straßen und Eisenbahnlinien angelegt. Die Einheimischen erhalten für ihre Arbeit einen, wenn auch minimalen, Lohn. Weiße Missionare und Künstler beginnen sogar, sich mit der »afrikanischen Seele« zu beschäftigen; so veröffentlicht der Priester Placidus Tempels 1946 sein Buch »Die Bantu-Philosophie«. Aber vor allem dient die Kolonie dazu, das durch den Krieg verarmte Belgien wieder hochzupäppeln.

Das gelingt schneller, als erwartet. Ab 1926 erlebt Belgien einen zweiten Wirtschaftsboom. Statt Kautschuk werden nun Diamanten, Kupfer, Uran und Radium nach Belgien ein- und in veredelter Form wieder ausgeführt. Auch in der Wallonie rauchen abermals die Schlote. Aber die Hausse ist von kurzer Dauer. Die Weltwirtschaftskrise, die durch den New Yorker Börsenkrach von 1929 ausgelöst wird, zieht auch die belgische Exportwirtschaft schwer in Mitleidenschaft. Selbst in Brüssel erkennt man, dass die abermals verarmende Bevölkerung zunehmend ihr Heil in radikalen Bewegungen sucht. Ihr Aufrücken im Parlament führt in schneller Folge zu einer Reihe von Sprachengesetzen, deren Zweck es vor allem ist, die Gemüter der Flamen zu beruhigen.

1930 wird ein Gesetz verabschiedet, dessen Entwurf schon seit 1912 in den Archiven des Parlaments schlummert: Die Universität von Gent wird nun endlich einsprachig niederländisch. Schnell folgen weitere Gesetze. Zwischen 1932 und 1938 wird festgelegt, dass an den flämischen Behörden, Schulen und Gerichten nur noch das Niederländische und an wallonischen Behörden, Schulen und Gerichten nur noch das Französische benutzt werden soll, während Brüssel trotz seiner fast ausschließlich französischsprachigen Bevölkerung zweisprachig bleibt. In den Gemeinden entlang der Sprachengrenze hingegen wird alle zehn Jahre eine Volkszählung durchgeführt, bei der festgestellt wird, wie viele Einwohner Französisch und Niederländisch sprechen. Je nach Mehrheit wird die Schul-, Amts- und Gerichtssprache jedes Mal neu festgelegt; sprechen jedoch mehr als 30 Prozent der Einwohner die Minderheitssprache, dann wird die Gemeinde zweisprachig. Diese teure und aufwändige Regelung ist zwar sehr demokratisch, aber zum Frieden in den Gemeinden trägt sie nicht gerade bei, da sie zu großen Spannungen zwischen ihren Einwohnern und zu regelrechten Umzugswellen führt.

1934 verunglückt König Albert I. Bei einer Kletterpartie auf den Steilfelsen beim wallonischen Dorf Marche-les-Dames stürzt er in den Tod. Das Land ist in tiefer Trauer. Sein Nachfolger wird sein ältester Sohn Leopold, der dritte dieses Namens. Leopold ist seit 1926 mit der schönen schwedischen Prinzessin Astrid verheiratet, die vom ganzen Volk angebetet wird. Aber schon 1935 vollzieht sich abermals ein Drama: Königin Astrid stirbt bei einem Autounfall beim schweizerischen Küssnacht, am Steuer des Wagens hat ihr Mann gesessen. Dass er an Astrids Tod Schuld ist, vergibt man ihm noch angesichts der menschlichen Tragödie. Was die Hälfte der Belgier ihm jedoch nicht vergeben wird, ist seine Haltung gegenüber den Deutschen im Zweiten Weltkrieg. Und darüber wird es zu einer weiteren unüberbrückbaren Spaltung zwischen Flamen und Wallonen kommen.

Am 10. Mai 1940 wird das neutrale Belgien abermals in einen Weltbrand hineingezogen. Um vier Uhr morgens fallen zum zweiten Mal deutsche Truppen ins Land ein. Fünf Stunden später eilen britische und französische Truppen der belgischen Armee zur Hilfe. Dennoch wird Belgien, wie im Ersten Weltkrieg, in rasender Geschwindigkeit überrollt. Am 17. Mai besetzen die Deutschen Antwerpen und Brüssel. Diesmal widersetzt der König sich nicht den Besatzern: Schon einen Tag nach der Einnahme Brüssels unterzeichnet er als Oberbefehlshaber der Armee die Kapitulation. Damit hofft er, wie er öffentlich erklärt, sein Volk von weiteren Kriegshandlungen verschonen zu können. Freiwillig begibt er sich in deutsche Gefangenschaft, aber er darf unter strenger Bewachung mit seinen Kindern Josephine-Charlotte, Baudouin und Albert in Schloss Laeken bleiben. Jedoch hat er nicht nur Teile der Bevölkerung gegen sich, die ihn der Feigheit bezichtigen; auch die Regierung, die sich seit 1939 aus einer Notkoalition von Katholiken, Liberalen und Sozialisten zusammensetzt, distanziert sich scharf von ihrem König. Bereits im Mai ist sie über Frankreich nach London geflüchtet. Von dort aus will sie den Widerstand gegen die Besatzer organisieren.

Die Deutschen setzen eine Militärregierung unter General Alexander von Falkenhausen ein. Wie im Ersten Weltkrieg versuchen sie, die rechten Kräfte im Land auf ihre Seite zu ziehen, diesmal auch die in der Wallonie. Tausende von katholischen Anhängern der Rex-Partei und des Vlaamsch Nationalistisch Verbond sind zur Kollaboration bereit, da sie sich von den Deutschen eine Spaltung des Staats erhoffen, oder ziehen sogar an die Ostfront, um gegen die gottlosen Bolschewiken zu kämpfen. Den Deutschen dienen sie bloß als Kanonenfutter. In Brüssel ist das Ansehen Leopolds in der Zwischenzeit weiter gesunken: Am 19. November 1940 hat er sich von Hitler in Berchtesgaden empfangen lassen (allerdings, um die Freilassung belgischer Kriegsgefangener und die bessere Lebensmittelversorgung der belgischen Zivilbevölkerung zu erbitten), und am 11. September 1941 heiratet er die Bürgerliche Liliane Baels, die Tochter des westflämischen Provinzgouverneurs. Der zweifellos verführerischen Liliane, nunmehr Prinzessin von Retie, wird es niemals gelingen, die Erinnerung an Königin Astrid auszulöschen, die Leopold nach Meinung des Volkes durch seine Wiederverheiratung mit Füßen getreten hat.

Abgesehen von den rechten Kräften im Land erhebt sich in Belgien, anders als im Ersten Weltkrieg, massiver Widerstand gegen die deutschen Besatzer. Er äußert sich vor allem im Bestreben zahlloser Belgier, Juden zu verstecken, die auch in Belgien von den Deutschen verfolgt und in die Konzentrationslager deportiert werden. Ab 1942 registrieren die Besatzer 56 000 Juden

Belgische Truppen mit weißen Fahnen an ihren Fahrzeugen nach der Kapitulation im Mai 1940.

im Land, darunter zahlreiche Nachkommen der Flüchtlinge, die während der osteuropäischen Progrome im 19. Jahrhundert vor allem in die Hafenstadt Antwerpen geflüchtet waren und dort eine blühende Diamantenindustrie aufgebaut haben. 25 000 von ihnen werden verhaftet und ins Sammellager Mecheln verbracht, von wo aus sie mit insgesamt 27 Güterzügen nach Auschwitz deportiert werden. Bis auf gut tausend Überlebende werden dort alle ermordet. Aber 31 000 belgische Juden überleben den Krieg. Sie verdanken ihr Leben selbstlos und mutigen Widerstandskämpfern, die sie in Kellern und auf Dachböden verstecken und jüdische Kinder unter falschem Namen in ihre Familien aufnehmen oder in Kinderheimen unterbringen. Auf diese Weise entgehen rund dreitausend Kinder dem sicheren Tod. Zu ihnen gehörte auch Paul Spiegel, der 1999 zum Präsidenten des Zentralrats der Juden in Deutschland gewählt wurde. Seine Eltern waren vor dem Krieg aus dem westfälischen Warendorf nach Brüssel geflüchtet. Bis

Kriegsende wurde er von einer wallonischen Bauernfamilie versteckt.*

Die insgesamt sechzehn von der belgischen Exilregierung anerkannten großen Widerstandsgruppen, die unermüdlich Flugblätter und Zeitungen herausgeben, den Nachrichtenverkehr der Deutschen durch die Sprengung von Stromleitungen sabotieren, untergetauchte Juden betreuen, die Radiosender der Alliierten abhören und die Bevölkerung über die Kriegshandlungen informieren, können nicht verhindern, dass Belgien fast bis Kriegsende besetztes Land bleibt. Noch im März und April 1944 bombardieren die Deutschen Brüssel, Antwerpen, Charleroi und andere belgische Städte. Aber am 6. Juni landen die Alliierten in der Normandie, und am 3. September erobern sie Brüssel. Zwei Tage später kehrt die Regierung aus Frankreich zurück. Der Jubel ist verfrüht. Im Winter 1944–1945 kommt es in den tief verschneiten und unzugänglichen Ardennen zu einer verheerenden Schlacht, der letzten Offensive Hitlers. Zwischen Malmedy und Bastogne stehen sich ab dem 16. Dezember 80 000 amerikanische Soldaten unter der Leitung von General Eisenhower und 200 000 Deutsche unter General Gerd von Rundstedt gegenüber. Insgesamt fordert die Ardennenschlacht fast 150 000 Tote, Vermisste und Verwundete. Erst am 21. Januar geben sich die Deutschen geschlagen. Dann ist auch für Belgien der Krieg endgültig zu Ende. Allerdings kommt es auch diesmal zu zahllosen Prozessen gegen Kollaborateure auf beiden Seiten der Sprachengrenze. 57 000 werden zu Haftstrafen verurteilt oder es werden ihnen die Bürgerrechte auf Lebenszeit entzogen. Auch werden 2940 Todesurteile gefällt, von denen 242 vollstreckt werden.**

---

* Über den belgischen Widerstand gegen die deutschen Besatzer und insbesondere über die Hilfsaktionen für die verfolgten Juden informieren anhand von Einzelschicksalen fesselnd drei Bücher: »Stille Rebellen« der ehemaligen – und mittlerweile verstorbenen – Brüsseler Spiegel-Korrespondentin Marion Schreiber (2000) sowie »Die Flucht der Yudka Kalman« (1994) und »Du darfst nie sagen, dass du Rachmil heißt« (2005) von Rosine De Dijn (siehe Literaturliste im Anhang).
** Die letzte Exekution erfolgte 1950. Gesetzlich wurde die Todesstrafe erst 1996 abgeschafft.

Der Erste und der Zweite Weltkrieg haben im kollektiven Ge-dächtnis der Belgier unauslöschliche Spuren hinterlassen. Der 11. November ist in Belgien offizieller Feiertag: Am »Waffen-stillstandstag« wird mit Kranzniederlegungen an Gefallenen-denkmälern des Endes des Ersten Weltkriegs im Jahr 1918 ge-dacht. Und alljährlich am ersten Septemberwochenende (am 3. September 1944 ist Brüssel von den Alliierten zurück erobert worden) wird in vielen belgischen Gemeinden mit Jahrmärk-ten und Feuerwerken das Ende des Zweiten Weltkriegs gefeiert. Vor allem die Schulkinder freuen sich auf das »Befreiungsfest« (das kein offizieller Feiertag ist), weil es für sie eine kleine Ver-längerung der zweimonatigen Sommerferien bedeutet.

Auch in meinem Viertel findet alljährlich so etwas statt. Der fröhliche Trubel erfüllt mich stets mit seltsamen Gefühlen. Während des ersten »Befreiungsfests« nach meinem Umzug fragte ich meinen Mann nichts ahnend, wer eigentlich wann von wem befreit worden sei. »Wir nach dem Zweiten Weltkrieg von den Deutschen«, antwortete er sachlich.

Die Belgier haben sich nie so ausdrücklich von den Deut-schen distanziert wie die Niederländer es jahrzehntelang taten. Aber wirklich gut ist das Image Deutschlands in Belgien noch immer nicht. Häufig höre ich in Gesprächen über Deutschland Worte wie »streng«, »humorlos« oder »gewaltig«. Dabei ver-gisst man aber stets, dass ich selbst Deutsche bin. Jedoch ist auch dies typisch für die Einstellung der Belgier zu ihrem Nach-barland. Die Deutschen mögen sie. Deutschland eher nicht.

Bereits im Juni 1944, kurz nach der Landung der Alliierten in der Normandie, haben die deutschen Besatzer König Leopold und seine Familie zur Burg Hirschstein in Sachsen gebracht. Er wird noch bis 1950 im Exil bleiben, erst im österreichischen, dann im schweizerischen. Denn in Belgien ist Uneinigkeit über seine Rückkehr entstanden. Da man Leopold prodeutsche Sym-pathien vorwirft, zu welchem Vorwurf seine Gefangennahme in Schloss Laeken, der er freiwillig zugestimmt hat, und sein Treffen mit Hitler ihren Teil beitragen, hat die aus dem Exil zurückgekehrte belgische Regierung zunächst einmal Prinz Charles, den Bruder des Königs, als Regenten eingesetzt. Die

Diskussionen über die Rückkehr des Königs ziehen sich hin. Erst 1950 beschließt die belgische Regierung, eine Volksbefragung zu organisieren.

Am 12. März 1950 stimmen 56 Prozent aller Belgier für die Rückkehr des Königs. Das ist eine tragfähige Mehrheit. Das Problem ist jedoch, dass sich 70 Prozent der – nach wie vor eher konservativen – Flamen, aber nur 42 Prozent der »roten« Wallonen für Leopold ausgesprochen haben. Dennoch bestätigt die christdemokratische Regierung am 20. Juni den Ausgang der Volksbefragung zugunsten König Leopolds. Zwei Tage später kehrt er nach Belgien zurück.

Sofort brechen in der Wallonie Streiks und in Brüssel Straßenkämpfe aus. Drei Kämpfer werden erschossen. Die Wallonen drohen mit einer Abspaltung von Belgien. Am 8. Juli gehen in Brüssel eine halbe Million Menschen auf die Straße. Auch Leopold erkennt die Gefahr eines Bürgerkriegs. Am 2. August gibt er in einer Rundfunkansprache bekannt, dass er auf den Thron verzichten werde, und bittet das Volk um Solidarität mit seinem Sohn Baudouin, den er am gleichen Tag mit den Amtsgeschäften beauftragt. Am 16. Juli 1951 unterzeichnet Leopold den Verzicht auf den Thron, einen Tag später legt der zwanzigjährige Baudouin als fünfter König der Belgier den Eid auf die Verfassung ab. Leopold zieht sich mit Liliane auf das Schloss Argenteuil bei Waterloo zurück. Bis zu seinem Tod im Jahr 1983 wird er sich nie mehr in offizieller Funktion der Öffentlichkeit zeigen.

Zwar flauen die Unruhen im Land nun ab. Man erkennt das Opfer Leopolds an und bringt dem schüchternen, ernsten Baudouin, der seine ganze Kindheit und Jugend in Gefangenschaft und im Exil verbracht hat, auch Zuneigung entgegen. Sie kann nicht darüber hinwegtäuschen, dass das Land tief gespalten ist. Zu den politisch-weltanschaulichen Differenzen zwischen Flamen und Wallonen kommen schwere wirtschaftliche Probleme hinzu. Die Vorräte an Kohle und Eisenerz in der Wallonie sind erschöpft und die Industrieanlagen, die vom Krieg größtenteils verschont blieben, sind weitgehend veraltet. Das Kapital zieht sich zurück und hinterlässt eine schnell verarmende Arbeiterbevölkerung und einen breiten Streifen Land voller verrosteter Fördertürme und schwarzer Abraumhalden. Auch in der Kongo-Kolonie herrscht Unruhe. Der Ruf der Kongolesen nach Unabhängigkeit wird immer lauter, bereits 1946 ist es abermals zu massiven Aufständen gegen die Kolonialherren gekommen, ab 1953 entstehen politische Parteien. Dennoch wird Baudouin bei seiner ersten Reise in die Kolonie im Jahr 1955 noch jubelnd empfangen. Auf der Brüsseler Weltausstellung von 1958, für die auch das Atomium gebaut wurde, eine 165-milliardenfache Vergrößerung eines Eisenmoleküls und seitdem eines der bekanntesten Wahrzeichen Brüssels, feiert Belgien nicht nur sich selbst, sondern auch den Reichtum und den Wohlstand seiner Kolonie. Es ist ein Abschiedsfest, an dem 42 Millionen Gäste aus der ganzen Welt teilnehmen.

Im Oktober 1958 gründet der charismatische Patrice Lumumba im Kongo die politische Bewegung *Mouvement National Congolais* (MNC). Im Dezember findet in Ghana die erste »Konferenz der afrikanischen Völker« statt, deren Teilnehmer die Unabhängigkeit der letzten Kolonien fordern. Am 4. Januar 1959 bricht in Leopoldville ein Aufstand aus, der 42 Menschen das Leben kostet. Die belgische Regierung erkennt, dass sie die Kolonie nicht mehr lange halten kann, und verspricht ihr die Unabhängigkeit, ohne jedoch ein konkretes Datum festzulegen. Die Unruhen lassen nicht nach. Im Dezember reist Baudouin noch einmal in den Kongo, um festzustellen, dass Belgien die Kontrolle über die Kolonie verloren hat. Ein halbes Jahr später ist der koloniale Traum ausgeträumt. Am 30. Juni 1960 entlässt die belgische Regierung die Kolonie in einer Stimmung der Panik in die Unabhängigkeit. Mit einem Schlag ist Belgien auf ein Achtzigstel seiner Größe geschrumpft.*

---

* Patrice Lumumba war der erste Premierminister der Republik Kongo. Aber schon im September 1960 wurde er durch einen Putsch von General Sese Seko Mobutu aus seinem Amt vertrieben und gefangen genommen. Am 17. Januar 1961 wurde er exekutiert. Mobutu führte bis 1997 im Kongo ein Schreckensregiment, bis er seinerseits von einer »Allianz Demokratischer Kräfte« abgesetzt und ins marokkanische Exil vertrieben wurde, wo er am 7. September des gleichen Jahres starb. Das Land hat nie zu stabilen politischen Verhältnissen gefunden.

Tausende von Belgiern werden bei Nacht und Nebel von der belgischen nationalen Luftfahrtgesellschaft Sabena evakuiert. Viele kommen nur mit einem Koffer in der Hand in Brüssel an und werden vom Roten Kreuz in einem Auffanglager an der Brüsseler Place Royale, dem heutigen Museum der Dynastie, untergebracht. Unterdessen ist es auch im Land nicht ruhiger geworden. 1960, direkt nach dem Verlust der Kongo-Kolonie, hat die Regierung das so genannte Einheitsgesetz erlassen, das drastische Steuererhöhungen und Sparmaßnahmen enthält. Vor allem die Wallonen wenden sich mit Vehemenz gegen das Gesetz, da die verarmte Region befürchtet, dem aufstrebenden Flandern mit seinen florierenden Häfen und modernen Betrieben gegenüber definitiv ins Hintertreffen zu geraten. Sie fordern nicht nur eine Rücknahme des Gesetzes, sondern auch die wirtschaftspolitische Autonomie der Wallonie. Die darauf folgenden Streiks werden von schweren Ausschreitungen begleitet, wieder gibt es Tote. Die Flamen ihrerseits ziehen 1962, Trennungsparolen skandierend, durch Brüssel. Abermals versucht die Regierung, die Streithähne zu trennen, diesmal durch eine Art von Scheidung. Am 8. November 1962 wird die bisher flottierende Sprachengrenze festgelegt und das Land in ein niederländischsprachiges, ein französischsprachiges und ein deutschsprachiges Gebiet aufgeteilt. Außerdem wird auch rings um das zweisprachige Brüssel eine Grenze gezogen (die bis heute ein Stein des Anstoßes für die Flamen ist). Damit ist der erste Schritt in Richtung des Endes des belgischen Einheitsstaats getan.

Bis 1968 wird es noch ein paar Mal zu heftigen Demonstrationen kommen. 1963 gehen in Brüssel, Lüttich und anderen belgischen Städten abermals Zehntausende von Belgiern auf die Straße, um gegen eine nachträgliche Korrektur der Sprachengrenze zu protestieren: Die auf französischsprachigem Gebiet liegende Gemeinde Fouron in der Provinz Lüttich, deren Einwohner sich in der Wallonie durchaus wohl gefühlt haben, war unter dem Namen Voeren dem niederländischsprachigen, das Städtchen Mouscron unter dem Namen Moeskroen im Westen dem französischsprachigen Gebiet zugeschlagen worden. Die idyllische Viertausend-Einwohner-Gemeinde Voeren wird zum Symbol: Noch 1987 wird eine Regierung über Voeren stürzen, weil ihr Bürgermeister José Happart sich standhaft weigert, auch nur ein einziges Wort Niederländisch zu sprechen. Und 1966 brechen im flämischen Löwen schwere Unruhen aus. Noch immer ist die ehrwürdige Universität zweisprachig, aber das wollen die Flamen nun nicht mehr hinnehmen. Es kommt zu Handgemengen und Vandalismus, französische Bücher fliegen aus den Fenstern der 500 Jahre alten Bibliothek, die flämischen Studenten und Professoren streiken. 1968 tritt über die Löwen-Frage abermals eine Regierung zurück, die siebzehnte seit Kriegsende. Kurz darauf verlassen die französischsprachigen Studenten und Professoren die Stadt. Sie finden eine neue Bleibe in Louvain-la-Neuve, einer Universität nebst Stadt, die in aller Eile auf den Feldern von Wavre, südlich von Brüssel, aus dem Boden gestampft worden war. 1969 wird auch die 1836 gegründete nichtkonfessionelle Brüsseler Universität, die *Université Libre de Bruxelles*, in eine niederländischsprachige und eine französischsprachige Uni aufgeteilt. Allerdings verläuft die Trennung harmonischer: Die Flamen ziehen einfach in neue Gebäude direkt neben den alten, in denen die Französischsprachigen bleiben (noch immer befinden sich beide Universitäten auf ein- und demselben Campus mitten in Brüssel).

Mit dem Ende der letzten zweisprachigen Universität des Landes ist auch das Ende des belgischen Einheitsstaats eingeläutet. Flandern ist wegen seiner Häfen, darunter Antwerpen, das nur einen Katzensprung vom Ruhrgebiet entfernt liegt, zur stärksten wirtschaftlichen Region im Land geworden. Umso lauter ertönt dort der Ruf nach – zunächst kultureller – Autonomie. Der Staat gibt 1970 erstmals in Form einer Verfassungsänderung nach: Es werden drei »Kulturgemeinschaften« gegründet, die flämische, die französische und die deutsche. Die neu eingesetzten »Kulturräte« sind unter anderem für das Bildungswesen in ihrem Bereich zuständig. Den französischsprachigen Belgiern in Brüssel und der Wallonie reicht das nicht: Sie wollen auch eine größere wirtschaftliche Autonomie, um nicht mehr nach der Pfeife Flanderns tanzen zu müssen, dessen Einfluss auf Brüssel stets größer geworden ist. Zehn Jahre später werden deshalb zwei wirtschaftlich weitgehend unabhängige »Regionen« gegründet, die Flämische Region und die Wallonische Region. Dazwischen liegt mit immer noch ungeklärtem Status Brüssel. Dieses Problem wird 1988 gelöst. Bei der dritten Verfassungsreform entsteht die »Region Brüssel-Hauptstadt«, die, ebenso wie die anderen »Gemeinschaften« und »Regionen«, ein eigenes Parlament und eine eigene Regierung erhält. Zementiert werden all diese Schritte 1993 mit der vierten Verfassungsreform, die aus Belgien definitiv eine Bundesstaat macht: War Belgien seit 1830 »in Provinzen eingeteilt«, so lautet der erste Artikel der Verfassung nunmehr: »Belgien ist ein aus den Gemeinschaften und den Regionen bestehender Föderalstaat.« Und 2001 kommt es zur bisher letzten, der fünften, Staatsreform, bei der unter anderem die Steuerhoheit der Regionen erweitert wird.

König Baudouin aber, der sich sein ganzes Leben lang mit zahllosen Reden gegen die Spaltung seines kleinen Landes gewehrt hatte, war schon am 31. Juli 1993 gestorben. Im Alter von nur 63 Jahren war er während eines Urlaubs in der spanischen Heimat seiner Frau Fabiola, die er 1960 geheiratet und mit der er eine glückliche, wenn auch kinderlose Ehe geführt hatte, ganz plötzlich zusammengebrochen. In den Tagen nach der Rückführung des Leichnams nach Brüssel zogen Hunderttausende von Belgiern an seinem Sarg vorbei. Wieder eine Abschiedsfeier: nicht nur die von einem König, sondern auch von einer Idee. Der Kampf der Belgier gegen »die da oben« hatte sich auch nach der Staatsgründung einfach fortgesetzt. Zerbrochen war dabei allerdings, und wahrscheinlich begriffen dies viele der Trauernden, das mit so vielen Hoffnungen gegründete, übersichtliche und zweisprachige Belgien, legitimer Nachfolger der von den Burgundern erstmals vereinten südlichen Niederlande.

Die Deutschsprachige Gemeinschaft –
die »bestgeschützte Minderheit der Welt«

Die Deutschsprachige Gemeinschaft (DG) im Osten Belgiens, eine der drei belgischen Sprachgemeinschaften, ist ein staatsrechtliches Unikum. Obwohl sie nur 70 000 Einwohner zählt und auf dem Territorium des französischsprachigen Bundeslands Wallonie liegt, hat sie ein Parlament, eine Regierung, einen öffentlich-rechtlichen Rundfunk- und Fernsehsender (BRF) und, neben anderen Einrichtungen der öffentlichen Hand, eine eigene Hochschule. Kein Wunder, dass die DG in Belgien häufig als die »bestgeschützte Minderheit der Welt« bezeichnet wird – und es wahrscheinlich auch ist. Die Hauptstadt ist das 17 000-Einwohner-Städtchen Eupen, in der Nähe von Aachen gelegen.

Die Grenzregion mit ihren Wäldern und Hügeln, ihren Dörfern und Bauernhöfen und der Hochmoorlandschaft des Hohen Venns ist ausgesprochen idyllisch. Jedoch hat sie eine bewegte Geschichte hinter sich, die von mehreren Staatswechseln geprägt war.

1815 schlug der Wiener Kongress die Region, die bis zur Eroberung durch Napoleon zu den österreichischen Niederlanden (dem heutigen Belgien) gehörte, der preußischen Rheinprovinz zu. Gut hundert Jahre lang blieb sie deutsch. Im Ersten Weltkrieg kämpften die »Ostbelgier« auf der Seite Kaiser Wilhelm II. Aber nach dem Krieg wurden die Kantone Eupen, Malmedy und Sankt-Vith mit dem Versailler Vertrag Belgien zugeschlagen.

Die Jahre zwischen 1920 und 1940 waren durch schwere Spannungen zwischen »Pro-Belgiern« und »Pro-Deutschen« geprägt, die das gesamte öffentliche und private Leben in Ostbelgien beeinflussten und zum Teil auch vergifteten. Im Mai 1940 wurde das Gebiet – anders als das übrige, besetzte Belgien – von den Deutschen annektiert. Tausende von Ostbelgiern bekannten sich offen zu Hitler und jubelten der Annexion zu. Nach dem Ende des Zweiten Weltkriegs wurde die Grenzregion jedoch wieder belgisch. Es kam zu harten »Säuberungen« von allem »Deutschen« und auch die deutsche Sprache war verfemt. Erst mit der Festlegung der belgischen Sprachengrenzen Anfang der sechziger Jahre besserte sich die Lage der deutschsprachigen Minderheit im französischsprachigen Umland. Seitdem hat sie im Zuge der allgemeinen »Föderalisierung« Belgiens eine immer größere politische, wirtschaftliche und kulturelle Autonomie erlangt.

Die meisten Ostbelgier fühlen sich heute wohl im Königreich – auch, weil sie um ihre exklusive Situation wissen. Den Konflikten zwischen Flamen und Wallonen sehen sie aus der Ferne zu und hoffen derweil, dass das Land weiterhin zusammenbleibt. Gern nennen sie sich »die belgischsten aller Belgier«. Allerdings machen sie weniger als ein Prozent der Bevölkerung des Landes aus.

Die Gesellschaft: konservativ und anarchistisch

Der belgische Mensch oder: Bloß nicht auffallen!

Auf dem Boden eines zweitausend Jahre währenden historischen Durcheinanders hat sich ein Menschenschlag entwickelt, den ich »doppelt« nennen möchte: Die meisten Belgier kommen bescheiden und freundlich, um nicht zu sagen, angepasst daher, im Inneren aber sind sie krasse Individualisten mit einem ausgeprägten Hang zum Anarchismus. Insofern ähneln sie ihren Häuschen mitsamt *koten*. Was sich in den *koten*, sprich der Seele eines Belgiers verbirgt, wird man erst erfahren, wenn man das belgische Kommunikationssystem beherrscht, das aus komplizierten Codes besteht. Wenn man es aber nicht beherrscht, steht man vor einer aus Liebenswürdigkeit, ja Herzlichkeit gebildeten Mauer, die man nie und nimmer durchdringen wird.

Meine erste belgische Bekanntschaft außerhalb der Verwandten meines Mannes war Jacques, ein pensionierter Lateinlehrer, der im Haus gegenüber wohnt. Einige Wochen lang lächelten wir uns von Straßenseite zu Straßenseite zu, wonach er wortlos in sein Haus hinein- oder weiterhuschte. Eines Tages aber, ich wollte gerade mein Fahrrad besteigen, überquerte Jacques die Straße und fragte mich mit einer Direktheit, für die er, so spürte ich, all seinen Mut zusammennehmen musste: »Nun, haben Sie sich denn schon ein bisschen eingewöhnt?«

Mich ergriff ein Gefühl von Wärme. In den vergangenen Monaten hatte man mich selten nach meinem Wohlergehen gefragt, was ich als Gleichgültigkeit empfunden und mich oft auch ein wenig geschmerzt hatte. Also brach unversehens eine Menge an Ungesagtem aus mir heraus. Ich erzählte von den Schwierigkeiten, beruflich in Belgien Fuß zu fassen, von den Problemen mit der Autoummeldung, von der Sehnsucht nach meinen deutschen Freundinnen und dem Ärger meines Manns über die hohen Telefonrechnungen. Dabei merkte ich nicht, dass Jacques während meiner Ausführungen immer verlegener wurde und von einem Fuß auf den anderen zu treten begann. Am Ende meines Monologs sagte er: »Entschuldigen Sie, wenn ich den Eindruck gemacht habe, dass ich Sie aushorchen wollte. Das war nicht meine Absicht.«

Ich war so verdattert wie selten zuvor in meinem Leben. Erst im Laufe der Jahre lernte ich, wie man sich verhält, wenn ein belgischer Gesprächspartner einen nach dem Wohlergehen fragt. Die Antwort ist immer: »Gut«. Oder: »Prima«. Oder: »Alles in Ordnung.« Wenn der Gesprächspartner sich nach dieser Auskunft nicht mit einem freundlichen Lächeln verabschiedet, dann kann man Stufe zwei der zwischenmenschlichen Kommunikation in Angriff nehmen, will sagen, vielleicht einen Kommentar zum Wetter abgeben. Hat man sich einvernehmlich darüber ausgetauscht und der Gesprächspartner sich noch immer nicht vom Fleck gerührt, kann man zu Stufe drei übergehen und eventuell eine etwas persönlichere Bemerkung fallen lassen, zum Beispiel: »Mein Sohn hat gestern ein schlechtes Zeugnis mit nach Hause gebracht.« Nun sind zwei Reaktionen möglich. Entweder, der Gesprächspartner lächelt milde und antwortet mit einem Standardsatz à la: »Ja, es ist nicht immer leicht, die Jugend von heute!« Das ist das Signal zum Rückzug, sprich der baldigen Beendigung des Gesprächs nach dem Austausch einiger weiterer Freundlichkeiten. Oder aber er fragt: »Wieso denn, wie konnte das passieren?« Damit hat man Stufe vier erreicht, die in dem Deutschland, das ich kannte, Stufe eins war.

»Wonach mich hier Bekannte auf einer Party fragen, das erzähle ich zu Hause selbst guten Freunden nicht so schnell«, zitiert Uta Schüring in ihrem Buch »Zwischen Pommes und Pralinen« eine Belgierin, die in Deutschland lebt. Aber wenn man die Geduld hat, im Gespräch Stufe eins bis drei des komplizierten Kommunikationssystems zu durchlaufen und dabei überdies sorgfältig auf die Reaktion des Gegenübers achtet, dann erreicht man manchmal dennoch Stufe vier, nämlich die persönliche. Allerdings gelten auch auf dieser Ebene andere

Regeln als in Deutschland: Man stößt, wenn man denn schon so weit ist, stets auf ein offenes Ohr und auf Mitgefühl, aber man hört nie Kritik und bekommt selten Ratschläge. Denn auch Kritik und Ratschläge gelten als ungefragte Einmischung ins Privatleben seiner Mitmenschen.

Man möchte auf keinen Fall aufdringlich sein. Ebenso wenig, wie man in fremder Leute Häuser eindringt, dringt man in ihr Privatleben ein. Der Grund für dieses Verhalten ist wahrscheinlich das kollektive Unterbewusstsein: Nach außen hin musste man sich im Laufe einer vielhundertjährigen Geschichte stets anpassen; entfalten konnte man sich nur im Kreis engster Vertrauter, nämlich der Familie, und im privaten Biotop, nämlich dem Häuschen. Trotzdem war man in einem seit jeher dicht besiedelten Gebiet gezwungen, irgendwie miteinander auszukommen. Also einigte man sich im Laufe der Jahrhunderte auf eine Art der Kommunikation, die einerseits aus Vermeidungsstrategien besteht, andererseits aber den Vorteil hat, dass der Gesprächspartner nie verletzt oder zu Offenbarungen jedwelcher Art gezwungen wird. Wenn ich heute im deutschen Fernsehen Reportagen sehe, bei denen ein Journalist ein Verkehrsopfer, den Verlierer eines sportlichen Wettkampfs oder einen Demonstranten fragt: »Was fühlen Sie jetzt? Wut? Trauer?«, dann kommt mir das höchst exotisch vor. In Belgien wäre solch eine Frage undenkbar. Kürzlich spazierte ich nach Sprechstundenschluss in die Praxis meines Hausarztes hinein, da ich ein Rezept brauchte und die Tür noch offenstand. Jean saß schluchzend an seinem Schreibtisch. »Geht's dir nicht gut?« fragte ich überrascht und hilflos. »Doch, alles in Ordnung«, sagte er. Das war gleichbedeutend mit: »Lass mich bitte alleine.« Danach kam er nie mehr auf die kurze Begegnung zurück.

Nicht nur im übertragenen, auch im wörtlichen Sinne vermeidet man es in Belgien, andere Menschen zu bedrängen, sich vorzudrängeln oder jemanden weg zu schieben. Wenn man im Supermarkt jemanden mit seinem Einkaufswagen anrempelt, so braucht man sich nicht zu wundern, wenn der Angerempelte sich entschuldigt: Instinktiv, aber irgendwie auch logisch, nimmt jener nämlich an, dass er einem Eiligen, Müden oder Unaufmerksamen im Weg gestanden hat. Vor den Postschaltern, die mit lustlosen Angestellten besetzt sind – lustlos, weil sie indirekt einem Staat dienen, der sie zwar versorgt, aber den sie dennoch nicht mögen –, reiht man sich geduldig in die Schlange ein und murrt auch nach zwanzig Minuten Wartens nicht. Früher konnte ich mir einen genervten Blick auf die Armbanduhr, gar ein ungeduldiges Räuspern nicht immer verkneifen. Das Ergebnis war stets, dass alle sich plötzlich zu mir umdrehten und mich nicht unfreundlich, aber verwundert anstarrten, weswegen ich heute meistens ein Buch in der Handtasche mit mir führe, um mir lesend das Warten zu verkürzen.

Sonntagmorgens bilden sich auch vor den Bäckereien in unserem Viertel lange Schlangen, denn das frische Frühstücksbrötchen gehört zum festen Sonntagsritual der allermeisten belgischen Familien. Selbst, wenn die Kunden eine Viertelstunde lang im Regen anstehen müssen, liegt nicht ein Hauch von Ungeduld über der Schlange. Dafür entspinnt sich unter den Wartenden so manches nette Gespräch zum Beispiel über das Wetter. Dabei plaudert man aber ganz leise miteinander. Wie es in Belgien nun einmal üblich ist.

Im Allgemeinen haben Belgier die Neigung, so leise miteinander zu reden, dass garantiert niemand mithören kann. Das liegt an der erwähnten irrationalen Angst, belauscht zu werden, an dem Bedürfnis, nicht aufzufallen und daran, dass man niemandem ungefragt seine Gedanken aufdrängen möchte. Deutsche, aber auch Holländer sind in Belgien für ihre Lautstärke bekannt. Belgier finden es ausgesprochen seltsam, wenn sie in einer Kneipe mit anhören müssen, wie die Touristen am Nachbartisch über Gott und die Welt denken.

Außerhalb ihrer Landesgrenzen, im Urlaub, scheinen Belgier sich nachgerade zu entmaterialisieren, weswegen belgische Touristen an ihren Ferienorten nie und nimmer auffallen. Kürzlich war ich eine Woche in Agadir. Nicht selten musste ich miterleben, wie deutsche Touristen marokkanische Kellner oder Verkäufer abkanzelten, ganz zu schweigen von ihrem raumgreifenden Verhalten am Pool. Mein Landsmann Etienne hingegen schwebte leise lächelnd über alle kleinen Pannen und Unannehmlichkeiten des marokkanischen Alltags hinweg und fiel auch ansonsten niemals auf. Während der morgendlichen Zugfahrt von Antwerpen nach Brüssel erledigen die Belgier ihre geschäftlichen Handy-Telefonate flüsternd. Kommt der Zug aus Amsterdam, wird das ganze Abteil unfreiwillig Zeuge von mindestens einem Vertragsabschluss holländischer Geschäftsleute und manchmal auch von Berichten über ihre Eheprobleme. Früher rief ich meine Kinder noch vom anderen Ende der Straße aus vom Spielen nach Hause. Als sie ein wenig älter wurden, merkte ich, dass ihnen das peinlich war. Danach ging ich zu ihnen hin und sagte leise, das Abendessen stünde auf dem Tisch. Der Effekt war der gleiche, bloß brachte ich meine Kinder nicht mehr in Verlegenheit.

Ebenso wenig hupt man an der Ampel, wenn das Vorderauto bei Grün nicht anfährt. Auch mir passiert es im unausgeschlafenen Zustand manchmal, dass ich eine Grünphase verpasse. Wenn ich aufblicke, entdecke ich vor mir gähnende Leere und dreißig Meter weiter eine Ampel, die natürlich schon wieder rot ist. Hinter mir wartet, wie ich im Rückspiegel erkennen muss, ein Dutzend Autos. Niemand blinkt, niemand hupt, niemand scheint ungeduldig. Sie wird nicht ewig hier stehen bleiben, denken sich die Wartenden wahrscheinlich in solchen Fällen, vielleicht lackiert sie sich gerade die Nägel, und was sind drei Minuten im Leben eines Menschen?

Das Getrödel vor den Ampeln korrespondiert mit dem Getrödel auf der Autobahn. In Belgien beträgt die Geschwindigkeitsbegrenzung auf Autobahnen 120 Stundenkilometer, woran man sich im Allgemeinen auch hält, da die Bußen für Geschwindigkeitsübertretungen seit Anfang 2004 sehr hoch sind (so muss, wer auf der Autobahn mit 140 Stundenkilometern erwischt wird, 100 Euro in bar hinblättern, und wenn er die nicht im Portemonnaie hat, begleitet die Polizei ihn zum nächsten Bankautomaten). Dagegen ist im Prinzip nichts einzuwenden, da langsam Fahren die Umwelt schont und das Unfallrisiko senkt. Gewöhnungsbedürftig für Deutsche ist aber, dass belgische Autobahnbenutzer aus unerfindlichen Gründen die Angewohnheit haben, die rechte Fahrspur grundsätzlich für Lastkraftwagen frei zu halten, auch wenn weit und breit keine in Sicht sind. Sogar auf der linken Fahrspur zuckeln sie manchmal gemütlich mit 110 Stundenkilometern vor sich hin, was ein Überholen unmöglich macht, wobei Rechtsüberholen ebenfalls 100 Euro Bußgeld kostet. Jedoch würde auch dichtes Auffahren und Blinken als Bedrängen eines Mitmenschen empfunden, weshalb beides selten vorkommt. Dafür bedanken Fußgänger sich mit einem Lächeln und/oder Winken, wenn ein Autofahrer vor einem Zebrastreifen stoppt und sie über die Straße lässt (obwohl er gesetzlich natürlich dazu verpflichtet ist). Den Vorteil dieser Usance sehe ich persönlich darin, dass man sich als Autofahrer ein paar Mal pro Tag als netter Mensch fühlen kann.

Ebenso wenig, wie man dazu neigt, einen Mitmenschen zurechtzuweisen, hat man das Bedürfnis, sich über ihn zu erheben. Das führt auch in Unternehmen dazu, dass die Hierarchien dort wesentlich weniger ausgeprägt sind als zum Beispiel in Deutschland. Eine junge französischsprachige Belgierin, die in der Computerabteilung der Filiale eines deutschen Chemieunternehmens in Antwerpen arbeitet, erzählte mir einmal, dass sie zunächst gar nicht gewusst habe, wer gemeint gewesen sei, als ein Deutscher sie während einer Konferenz mit »Frau Dupont« ansprach. »Ich habe erst reagiert, als er seine Frage laut wiederholte, womit ich wahrscheinlich keinen guten Eindruck gemacht habe. Für meine Kollegen und Vorgesetzten bin ich Carine.« Auch Chef und Sekretärin duzen sich. Dabei wird das »Du« nicht »angeboten«; der Übergang vom Sie zum Du ist vielmehr ein fließender. Schickt mir ein neuer Auftraggeber eine erste Mail, so lautet die Anrede meistens »*Geachte mevrouw*« oder »*Chère madame*«, »Sehr geehrte Dame«. Die zweite Mail beginnt schon mit dem halboffiziellen, aber gleichzeitig noch neutralen »*Beste*« oder »*Chère*«, in Etwa als »Teure« zu übersetzen. Bei der dritten ist man im Allgemeinen bei »*Beste Marion*« beziehungsweise »*Chère Marion*«, »Liebe Marion«, angelangt. Aber immer häufiger werden quer durch die beruflichen Hierarchien hindurch die ersten beiden Schritte übersprungen und man nennt den Mailpartner gleich beim

Vornamen. Im persönlichen Gespräch hingegen sagt man zuerst »*Mevrouw*«/»*Madame*«. Beim zweiten Treffen benutzt man den Vornamen, aber bleibt, um den Übergang zu glätten, noch beim »Sie«. Das nennt sich »Sieduzen«. Beim dritten sagt man »du«, womit man die übliche freundliche Nähe erreicht hat.

Akademische Titel werden in Belgien überhaupt nicht erwähnt. Ein Belgier, der in besagtem Unternehmen arbeitet, war bass erstaunt, als er bei einem Besuch im Mutterhaus feststellte, dass sich zwei leitende Angestellte mit »Herr Doktor Sowieso« anredeten, obwohl sie schon seit Jahren eng zusammenarbeiten. Und ein befreundeter Kunstgeschichte-Professor meldet sich am Telefon schlicht mit »der Jan«, obwohl er natürlich nie genau im Voraus wissen kann, ob er gerade den Gärtner oder Kultusminister an der Strippe hat.

Wirklich hübsch sind die kleinen »Bonjour-Konzerte« in den Aufzügen belgischer Firmen. In Brüssel habe ich mit dieser Sitte Bekanntschaft gemacht. Wer einen Aufzug betritt, begrüßt die bereits Anwesenden mit »Bonjour«. Sie antworten ebenfalls mit »*Bonjour*«. Wer den Aufzug verlässt, wünscht »*Bonne journée*«, »Einen schönen Tag noch.«. Alle anderen sagen »*également*«, »ebenfalls«. Das führt in den Aufzügen zu einem unaufhörlichen Gezwitscher, das jeden Arbeitstag versüßt.

Das Bedürfnis, nicht unfreundlich oder gar dominant daherzukommen, beherrscht den gesamten belgischen Alltag. In den Straßenbahnen und Bussen hängen Schilder, auf denen das Folgende zu lesen steht: »Pommes frites sind lecker. Und wer während der Fahrt isst, spart Zeit. Aber denken Sie auch an den Herrn im Anzug vor Ihnen, der bekleckert werden könnte, wenn Ihr Fahrer plötzlich bremsen muss! Und daran, dass nicht jeder scharf ist auf den Duft Ihrer ganz persönlichen Haute Cuisine. Also denken Sie bitte zweimal nach, bevor Sie Ihre Pommestüte mit in den Bus/die Straßenbahn nehmen. Vielen Dank!« Mit anderen Worten: »Der Verzehr von Lebensmitteln während der Fahrt ist untersagt.« Aber auf ein derartiges Schild würden Belgier irritiert reagieren. Nun essen sie weiterhin ihre Fritten in Bus und Straßenbahn, aber sie sind nicht irritiert.

Mit dem allgemeinen Harmoniebedürfnis geht das Streben einher, sich nicht zu exponieren. Ein treffendes Beispiel ist der Verlauf belgischer Pressekonferenzen. Zunächst formulierte ich auch in Belgien, wie früher in Deutschland, schon während der Erläuterungen des Referenten meine Fragen, um im anschließenden Fragengewitter schnell meine Hand erheben zu können. Die Eile erwies sich jedoch schnell als überflüssig: Meistens war ich die Einzige, die überhaupt ihre Hand hob. Durch meine Frage erfreute ich zwar den Redner, der abermals zu einem kleinen Referat ausholen und sich zusätzlich profilieren konnte, nervte aber das Publikum. Das spürte ich daran, dass sich manch ein Kollege während des Zusatzreferats verstohlen zu mir umblickte und andere bereits ihre Notizen demonstrativ zusammenpackten. Der Referent bat um weitere Fragen, die selten oder nie gestellt wurden. Anschließend sprang alles erleichtert auf und eilte in den Nachbarraum, in dem Häppchen und Bier warteten. Dort fand dann die eigentliche Pressekonferenz statt.

Belgische Journalisten holen die wirklich interessanten Statements von Politikern und anderen Prominenten vor allem im leisen Zweiergespräch ein. Während des so genannten »Empfangs«, der auf die allermeisten Pressekonferenzen folgt – sonst würde vermutlich niemand erscheinen – kommen die Journalisten geduldig mit ihrem Notizblock oder Mikrofon in der Hand angeschoben, um dem Referenten ungestört einige Fragen stellen zu können. Niemand würde das Gespräch unterbrechen, niemand sich einmischen, niemand etwas mitnotieren – was wegen der gedämpften Lautstärke sowieso nicht geht – und alle bleiben höflich ein paar Schritte zurück, bis sie selbst an der Reihe sind. Übrigens gilt es sowieso als extrem unhöflich, jemandem ins Wort zu fallen, was sich sowohl auf den beruflichen als auch den privaten Bereich bezieht. Da musste ich mir als Deutsche anfänglich nur allzu oft auf die Zunge beißen. Man lässt den Gesprächspartner ausreden, egal, wie lange er dazu braucht und wie weit er abschweift. Dass dieses ungeschriebene Gesetz mit dazu beiträgt, dass der Alltag in Belgien insgesamt langsamer verläuft als in Deutschland, ist logisch.

Wird trotzdem einmal eine direkte Frage gestellt oder eine Forderung geäußert, sei es im Interview oder in der öffentlichen Debatte, dann ist die Reaktion fast immer eine ausweichende. Seit Jahren sind die Vorplätze der beiden Bahnhöfe von Antwerpen und die in sie mündenden Straßen aufgebrochen, was dazu führt, dass man dort keine Reisenden absetzen oder abholen kann, ohne eine Verkehrsvorschrift zu übertreten, was, wie gesagt, teuer werden kann. Das regt selbst die Belgier auf. Kürzlich fand ich in einer von der Kommune herausgegebenen Bürgerzeitung einen Leserbrief, der wie folgt lautete: »Täglich passiere ich den Bahnhofsvorplatz. Die Bauarbeiten dauern bereits fünf Jahre und an manchen Tagen stelle ich fest, dass nur zwei Bauarbeiter auf der Baustelle sind. So kann es doch nicht weitergehen! Wann ist der Bahnhofsvorplatz endlich fertig?« Die Antwort des Sprechers der Belgischen Bahn, Eigentümerin des Bahnhofs und des Vorplatzes, war ein Musterbeispiel für die belgische Vermeidungstaktik: »Die Belgische Bahn ist Bauherrin der Neuanlage des Edgard Ryckaertsplein, und das namens der drei anderen Partner: der Stadt Antwerpen, der Nahverkehrsgesellschaft De Lijn und der Region Flandern. Der mit der Neuanlage beauftragte Bauunternehmer hätte bereits im vergangenen Jahr den Platz übergeben müssen. Wir beschweren uns regelmäßig über die Qualität und das Tempo der Bauarbeiten. Aber obwohl wir schon im vergangenen Sommer die Höchststrafe von 225 000 Euro verhängt haben, hält er sich noch immer nicht an den vertraglich festgelegten Zeitplan. Deshalb können wir Ihnen unmöglich mit Sicherheit mitteilen, wann der Platz fertig ist. Allerdings setzen wir alles daran, ihn noch vor Ende der Pflanzzeit mit Bäumen und Hecken zu begrünen. Mit freundlichem Gruß.« Drei Monate später und am Ende der Pflanzzeit waren die Schutthaufen ringsherum von Bäumchen gesäumt. An den Schutthaufen selbst hat sich nichts geändert und parken kann man dort immer noch nicht.

Kürzlich fiel mir ein Briefwechsel zwischen einem deutschen Industrieverband und einer belgischen Hafenbehörde in die Hände. Der Verband beschwerte sich in harschen Worten über die langen, durch unzureichende Liegeplätze bedingten Wartezeiten der Schiffe im Hafen und forderte sofortige Abhilfe, anderenfalls würde man erwägen, sich aus demselben zurückzuziehen. Auf den knapp halbseitigen Brief, in dem kein einziger überflüssiger Satz stand, antwortete die Hafenbehörde mit einer drei Seiten langen, orientalischen Eloge. Man habe bereits mehrere Arbeitsgruppen gebildet, die sich mit den »einzelnen Aspekten der Problematik beschäftigen« und den »Stand der Dinge genauestens beobachten« würden. Die Forderungen des deutschen Verbands würden »in die Überlegungen einfließen«. Aber »es handelt sich hierbei um einen komplexen Prozess, der mit zahlreichen Beratungen und paritätischen Verhandlungen einher geht«. »Wir jedenfalls möchten die Situation gerne verändern, aber das bedeutet, dass ein Konsens und ein Gleichgewicht zwischen den Erwartungen der Reedereien, den technischen Möglichkeiten der Umschlaganlagen und den Wünschen der Verlader gefunden werden muss.« Auch möchte man die Gewerkschaften und ihre Basis unter keinen Umständen vergrätzen. Und abschließend: »Wir hoffen, dass Sie verstehen, dass die Verhandlungen sehr komplex und zeitaufwändig sind, und dass Sie unseren Ansichten zustimmen können.« Letzteres wird nicht der Fall gewesen sein.

Diese Art der Kommunikation erschwert Verhandlungen zwischen deutschen und belgischen Firmen ungeheuer. »Hier treffen romanische und germanische Verhaltensweisen aufeinander«, erklärt die Deutsch-Belgisch-Luxemburgische Handelskammer in ihrer in Brüssel herausgegebenen Mitgliederzeitschrift »Debelux-Journal« (Ausgabe 2/2005). Und in der gleichen Publikation erklärt Dr. Carla Seifert, Expertin für interkulturelle Kommunikation: »Holländer kommen in Belgien nicht gut an wegen ihres direkten Kommunikationsstils; umgekehrt haben Holländer häufig Schwierigkeiten mit dem teilweise sehr indirekten Stil der Belgier.« Aus Erfahrung weiß ich, dass man in diesem Satz »Holländer« ohne weiteres durch »Deutsche« ersetzen kann.

Zum »indirekten Kommunikationsstil« der Belgier gehört zweifellos, dass Belgier so gar nicht dazu neigen, sich über ihren Beruf zu äußern. Die Frage »Was machen Sie denn so beruflich«, mit der in Deutschland viele Gespräche zwischen Unbekannten eröffnet werden, gilt in Belgien als aufdringlich und inquisitorisch. Denn der Beruf hat für die meisten Belgier einen ganz anderen Stellenwert als für die meisten Deutschen: Er dient nicht der Selbstverwirklichung, sondern soll das Einkommen sichern, und damit basta. Ihre Hobbys wie Radrennen, Angeln oder das Basteln am Häuschen sind den Belgiern oft viel wichtiger als der Broterwerb, der nur Mittel zum Zweck ist, nämlich der Möglichkeit, diese Hobbys auszuüben. Natürlich freut man sich über eine Beförderung. Aber sie wird nicht unbedingt als Bestätigung der beruflichen Fähigkeiten betrachtet, sondern in erster Linie als Voraussetzung für eine Gehaltserhöhung.

Das eher distanzierte Verhältnis zum eigenen Beruf liegt abert auch daran, dass von vielen Berufstätigen enorm viel gefordert wird. In einem Land, in dem knapp 42 Prozent aller Absolventen einer weiterführenden Schule einen Universitäts- oder Fachhochschulabschluss erlangen, haben die Arbeitgeber die freie Auswahl unter hoch qualifizierten, billigen Berufseinsteigern. Das flüssige Beherrschen des Französischen, Niederländischen und Englischen in Wort und Schrift ist die Mindestvoraussetzung für einen Job in einem belgischen Unternehmen. Außerdem verlangen viele Arbeitgeber auch gute Deutschkenntnisse, da Deutschland nach Frankreich der wichtigste Handelspartner des Landes ist, weshalb viele junge Berufstätige, die an der Schule kein Deutsch gelernt haben, abends noch Deutschkurse besuchen beziehungsweise besuchen müssen. Da Belgien, seitdem die Kohlevorräte im Bergbaugürtel zwischen Lüttich und der französischen Grenze erschöpft sind, praktisch über keine Rohstoffe mehr verfügt, gelten die »Human Resources« als das eigentliche Kapital des Landes.

Ich kenne viele Belgier jeden Alters, die beruflich unter extremem Druck stehen. Carine erzählte mir kürzlich, sie sei von ihrer Firma zu einer Konferenz zum Mutterhaus geschickt worden. Ich fragte sie, ob sie geflogen oder mit dem Zug gefahren sei. Nein, sie fuhr mit dem eigenen Auto. Morgens 550 Kilometer hin, anschließend vier Stunden Konferenz, abends 550 Kilometer zurück. Am nächsten Morgen war sie um acht Uhr wieder im Büro und nach dem anstrengenden Arbeitstag gab

72,3 Prozent aller Belgier wohnen in ihrem eigenen Haus – flämisches Einfamilienhaus in Brabant.

ich ihr bis acht Uhr abends auf Kosten der Firma Deutschunterricht. Derartige Kraftakte werden als selbstverständliche Leistung junger Angestellter betrachtet, die bei ihren Vorgesetzten gut angeschrieben sein und eine Karriere machen wollen.

Als Kompensation streben viele Belgier ein möglichst frühes Ende der beruflichen Laufbahn an. Das offizielle Rentenalter liegt in Belgien bei 65 Jahren, aber nur 36 Prozent aller über Fünfzigjährigen sind noch berufstätig. In ganz Europa sind es durchschnittlich 48 Prozent. Bei den über 55-Jährigen sinkt der Anteil der Erwerbstätigen an der potenziell berufsaktiven Bevölkerung sogar auf 28 Prozent. Das ist der niedrigste Anteil in ganz Europa. Der Grund für diese hohe Zahl ist die Möglichkeit der Frührente, die es den Belgiern ermöglicht, sich mit 58 (56 für körperlich schwere Berufe) zur Ruhe zu setzen, wobei sie eine Arbeitslosenunterstützung erhalten, die durch einen vom ehemaligen Arbeitgeber gezahlten Betrag ergänzt wird. Hinzu kommen derzeit rund 150 000 Arbeitslose, die nicht mehr verpflichtet werden können, einen neuen Arbeitsplatz zu suchen, weil sie über fünfzig sind. Dabei läuft der Rentenanspruch für Vorruheständler und ältere Arbeitslose bis zum gesetzlichen Rentenalter einfach weiter. Die Möglichkeit des Vorruhestands wurde 1974 eingeführt und sollte den Arbeitmarkt verjüngen. Mittlerweile erweisen sich seine Nachteile, da der Staat nicht mehr weiß, wie er nach 2015, wenn jeder fünfte Belgier älter ist als 65, noch die Renten bezahlen soll.

Im Sommer 2005 beschloss die Regierung deshalb, das Vorruhestandsalter ab 2008 auf 60 Jahre anzuheben. Versüßt werden soll den Belgiern diese harte Nuss durch eine Reihe recht humaner flankierender Maßnahmen. So sollen Arbeitnehmer ab 55 ihre Arbeitszeit um ein Fünftel herunterschrauben können, und wer noch an seinem 62. Geburtstag arbeitet, bekommt eine Extrazulage auf seine Pension. Dennoch hatte die Regierung einen Frontalangriff auf eine der heiligen Kühe Belgiens unternommen. Bevor Premierminister Guy Verhofstadt das Maßnahmenpaket praktisch in einer Nacht- und Nebelaktion im Parlament durchdrückte, hatte ein Generalstreik stattgefunden, der 24 Stunden lang das öffentliche Leben in Belgien lahm gelegt und unter anderem zu einem gigantischen Schiffstau vor den Schleusen des Antwerpener Hafens geführt hatte.

In Wirklichkeit wird sich, dessen bin ich mir sicher, auch nach 2008 an den gegenwärtigen Zuständen nicht viel ändern. Denn der Vorruhestand ist nicht die einzige Möglichkeit, relativ früh aus dem Berufsleben auszuscheiden. Bereits mit 50 melden sich zahlreiche Berufstätige langfristig krank. Anschließend bezahlt die Krankenkasse ein Ersatzeinkommen und der Betroffene ist von Beitragszahlungen in die Rentenkasse und anderen Abgaben befreit. Jedoch wird auch die Krankheitszeit für die Rente einfach mitgezählt, so als hätte der Betroffene weitergearbeitet. In der Altersklasse der Fünfzigjährigen bezieht bereits jeder vierte Belgier dieses oder ein anderes Ersatzeinkommen, das auf die Rente angerechnet wird; von den Sechzigjährigen arbeiten nur noch 23 Prozent ganz- oder halbtags, während 27 Prozent sich im Vorruhestand befinden und knapp jeder zweite ein Ersatzeinkommen beispielsweise von der Krankenkasse bezieht. Bis zum Pensionsalter, also bis 65, dürfen Belgier offiziell nichts hinzuverdienen. Inoffiziell wird kräftig angeschafft. Die Frührentner, Arbeitsunfähigen und nicht mehr vermittelbaren Arbeitslosen streichen, tapezieren, bauen in den Häusern ihrer Bekannten Küchen und Badezimmer ein, reparieren Computer oder unterhalten Gärten, dass es eine wahre Lust ist. In den vergangenen Jahren habe ich keinen einzigen Belgier kennen gelernt, der bis zum Pensionsalter seinen Beruf ausgeübt hat. Dafür verdienen die allermeisten zwischen 55 und 65 mit Schwarzarbeit einen ordentlichen Batzen hinzu, was gesellschaftlich vollständig akzeptiert ist.

Im Januar 2006 veröffentlichte das Marktforschungsinstitut GfK die Ergebnisse einer »Ruhestandsbarometer« genannten Erhebung, die es in elf Industrieländern in der ganzen Welt durchgeführt hatte. Daraus ging hervor, dass die belgischen Befragten hofften, mit 56 Jahren aus dem Berufsleben ausscheiden zu können und dass jeder zweite Belgier seine Berufslaufbahn aus freien Stücken beendet. Der Grund dafür ist, dass sie das Leben danach »endlich genießen wollen«. »Genießen« hieß für 59 Prozent der Befragten in erster Linie Reisen. Während Erwerbstätige 25 Tage pro Jahr reisend verbringen, sind es unter den Ruheständlern 45 Tage. Beliebte Reiseziele sind, so habe ich persönlich festgestellt, Amerika, Australien oder Südafrika.

Auffallend in Belgien ist, dass man aus Auto, Kleidung oder Accessoires eines Gegenübers selten schließen kann, ob man nun einen Verkäufer, einen Arzt oder einen Unternehmensleiter vor sich hat. Statussymbole wie eine teure Armbanduhr, ein teures Auto oder eine Design-Einrichtung sind von wesentlich geringerer Bedeutung als in Deutschland, obwohl auch Belgier sich derartige Luxusgegenstände mit Vergnügen leisten. Aber man führt sie nicht unbedingt der Öffentlichkeit vor. Wer eine Rolex-Uhr besitzt, hat die Neigung, den Ärmel der Anzugjacke darüber zu schieben. Das mag einerseits an der katholischen Vergangenheit des Landes liegen – wer auf Erden arm ist, kommt schneller in den Himmel –, ganz gewiss liegt es aber auch daran, dass man es vermeiden möchte, der ungeliebten Oberschicht zugerechnet zu werden.

Die Unterschicht und die Oberschicht sind in Belgien zahlenmäßig klein und weitgehend unsichtbar. Die Mittelschicht ist riesig und reicht vom Vorarbeiter in der Automontagefabrik bis zum Universitätsprofessor. Das liegt nicht zuletzt am verbreiteten Hausbesitz. Meine Putzfrau besitzt zusammen mit ihrem Mann, einem Eisenbahnangestellten, ein wesentlich größeres, moderneres und luxuriöseres Haus als ich selbst; genau genommen passt mein Haus leicht zwei Mal in ihres hinein. Und mein Häuschen wiederum ist genauso groß beziehungsweise klein wie das des Kunsthistorikers Jan, der mit seiner vierköpfigen Familie in unserer bescheidenen Vorstadt um die Ecke wohnt.

In Sportclubs und Vereinen trifft man sie alle wieder – Arbeiter ebenso wie leitende Angestellte, Ärzte oder Firmenleiter. Im Fitnessstudio trägt man, was praktisch, kühl und schweißabsorbierend ist, zum Beispiel Shorts und T-Shirts, die nicht die neuesten zu sein brauchen. Ich traute meinen Augen nicht, als ich in »meinem« Studio einmal den Leiter einer multi-nationalen Antwerpener Speditionsfirma im schlichten Unterhemd entdeckte. Nach anfänglicher, völlig überflüssiger Befangenheit meinerseits und anschließendem freundlichen Geplauder von Laufband zu Laufband wurden wir gute Freunde. Kürzlich erkundigte ich mich im benachbarten Gemüsegeschäft nach einem Tomatensuppenrezept. Die Tomatensuppe ihrer Schwester sei unvergleichlich, sagte die freundliche Verkäuferin, sie würde mir das Rezept weitergeben, wenn die Schwester aus China zurückgekehrt sei. »Aus China!«, wiederholte ich (man merke auf: Ich fragte nicht: »Was tut ihre Schwester denn in China?«). Schließlich stellte sich heraus, dass die Schwester der Gemüseverkäuferin die Chefin eines der größten Übersetzerbüros Belgiens ist und gerade zum Vertragsabschluss im Fernen Osten weilte.

Die belgische Ärzteschaft ist ein Sonderfall in ganz Europa. Kein einziger praktischer oder Zahnarzt, den ich in den vergangenen 20 Jahren konsultiert habe, hat eine Vorzimmerdame. Wenn man telefonisch einen Termin festlegen will, hat man den Arzt am Telefon, der für das Gespräch kurz die Konsultation oder Behandlung unterbrochen hat. Von der Haustür seiner

Praxis, manchmal im ersten oder zweiten Stock eines Miethauses gelegen, spaziert man direkt ins Wartezimmer und von dort aus direkt in den Konsultationsraum hinein. Belgische Hausund Zahnärzte können sich in der Regel keine Angestellten leisten, da es mangels eines Numerus clausus, der den Zustrom zum Medizinstudium eindämmt, mehr als genug gibt. Mit einem Arzt pro 222 Einwohnern liegt Belgien nach Italien an der Spitze Europas. Die Vorteile für die Patienten liegen auf der Hand. Der Arzt kommt noch ins Haus, die Honorare sind niedrig – eine Konsultation kostet zwischen 22 und 30 (für Hausbesuche) in bar zu entrichtende Euro, von denen anschließend gut 75 Prozent durch die Krankenkasse zurückerstattet werden – und man muss nie lange auf einen Termin warten, übrigens auch nicht im Krankenhaus, weswegen es in den belgischen Krankenhäusern viele deutsche Patienten gibt, die sich dort ohne längere Wartezeit zum Beispiel einer Herzoperation unterziehen. Das wissenschaftliche und technische Niveau vor allem der zahlreichen Universitätskrankenhäuser ist weltweit anerkannt. Der Nachteil für die praktischen Ärzte ist die große Konkurrenz und die damit einher gehende niedrige Patientenzahl pro Arzt. Ein belgischer Hausarzt braucht mindestens 25 Patienten pro Tag, um seine Familie ernähren zu können. Aber viele Ärzte haben weniger Patienten, weshalb sie finanziell nur mit Müh' und Not über die Runden kommen. In der Rangliste der Einkommenshöhe liegen belgische Ärzte nach Auskunft der *Artsenkrant* (Ärztezeitung) vor Tschechien und Bulgarien unter allen EU-Staaten an drittletzter Stelle. Zurzeit studieren viele Frauen Medizin. Das liegt daran, dass sie es sich leichter als Männer erlauben können, ihren Beruf später halbtags auszuüben. Mein Hausarzt betrachtet diese Entwicklung mit Sorge, da der Markt durch die Halbtags-Ärztinnen noch enger zu werden droht.

Zur Homogenität der belgischen Gesellschaft passt ein auffallendes Phänomen, nämlich der Mangel an jeglichem Starkult. Selbst Sportgrößen wie die Tennisspielerinnen Kim Clijsters und Justine Henin-Hardenne werden als Menschen wie du und ich betrachtet und dementsprechend in Ruhe gelassen. Ab

März 2004 musste *ons Kimmeke,* »unser Kimchen«, wie Clijsters in Flandern liebevoll genannt wird, zehn Monate wegen einer Verletzung pausieren. Im Oktober des gleichen Jahres gab sie die Trennung von ihrem Verlobten, dem australischen Tennisspieler Lleyton Hewitt, bekannt. Für die Belgier steht seit jenem Tag außer Frage, was der wahre Grund für die Pause war: Liebeskummer. Nachträgliches Mitleid für das arme Kind überflutete sie, und umso mehr freute man sich, als ein abermals heftig verliebtes Kimmeke ab Anfang 2005 wieder von Erfolg zu Erfolg zu eilen begann. Bei alledem erfuhr man keinerlei Details über die Trennung. Nie wäre ein Journalist auf die Idee gekommen, das elterliche Haus im limburgischen Dörfchen Bree zu belagern, gar eine traurige Kim zu fotografieren.

Ähnlich gelagert ist der Fall von Justine Henin-Hardenne, vierfache Grand-Slam-Siegerin und Goldmedaillengewinnerin der Olympischen Spiele von 2004, die sich regelmäßig mit Kim Clijsters an der Spitze des WTA-Ranking abwechselte. Auch der nur 1,66 Meter großen Justine haftet nichts von einem Star an. Das liegt sowohl an ihrem bescheidenen Auftreten wie an der Presse, die sie in Ruhe lässt. Man hat aus respektvollen Zeitungsartikeln erfahren, dass ihre Mutter starb, als sie noch ein Kind war, und dass sie sich mit ihrem Vater überworfen hat. Umso mehr freute sich Belgien, als sie mit ihrem Mann Pierre-Yves Hardenne, den sie im Alter von zwanzig Jahren heiratete, endlich ihr privates Glück fand. In dieser Freude erschöpft sich dann auch schon das Interesse an Justine als Privatperson. Obwohl ganz Belgien gespannt am Bildschirm klebt, wenn die beiden jungen Frauen ein Turnier bestreiten, himmelt man sie nicht an.

Andererseits wird auch niemand verurteilt, wenn er zum Beispiel einen Fehler begeht. Ein Aufruhr wie der, der sich 2002 um den deutschen Torhüter Oliver Kahn erhob, als sein Seitensprung ruchbar wurde, wäre in Belgien undenkbar. Nur ein einziges Mal in den vergangenen zwanzig Jahren habe ich erlebt, dass ein belgisches Presseorgan das ungeschriebene Gesetz brach, nach dem das Privatleben von Prominenten tabu ist, sofern sie damit nicht selbst an die Öffentlichkeit treten. Im August 2005 berichtete das Nachrichtenmagazin »Knack«, dass sich der flämische Innenminister Patrick Dewael, wiewohl noch nicht geschieden, in eine bekannte Radiojournalistin verliebt hatte. Die Öffentlichkeit war entgeistert über diese Indiskretion. Kollegen der Journalistin formulierten ein Statement, in dem von »faschistischen Zuständen« die Rede war. »Politiker müssen wegen ihrer Politik und nicht wegen ihres Privatlebens zur Rechenschaft gezogen werden«, sprang Bundesaußenminister Karel De Gucht seinem flämischen Kollegen zur Seite. Und die Zeitung »De Morgen« titelte: »Dies ist ein Schritt in Richtung Abgrund.« Im Artikel wurde der Abgrund als »tabloide Zustände à la Großbritannien« definiert.

Kurzum, in Belgien kann jeder ungestört tun und lassen, was er will, wenn er es nur dezent tut. Das ist auch ein Grund dafür, dass es hier keine Trends im deutschen Sinne gibt. Es gibt auch in Belgien Nordic-Walker, Inline-Skater, Vegetarier und Zen-Buddhisten. Aber niemals würde ein Belgier versuchen, seine Mitmenschen von seinen Hobbys, Essgewohnheiten oder Weltanschauungen zu überzeugen – im Gegenteil: Er walkt, wenn niemand ihm zusieht, er isst Körner und schweigt darüber, er meditiert nach der Arbeit im stillen Kämmerlein, ohne jemals jemandem davon zu erzählen. Juliette, die Frau meines Nachbarn Jacques, arbeitet als Küchenhilfe an der benachbarten katholischen Schule. Dass sie als Seidenmalerin bereits in Köln ausgestellt hat, erfuhr ich erst, als sie mich einmal bat, bei einer Fahrt nach Deutschland eine ihrer Arbeiten bei einem Kunden abzuliefern. Es gibt zahllose Belgier, die solch ein Doppelleben führen. Erst, wenn man sie wirklich gut kennt, erzählen sie von ihren Hobbys und von eventuellen Erfolgen.

Eine durch und durch friedliche Gesellschaft? Es gibt auch Schattenseiten. Da man die direkte Konfrontation ebenso scheut wie jegliches Outing, kommt man in Belgien immer wieder in Situationen, in denen man sich wie in einer Nebelbank fühlt. Dazu muss man nicht Ausländer sein. »Ich versuche, im Umgang mit meinen Kollegen transparent und offen zu sein«, berichtet ein bei einer hohen Behörde angestellter belgischer Historiker, der aus gutem Grund anonym bleiben möchte.

»Aber damit stoße ich oft auf Unverständnis.« Als Sohn eines belgischen Soldaten ist er in Deutschland aufgewachsen, weshalb er Bekanntschaft mit der »direkten Art« der Deutschen gemacht hat, die er dafür bewundert. »Ich wage es schon einmal, einen Alternativvorschlag zu einer bestimmten Entscheidung zu formulieren, aber das wird leicht als Kritik empfunden, und Kritik ist Belgiern irgendwie nicht geheuer. Der Vorschlag wird nicht direkt torpediert, aber man weicht aus und schiebt auf. Schließlich erfahre ich, dass die Entscheidung entsprechend meinen Vorschlägen modifiziert wurde, aber ich erfahre es immer von Dritten.« Worauf er diese Scheu vor der direkten Konfrontation, der kontroversen Diskussion, der Auseinandersetzung Mann gegen Mann zurückführt? »Belgier sind nicht stolz auf sich«, sagt er. »Und wer sich unbedeutend fühlt, traut sich keinen Durchmarsch zu, und schon gar nicht alleine. Man sucht sich immer erst Verbündete. Schließlich weiß man gar nicht mehr, woran man bei den Kollegen ist.« Und warum wird man nicht einfach einmal gelobt, wenn man einen guten Vorschlag gemacht hat? »Weil die anderen annehmen, dass das Lob einem zu Kopfe steigt und dass man sich dann als etwas Besseres fühlt. Einerseits scheren Belgier nicht gerne aus der Masse aus, andererseits werden sie von ihrem Umfeld auch daran gehindert.«

Man muss nicht bei einer hohen Behörde arbeiten, um gelegentlich in einer Nebelbank zu landen. Immer wieder kommt es vor, dass ich eine Übersetzung abliefere und anschließend von dem Kunden nichts mehr höre. Das kann im Allgemeinen als Indiz gewertet werden, dass ich irgendeinen Fehler gemacht habe. Natürlich läge es dann nahe, zum Telefonhörer zu greifen und mich nach dem Grund für das Schweigen zu erkundigen. Ich lasse es bleiben, weil ich mit dieser Frage nicht viel erreichen würde – ich würde nur mit Ausflüchten konfrontiert werden. Häufig benutzte Ausflüchte sind: »Wir haben einen neuen Mitarbeiter, der Deutsch kann und künftig die Übersetzungen erledigt.« »Wir haben in nächster Zeit keine Texte zu übersetzen.« »Wir haben im Augenblick kein Geld für Übersetzungen.« Ganze Küchen wurden in Belgien bereits wieder ausgebaut, ohne dass der Lieferant der Küche jemals erfahren hat, warum sein Kunde die Zahlung verweigerte und auch die ihm fest zugesagten Kleiderschränke nicht mehr geliefert werden sollten.

Dieses Vage in der zwischenmenschlichen Kommunikation gehört zu den Schwierigkeiten im Umgang mit Belgiern. Jedoch bleibt einem, wenn man hier lebt und sich in die belgische Gesellschaft integrieren möchte, nichts anderes übrig, als sich damit abzufinden. Eine meiner Freundinnen leidet seit vielen Jahren unter den Ungerechtigkeiten ihres tyrannischen Manns, der mit 48 von seiner Computerfirma entlassen wurde und seitdem arbeitslos ist. Regelmäßig steht Annemie mit roten Augen vor meiner Haustür und fragt, ob ich nicht zufällig Lust hätte, ein Stündchen mit ihr im Park spazieren zu gehen. Ich muss mich zusammennehmen, um nicht zu sagen: »Mach doch endlich Schluss mit diesem Ekel! Jedes Gericht wird dir Recht geben, wenn du die Scheidung einreichst!« Was würde ich erreichen? Nichts. Denn erstens weiß Annemie selbst, dass sie ihren Mann eigentlich verlassen müsste, aber sie schafft es irgendwie nicht. Zweitens habe ich während meiner ersten Jahre in Belgien oft genug festgestellt, wie Belgier in solchen Fällen reagieren: Sie senken ihr Haupt, fühlen sich als Versager und schweigen. Und drittens würde ich eine meiner besten Freundinnen verlieren. Also tue ich, was jede Belgierin an meiner Stelle täte: Ich ziehe meinen Mantel an und gehe mit Annemie in den Park, wo sie zögernd andeutet, dass es mal wieder zu einem wüsten Streit zwischen ihrem Mann und dem erwachsenen Sohn gekommen sei. Spätestens im Rosengarten lächelt sie wieder. Und um fünf sagt sie: »Ich muss nach Hause, das Abendessen kochen.« Zum Abschied gebe ich ihr einen Kuss und sage: »Du wirst es schon packen, Mädel. Mut.« Immerhin habe ich Solidarität demonstriert. Und mehr ist in Belgien in solchen Fällen eben nicht drin.

Meine belgische Großfamilie

Quer durch die ganze Geschichte hindurch war die Familie für die Belgier immer Schutz und Schirm. Nur dort konnte man vor Andersdenkenden sicher sein, nur dort konnte man frei seine Meinung äußern. In Zeiten politischer Unruhen ging man gemeinsam auf die Straße. In Notzeiten teilte man die letzte Kartoffel miteinander und wärmte sich gemeinsam am letzten Stückchen Kohle. Und je größer die Familie war, desto sicherer war auch das Familieneinkommen. Am belgischen Familienzusammenhalt hat sich in den letzten Jahrhunderten nicht viel geändert. Das stellte ich fest, als ich mit meiner Tochter in Belgien ankam. In Deutschland hatte ich nur meine Eltern, einen Bruder im fernen Berlin und einige Nichten und Neffen zurückgelassen, die ich zum letzten Mal beim Tod meiner Großeltern einige Jahre zuvor gesehen hatte. In Belgien geriet ich mitten in eine Familie hinein, die vier Generationen sowie Onkel und Tanten, Vettern und Kusinen, Nichten und Neffen bis zum fünften Grad umfasst, wobei alle höchstens zehn Kilometer voneinander entfernt wohnen.

Der harte Kern meiner belgischen Verwandtschaft besteht aus meiner Schwägerin Anna, deren drei Söhnen Thomas, Pieter und Quinten, ihren Frauen Laura, Evelien und Julie, den beiden Töchtern von Quinten und Julie und den beiden Töchtern von Pieter und Evelien, aus Charles, dem Lebensgefährten von Anna, dessen Sohn und seiner Frau, den drei Schwestern und dem Bruder von Julie, deren Ehepartnern und Kindern und schließlich ihren Eltern. Es gibt noch Schwager Michel, seine Frau und seine vier Töchter, aber die haben sich nach einem mysteriösen Familienstreit, über dessen Ursache die wenigen, die sie kennen müssten, sich beharrlich ausschweigen, kurz nach meiner Ankunft in Belgien von der Familie abgewandt. Vor allem zwischen den Angehörigen der Generation meiner Neffen und Nichten, also zwischen den drei Söhnen meiner Schwägerin und Julie und ihren Geschwistern, gibt es enge Kontakte. Man besucht sich sonntags, damit die Kinder miteinander spielen können – Vettern und Cousinen gelten in Belgien beinahe als Brüder und Schwestern –, man betreut die Kinder umschichtig, wenn die Eltern ein Wochenende zu zweit verbringen wollen, und wenn eine Mutter einmal krank wird, braucht sie sich keine Sorgen darüber zu machen, wer ihre Kinder von der Schule abholt. Als ich meinen neuen Verwandten erzählte, dass ich in Deutschland 300 Kilometer von meinen Eltern und 500 Kilometer von meinem Bruder entfernt gewohnt hatte, reagierten sie vollkommen verblüfft. Ich fügte hinzu, dass das in Deutschland völlig selbstverständlich sei. Das änderte nichts daran, dass sie nachträgliches Mitleid mit mir empfanden.

Höhepunkte im Leben eines jeden Belgiers sind folglich auch die Familienfeste. Die wichtigsten sind Erstkommunion, Firmung und Hochzeit. Erstaunlich daran ist, dass kaum ein Belgier noch zur Kirche geht. Aber 81 Prozent von ihnen sind römisch-kirchlich getauft, und wenn es wichtige Stationen im Leben wie den Beginn der Jugendzeit und die Familiengründung zu feiern gilt, greift man gerne auf die kirchlichen Rituale zurück. Früher wurde in sozialistischen Familien der von der Partei ausgerichtete »Tag der freisinnigen Jugend« gefeiert, der die Firmung ersetzte, aber der ist langsam in Vergessenheit geraten und entspricht auch nicht der Mentalität vor allem der Flamen, die trotz umfassender Säkularisierung der Region noch immer den Glanz der katholischen Kirche mögen und die Nüchternheit der Liberalen und Sozialisten ablehnen.

Schier überwältigend ist der Aufwand, der in Belgien bei Hochzeiten entfaltet wird. Die gemietete Luxuskarosse ist ein Muss. Die weiblichen Verwandten von Braut und Bräutigam lassen sich beim besten Schneider am Ort mit Roben und Hüten aus den gleichen Stoffen einkleiden, die männlichen leihen sich einen Frack. Der Festsaal muss der allernobelste sein (und wegen des Andrangs nicht selten ein Jahr im Voraus gemietet werden). Eingeladen werden sämtliche Verwandten bis zum fünften Grad aller beteiligten Parteien, nämlich der Eltern von Braut und Bräutigam und der zu Vermählenden, ferner alle ihre Kollegen, Freunde und Bekannten und natürlich die Nachbarn. Die Feste verlaufen fast immer nach dem gleichen Muster. Vormittags findet die kirchliche oder standesamtliche Zere-

Hochzeit im Beginenhof in Lier mit einer gemieteten Edelkarosse.

monie statt (50 Prozent aller Belgier heiraten kirchlich), zu der
nur die Verwandten ersten und zweiten Grades, sprich Eltern,
Großeltern, Geschwister, Neffen und Cousinen und außerdem Patentanten und -onkel eingeladen werden. Anschließend
zieht man zum gemieteten Saal, wo der »Empfang« stattfindet,
zu dem auch die engeren Freunde der Brauteltern und des jungen Paars eingeladen werden. Nun sind wir schon bei ungefähr fünfzig Personen angelangt. Am frühen Abend geht man
zum sechsgängigen Festmahl über, das bis 20 Uhr dauert. Und
anschließend strömen die übrigen Geladenen, der »größere
Kreis«, zum »Ball«, der bis zum frühen Morgen dauert. Hundert und mehr Gäste sind bei den »Bällen« eher die Regel. Anschließend haben Familie und Nachbarschaft noch jahrelang
Gesprächsstoff, was schließlich unter anderem Sinn des Auf-
wands war: Ein einziges Mal im Leben möchten belgische Eltern mit ihren Kindern richtig angeben. Und die von einem
professionellen Fotografen geschossenen Fotos sind, sofern es
sich um ein einigermaßen attraktives Paar handelt, noch wochenlang im Schaufenster des örtlichen Fotogeschäfts zu bestaunen.

Bescheidener geht es bei Erstkommunionen und Firmungen zu. Da bleibt die Familie meistens unter sich, sprich der Kreis der Gäste beschränkt sich auf zwanzig bis vierzig Personen. Meistens ranken sich die Feste um üppige Mahlzeiten. Oder besser: Das Fest *ist* die Mahlzeit, die leicht von zwei Uhr nachmittags bis acht Uhr abends dauern kann.

Kürzlich waren meine Kinder und ich zur Firmung von Amy eingeladen, der ältesten Tochter von Quinten und Julie. Im Hinblick auf die vielen Kinder der Familie haben die Eltern des Firmlings die Kantine eines Fußballclubs gemietet. In der Baracke sind zwei lange Tische festlich gedeckt. Anna, seit dem Tod meiner Schwiegereltern als deren älteste Tochter die Clan-Chefin, und ihr Lebensgefährte Charles – Anna ist seit vielen Jahren geschieden und hat ihre drei Söhne alleine großgezogen – polieren die Weingläser. Sie freuen sich darüber, dass an diesem Palmsonntag die Sonne scheint. In der Küche wirkt der Koch, ein Kollege von Quinten, der unübersehbare Mengen von Fleisch klopft und würzt und darüber nicht wenig schwitzt.

Um zwei Uhr kommen Amy, ihre Eltern, ihre Onkel und Tanten und ihre Großeltern aus der Kirche und vom anschließenden kleinen Stehempfang im Pfarrhaus. Langsam trudeln die übrigen Gäste ein. Man begrüßt sich, umarmt sich, küsst sich reihum dreimal auf die Wangen; man lacht, man fragt nach dem Befinden, man tauscht die letzten Neuigkeiten aus Dorf und Familie aus. Währenddessen stillt man den ersten Hunger und Durst mit Häppchen und Aperitif. »Häppchen« bedeutet: schalen- und körbeweise Salate, Oliven, Dipsaucen und Brot. Eifrig wird geschleckt und getunkt und anschließend geht man nach draußen, um ein wenig die herrliche Frühlingssonne zu genießen. Viele Gäste haben Decken mitgebracht. Auf denen breiten die Frauen und die Kinder sich nun aus, während die Männer eine erste Verdauungsrunde Fußball spielen.

Mittlerweile ist es drei. Nun beginnt das Festmahl. Anna klatscht in die Hände und ruft zur Vorspeise. Wir nehmen in bunter Reihe an den Tischen Platz und harren gespannt der Dinge, die da kommen sollen. Das sind zunächst Pasteten aus

Fisch und Fleisch, liebevoll an diversen Salätchen auf den Tellern angeordnet. Sie werden ausführlich diskutiert und mit den Vorspeisen anderer Feste verglichen, die natürlich an diese nicht heranreichen. So mancher verputzt eine zweite Portion. Schließlich ist die Tafel abgegrast, um vier strömt alles wieder nach draußen. Die Männer haben ihre Anzüge aus- und die mitgebrachten T-Shirts und Shorts angezogen und spielen abermals eine Runde Fußball, angefeuert von den Zuschauerinnen auf den Decken. Manche Gäste nicken aber auch einfach im Sonnenschein ein. Die Kinder pflücken auf den benachbarten Wiesen Blumen für die Eltern, die Tanten, die Onkel und die Großeltern. Um vier erhebt man sich, schon merklich träger, und schreitet zum Hauptgang. Der dauert bis sechs. Riesige Schüsseln mit Fleisch, Gemüse und Kartoffelkroketten machen die Runde. Danach gleichen die Tische einem Schlachtfeld. Anschließend beginnt der Höhepunkt des Festes, auf den alle gewartet haben: Amy darf endlich ihre Geschenke auspacken.

Alles begibt sich zum reich beladenen Geschenketisch. Die hübsche Zwölfjährige, reizend anzusehen in ihrem weißen, wenn auch nicht mehr ganz sauberen Kleidchen und mit ihrer Hochsteckfrisur, an die morgens eine Friseurin eine Stunde Arbeit verwandt hat, öffnet ein Päckchen nach dem anderen, bedankt sich mit liebreizenden Worten bei jedem Schenker und küsst ihn anschließend zärtlich auf die Wange. Dafür wird sie jedes Mal mit herzlichem Applaus belohnt. Das dauert ungefähr eineinhalb Stunden. Noch einmal strömt man nach draußen. Die Bäuche sind so voll, dass die Gespräche langsam versiegen. Faul liegt man im Abendsonnenschein auf dem Fußballfeld herum. Ab und zu krabbelt ein Baby über meinen Bauch. Man wartet nur noch auf den Nachtisch. Der besteht aus gegebenem Anlass (Eucharistie!) aus einem Biskuit-Osterlamm mit Himbeersirup-Füllung. Amy darf es köpfen. Der Sirup fließt dem Lamm aus dem Hals. Für die, die sich zu spät am Desserttisch angestellt haben, stehen noch einige Kilo Speiseeis mit Sahne bereit. Auch die großen Plastikdosen leeren sich in Windeseile. Es ist acht, morgen ist Schule, die Kinder müssen ins Bett, das große Abschiednehmen beginnt. Man sammelt Decken und Kinder ein, küsst die Verwandten und die Eltern des Firmlings, versichert ihnen, dass dies das schönste aller bisherigen Familienfeste war und verschwindet müde, aber glücklich in der Dämmerung, an deren anderem Ende der Montagmorgen lauert und damit das harte Leben: der Stau auf der Fahrt zum Arbeitsplatz, ein fordernder Job, die Rechnungen im Briefkasten und drei Tage Diät.

Die Meinungen waren geteilt, als ich meinen Hamburger Freundinnen kurz nach meinem Umzug von »meinem« ersten Familienfest, der Hochzeit von Quinten und Julie, erzählte. Die progressive Fraktion war äußerst skeptisch; für sie war meine neue Verwandtschaft einfach nur bürgerlich, um nicht zu sagen spießig. Die nostalgische Fraktion bekam glänzende Augen und verglich das Ambiente, in dem ich gelandet war, mit dem, das sie mit der Toskana assoziierten. Ganz Unrecht hatte keine der beiden Fraktionen, nur waren ihre Interpretationen keineswegs erschöpfend.

Zwar ist der Anlass für belgische Familienfeste immer ein traditioneller. Dennoch empfinde ich sie als revolutionär im umgekehrt proportionalen Sinne. Auf unseren Hamburger Partys war ich immer nur von Altersgenossen, Gleichgesinnten und Kollegen umgeben, bei belgischen Familienfest reicht das Altersspektrum von null bis achtzig Jahren, das politische Spektrum von ganz rechts bis ganz links und das Berufsspektrum vom Arbeiter bis zum Akademiker. Zu meiner Familie gehören unter anderem eine Anästhesieschwester, ein hoher Polizeioffizier, eine Romanistin, ein Maurer, eine Putzfrau, ein Diamantenschleifer und ein Feuerwehrmann. Gewiss ist das einer der Gründe dafür, dass man sich bei Gesprächen im Familienkreis immer auf den kleinsten gemeinsamen Nenner einigt, zum Beispiel Kinder, Urlaub oder Radrennen. Anfänglich versuchte ich noch aus alter Gewohnheit, mit meinen neuen Verwandten ein Gespräch über Beruf und Politik anzuknüpfen. Man lauschte höflich meinen Ausführungen und antwortete ausweichend. Anschließend schaltete man inhaltlich dezent zwei Gänge herunter. Ich spürte schnell, dass Familienzusammenkünfte in Belgien in erster Linie dem elementaren Wohlbefinden dienen und die Welt in diesen Stunden draußen vor der Tür bleibt. Anschließend beschränkte ich meine Suche nach Diskussionspartnern auf mein berufliches Umfeld.

Das innerfamiliäre Wohlbefinden liegt auch an dem ungezwungenen Kontakt zwischen den Generationen. Viele junge Familien besuchen jeden Sonntag abwechselnd die Großeltern väter- und mütterlicherseits. Auch am sonntäglichen Kaffeetisch meiner Schwiegereltern saßen, als ich in Belgien eintraf, einträchtig vereint drei Generationen. Kurz vor dem Tod meiner Schwiegereltern waren es vier. Und wenn der Nachmittag vorbei war, schied man ungern und winkte sich bei der Abfahrt noch lange nach.

Großeltern, Eltern und Kinder fahren auch zusammen in den Urlaub oder gehen zusammen in die Kneipe. In Belgien gab es keinen »Bruch zwischen den Generationen« wie in Deutschland, wo ab Ende der sechziger Jahre der Zweite Weltkrieg aufgearbeitet wurde. Die belgische Nachkriegsgeneration hatte ihren Eltern nichts vorzuwerfen, wenn es nicht zufällig Familienmitglieder gab, die mit den Deutschen kollaboriert hatten, aber in diesem Fall verlief der Riss weniger zwischen den Generationen als zwischen Schwestern, Brüdern, Vettern und Kusinen, eben den Angehörigen ein- und derselben Generation, die den Krieg miterlebt hatte. Zwar schwappten die Ausläufer der französischen Studentenrevolte bis in die Antwerpener Altstadt, wo eine rebellische Studentengeneration, darunter der junge Panamarenko, Sit-ins und sonstige Happenings veranstaltete, aber derartige Aktionen richteten sich nicht gegen die Eltern, sondern allgemein gegen eine kulturell etwas erstarrte, konservative Gesellschaft. Ansonsten wurde Belgien in den sechziger und siebziger Jahren vom Sprachenstreit in Atem gehalten. Aber auch der implizierte keinen Generationenkonflikt.

Da junge Belgier nicht wüssten, weswegen sie gegen ihre Eltern protestieren sollten, bleiben sie gern lange zu Hause wohnen. Aus einer am 27. Juli 2005 von der Zeitung »De Morgen« zusammengefassten Studie des Zentrums für Bevölkerungs- und

Familienuntersuchung ging hervor, dass zum Untersuchungszeitpunkt die Hälfte aller 25-jährigen Männer und aller 23-jährigen Frauen noch bei ihren Eltern wohnte. Betrachtet man die Altersgruppe zwischen 18 und 35, dann wohnten immer noch 45 Prozent der Männer und 34 Prozent der Frauen zu Hause. Erstaunlicherweise ist dieser Prozentsatz seit 1992 kontinuierlich gestiegen. Als Grund wird angegeben, dass die Eltern ihren erwachsenen Kindern heute wesentlich mehr Freiheiten lassen als noch in den achtziger Jahren und dass die Kinder stärker dazu neigen, mit dem Ausziehen zu warten, bis sie finanziell abgesichert sind. Allerdings betrachte ich dieses Argument eher als ein systemimmanentes: Wenn Eltern und Kinder Probleme miteinander hätten, würden die Kinder auch dann ausziehen, wenn sie noch nicht das Geld für die Anzahlung eines Häuschens oder einer Eigentumswohnung beisammen hätten. Aber dass sie sich nicht vertragen, das kann man sich in Belgien irgendwie nicht vorstellen.

Das Zuhausewohnen wird jungen Leuten auch dadurch erleichtert, dass ihre Freunde beziehungsweise Freundinnen schnell in die elterlichen Familien integriert werden. Dies verläuft in vielen Familien nach traditionellem Muster. Sobald ein junger Mensch sich einigermaßen sicher ist, dass seiner derzeitigen Liebe eine gewisse Dauer beschieden ist, bringt er Freundin beziehungsweise Freund zum Abendessen mit nach Hause. Natürlich sind alle Parteien ein wenig nervös. Aber jeder gibt sich Mühe, sich von seiner besten Seite zu zeigen, und wenn alles klappt, steht der Zukunft nichts mehr im Wege, will sagen, dass des Sohnes Liebste oder der Tochter Liebster künftig nachts das Jugendzimmer mit benutzen darf und zu Familienfesten mitgenommen wird. Am Frühstückstisch diskutiert man gemeinsam über die Zeugnisse, man fährt gemeinsam in den Urlaub und man freundet sich mit den Eltern der Partner der Kinder an. Mit diesen Usancen verfolgen die Eltern zwei Ziele. Das eine ist ein eher Pädagogisches: Sie halten ihre Kinder »von der Straße« weg. Das zweite ist schon eigennütziger: Natürlich hoffen sie, dass aus der Beziehung etwas Festes und die Familie definitiv größer wird. Und wenn die junge Liebe, in die alle Beteiligten so viele Hoffnungen gesetzt haben, nach einiger Zeit zerbricht? »Unser Jean war schon beinahe verlobt«, erzählen die Eltern dann Nachbarn und Bekannten und geben sich alle Mühe, dem Sohn durch Zuhören, Trösten und gutes Essen über seinen Liebeskummer hinwegzuhelfen. Bis die nächste Zukünftige am Abendbrottisch auftaucht. Die Freundschaft zwischen den Eltern und den ehemaligen Schwiegereltern in spe aber überdauert die Trennung oft eine ganze Weile.

Als Deutsche mit langer Wohngemeinschafts-Erfahrung regelte ich den Zugang der Freunde meiner Kinder zur Familie flexibler. Auch ohne vorheriges Abendessen waren sie am Frühstückstisch willkommen. Worin ich mich nicht von Belgiern unterschied, war meine Freude über ein bis zwei zusätzliche Gedecke und meine Enttäuschung, wenn sie eines Tages wieder für geraume Zeit im Schrank verschwanden. Im Stillen fragte ich mich oft, wie die beschriebenen Usancen zum konservativen Belgien passen. Aber die Antwort ist einfach: Im Grunde sind belgische Familien nichts anderes als eine deutsche WG, nur mit anderen Vorzeichen, mehr Verpflichtungen und einem wesentlich breiteren Altersspektrum.

Viele Kinder treten noch in die Fußstapfen ihrer Eltern. Allein in der Einkaufsstraße bei mir um die Ecke wurden bereits die Apotheke, die Metzgerei, der Feinkostladen, das Gemüsegeschäft, das Fotogeschäft, der Frisörsalon und die Wäschereinigung von den Kindern der Generation übernommen, die ich bei meinem Umzug nach Belgien vorgefunden hatte. Manchmal stehen die alten Eltern noch immer hinter der Kasse, während ihre Kinder die Kunden bedienen und die Enkelkinder durch den Laden krabbeln, wodurch sie sozusagen spielend in ihre künftige Aufgabe hineinwachsen. Auch ansonsten setzen belgische Großeltern alles daran, ihre Enkel so oft wie möglich zu sehen und sie zumindest am Mittwochnachmittag zu betreuen, wenn Kindergärten und Ganztagsschulen geschlossen sind. Manchmal führt das zu einer gewissen Konkurrenz zwischen den Großeltern väter- und mütterlicherseits: Beide »Lager« geben sich alle Mühe, ihre jeweiligen Kinder möglichst überzeugend zu umgarnen, damit sie das Enkelkind bloß bei ihnen abliefern. Und dann gehen sie mit ihm zum Spielplatz und bekochen und verwöhnen es, dass es eine Art hat.

Mehrgenerationenfamilie vor einem traditionellen Wohnhaus in der Wallonie.

Natürlich strahlen sie vor Stolz, wenn die Nachbarn sie auf der Straße mit dem Enkel an der Hand entdecken. Die Nachbarn streicheln den Kleinen über den Kopf, die Großeltern hören lobende Worte über ihre Schönheit und ihren Liebreiz und alle Seiten erleben einen Moment des Glücks und der Harmonie. Ich empfinde Belgien als ein besonders kinderliebes Land. Darin ähnelt es südlichen Ländern wie Frankreich, Spanien oder Italien.

Vor zehn Jahren gingen mein Mann und ich auseinander. Der Kontakt mit der Familie meines Mannes wurde dadurch nicht wesentlich beeinträchtigt. Eines Tages rief Anna, die Clan-Chefin und Patin meines Sohnes, mich an und sagte kurz und bündig: »Dass mein Bruder und du nicht füreinander geschaffen wart, heißt nicht, dass du und deine Kinder nicht weiter zur Familie gehört.« Daraufhin lud sie uns zum nächsten Familienfest ein. So blieben meinen Kindern die Großeltern, die Onkel und Tanten, die Vettern und Nichten und mir ein menschliches Biotop erhalten, an das ich mich gewöhnt habe und das mir ein Gefühl von Sicherheit vermittelt. Ein derartiges Verhalten ist in Belgien nicht unüblich. Ich kenne viele Familien, zu denen auch mehrere geschiedene Partner von Familienangehörigen gehören. Der Grund mag nicht nur in belgischer Toleranz und belgischem Mangel an Streitlust liegen, sondern auch darin, dass man unbedingt eine Verkleinerung der Familie und den Verlust von Kindern vermeiden will, die man ins Herz geschlossen hat. Und außerdem ist der Auftrieb bei Familienfesten stets so groß, dass man seinem Expartner oder seiner Expartnerin mühelos aus dem Weg gehen kann.

Mittlerweile gehört auch der Freund meiner Tochter, mit dem sie zusammenwohnt, zu meiner Familie. Und ich zu seiner. Da die Mutter des jungen Mannes vier und sein Vater fünf Geschwister hat, die alle verheiratet sind und selber viele Kinder haben, ist es relativ sinnlos, auszurechnen, wie viele »Verwandte« ich inzwischen habe. Die belgische Familie hat eine Gravitationskraft, die alles anzieht, was sich ihrer Peripherie nähert. Deswegen wirkt sie groß, auch wenn die durchschnittliche Haushaltsgröße nach jüngsten Erhebungen (2004) nur

2,36 Personen beträgt und auf vier Ehen drei Scheidungen kommen. Aus ihrer Verwandtschaft schöpfen nicht wenige Belgier ein bescheidenes Selbstbewusstsein. Allerdings bleibt es vielen Ausländern verborgen, die sich nur darüber wundern, dass es am Sonntag kaum einen freien Parkplatz in ihrer Straße gibt und aus den Bäckereien die Brötchen gleich säckeweise weggetragen werden.

Eine belgische Jugend oder: gestützt von allen Seiten

Kindergarten und Schule: Leben in der Gemeinschaft

Dass die Familie noch heute als feste Burg in einer anstrengenden Welt gilt, liegt auch am belgischen Ganztagsschulsystem. Ein Kindergarten- und Grundschultag dauert von ungefähr halb neun Uhr morgens bis halb vier Uhr nachmittags; Kinder zwischen zwölf und 18 Jahren kommen oft erst abends um fünf Uhr von der Schule nach Hause. Dann kehren auch ihre Eltern von der Arbeit heim. Das gemeinsame warme Abendessen ist der Höhepunkt des Tages. Als ich nach Belgien kam, wurden noch in vielen Familien am Wochenende die Mahlzeiten für die Woche vorgekocht und anschließend tiefgekühlt. Heute deckt man sich immer öfter im Supermarkt mit Fertiggerichten ein. Auch deshalb wird das Angebot immer größer, und viele Supermärkte bieten täglich frisch zubereitete Mahlzeiten an. Nach dem Abendessen machen die Schulkinder ihre Hausaufgaben und sehen gemeinsam mit den Eltern noch ein bisschen fern. Und dann geht's ins Bett. Richtig gelebt wird nur am Wochenende, wenn die ganze Familie ins Restaurant, ins Kino oder zum Sportverein zieht.

Im Kindergarten geht es für die Kinder noch recht entspannt zu. Aber auch dort werden kleine Belgier bereits auf den Ernst des Lebens vorbereitet.

Ich wohnte erst einige Wochen in Antwerpen, als mein Mann vorschlug, meine damals dreieinhalbjährige Tochter in einen Kindergarten zu geben. Dort würde sie schnell das Niederländische erlernen und Spielkameraden finden. Ich war einverstanden, zumal ich aus Deutschland wusste, dass man mit der Suche nach einem Kindergartenplatz nicht früh genug beginnen kann. Tags darauf zogen wir zu dritt zum Kindergarten im benachbarten Park. Die freundliche Kindergartenleiterin hörte sich unsere Erklärung an, lächelte holdselig auf das kleine Mädchen an meiner Hand herab und fragte: »Wollen Sie die Kleine gleich hier lassen oder erst morgen bringen?«

Meine Tochter blickte mich glücklich an, neue Freundinnen standen in Aussicht. Mein Mann sagte seelenruhig: »Lieber erst morgen, wir haben keine Spielkleidung mitgebracht.« Ich schnappte nach Luft. Mit schwacher Stimme fragte ich, ob ich Lea zunächst mittags abholen könne, da sie nicht daran gewöhnt sei, den ganzen Tag von zu Hause weg zu sein (in Hamburg war sie nur vormittags in der Krippe gewesen). Die Kindergartenleiterin reagierte verblüfft. Ihre Schützlinge mittags abzuholen, das sei hier nicht üblich, sagte sie freundlich, aber bestimmt. Alle Kinder seien von neun bis vier im Kindergarten und mittags würden sie schlafen, richtig anstrengend sei so ein Tag also nicht. Außerdem gäbe es einen festgelegten Tagesablauf – vormittags würde schwerpunktmäßig gelernt, vom gemeinsamen Zähneputzen übers Liedersingen bis zu den Anfängen des Schreibens, Lesens und Rechnens, mittags geschlafen und nachmittags gespielt –, und es sei für die Entwicklung der Kinder zweifellos besser, wenn sie kein Element des Programms verpassen würden. Nicht nur, weil sie anderenfalls später in der Grundschule kaum mitkommen würden, sondern auch, weil im Kindergarten die Basis jeglichen sozialen Verhaltens gelegt würde: »Natürlich lernen die Kinder hier, sich in eine Gruppe einzufügen. Sie sind alle kleine Freunde.«

Mit einem Schlag gerieten alle meine deutschen Vorstellungen von der Bedeutung der Eltern für ein Klein- und Vorschulkind ins Wanken.

Das belgische Eltern- beziehungsweise Mutterbild ist ein ganz anderes als in Deutschland. Der Begriff »Bezugsperson« im deutschen Sinne ist hier unbekannt, vielmehr gibt es im Bereich der Kindererziehung eine deutliche, die Mütter zweifellos entlastende Aufgabenteilung: Die Schule ist für die Wissensvermittlung und dafür da, den Kindern Höflichkeit, Rücksichtnahme und gute Umgangsformen beizubringen; die Eltern kümmern sich um den Rest, sprich häusliche Wärme und die Strukturierung des Alltags. Das führt zu einer erstaunlichen Unbefangenheit der Eltern im Umgang mit ihren Kindern. Eine der Nichten meines Mannes arbeitet als Fremdsprachenkorrespondentin bei einer Antwerpener Hafenfirma. Sie wäre im Traum nicht auf die Idee gekommen, ihre Stelle wegen ihrer beiden kleinen Töchter aufzugeben. Kurz nach der Geburt der Jüngsten besuchten wir die Familie. »Anneke kommt nächste Woche zur Tagesmutter«, erzählte die junge Mutter. Ich lebte erst kurz in Belgien und fragte vorsichtig: »Ist das nicht ein bisschen früh für die Kleine?« Die verblüffte Antwort lautete: »Wieso? Sie ist doch abgestillt!« Eine meiner Freundinnen ist Geschäftsführerin einer Supermarktkette. Sie bekam vor vier Wochen ihr viertes Kind. So langsam beginnt ihr die Decke auf den Kopf zu fallen. Die fröhliche, rundliche Dreißigerin fiebert dem Tag entgegen, da sie ihre Kollegen wiedersieht und wieder die Ärmel aufkrempeln kann. Erst eine Woche vor der Geburt aus dem Job auszusteigen und sechs Wochen nach der Geburt wieder einzusteigen, das ist in Belgien völlig normal. Und keine einzige Mutter hat deswegen ein schlechtes Gewissen.

90 Prozent aller dreijährigen Kinder und ausnahmslos alle Vierjährigen gehen in Belgien in den Kindergarten. Damit liegt das Land in Europa an der Spitze. Für jedes Kind gibt es einen kostenlosen Ganztagskindergartenplatz. Nur für die so genannte »Vor-« und »Nachbetreuung« muss eine Gebühr in Höhe von ungefähr 1,50 Euro pro Kind und Stunde entrichtet werden (die Einführung dieser Gebühr Mitte der achtziger Jahre wurde als ausgesprochen undemokratisch empfunden und führte zu heftigen Protesten in der Bevölkerung). Die »Vorbetreuung« beginnt zwischen halb sieben und sieben Uhr morgens, die »Nachbetreuung« endet um sechs Uhr abends. Das erlaubt es den Eltern, auch Berufe auszuüben, bei denen sie früh am Arbeitsplatz erscheinen müssen. Aber auch für Babys und Kleinkinder ab sechs Wochen gibt es ein flächendeckendes Betreuungsnetz, das aus Krippen und Tagesmüttern besteht.

Für 346 von 1000 Kleinkindern steht eine außerhäusliche Betreuung zur Verfügung – die höchste Zahl in ganz Europa. Die Tagesmütter sind bei der von der öffentlichen Hand subventionierten Stiftung »Kind und Familie« registriert und haben Anspruch auf eine Rente und andere Sozialleistungen. Bevor eine Tagesmutter eine solche wird, überprüft »Kind und Familie« ihre häuslichen Umstände und ihre pädagogischen Fähigkeiten. Anschließend stattet sie ihr regelmäßig unangekündigte Kontrollbesuche ab, weswegen Eltern ihre Kinder mit bestem Gewissens einer Tagesmutter anvertrauen können. Ein Krippenplatz und eine Tagesmutter kosten, je nach Einkommen der Eltern, zwischen 1,71 und 23,31 Euro pro Tag, von denen 11,20 Euro steuerlich absetzbar sind. Übergangsweise zahlt man diesen Betrag gern, um die Berufstätigkeit nicht unterbrechen zu müssen.

Aus einer im Dezember 2004 veröffentlichten Eurostat-Statistik geht hervor, dass belgische Mütter täglich durchschnittlich eine Stunde und 54 Minuten mit ihren Kindern unter sieben Jahren verbringen. Das ist weniger als in sämtlichen anderen EU-Mitgliedstaaten einschließlich der mitteleuropäischen neuen EU-Beitrittsländer. Dafür stellten Frauen in Belgien 43,1 Prozent aller Erwerbstätigen (jüngste Zahl von 2004). Das führt unter anderem dazu, dass die Emanzipation in Belgien kein Thema ist.

Im Gegenteil: Da in einem einstmals armen Land die Frauen immer mitarbeiten mussten, gilt es als Luxus, nicht arbeiten zu müssen. Meine Schwiegermutter schleppte genauso wie mein Schwiegervater in den Ziegelfabriken ihres Heimatdorfs Steine vom Brennofen zu den Schuten, die sie über den Fluss Rupel in die Wallonie transportierte. Zum Thema Emanzipation wäre ihr genauso wenig eingefallen wie heute meinen Freundinnen, die schon immer ganztags gearbeitet haben, da die Löhne und Gehälter in Belgien vergleichsweise niedrig sind und das Eigenheim abbezahlt werden muss. Und wie in allen anderen europäischen Ländern, vermutlich in der ganzen Welt, bleibt auch der größte Teil der Arbeit im Haushalt an ihnen hängen. Deswegen gelten Frauen in Belgien als stark; viele Männer bezeichnen ihrer Frauen als »Chefin«. Ich war nicht wenig erschrocken, als mein Mann mich zum ersten Mal seinen Kollegen gegenüber als »meine Chefin« titulierte. War ich solch eine dominante Person? Später erfuhr ich, dass das durchaus als Kompliment gemeint war. Jedoch – oder gerade deswegen – geben sich belgische Frauen gerne betont weiblich: Sie schminken sich mehr und öfter als deutsche Frauen, kleiden sich körperbetont und setzen die Brille nur dann auf, wenn sie sie wirklich brauchen. Interessant ist in diesem Zusammenhang, dass belgische Frauen bei der Heirat ihren Mädchennamen behalten. Die Kinder hingegen bekommen den Namen ihres Vaters (was im Fall einer Wiederverheiratung Geschiedener verwirrenderweise dazu führt, dass es in einer einzigen Familie drei verschiedene Familiennamen gibt).

Die Ganztagsschule wurde 1914 von der katholischen Regierung gleichzeitig mit der allgemeinen Lehrpflicht für Kinder von sechs bis zwölf Jahren eingeführt. Dadurch sollte der damals in Belgien weit verbreiteten Kinderarbeit in den Textilfabriken und Kohleminen Einhalt geboten werden, die auch eine hohe Kindersterblichkeit zur Folge hatte. Seitdem ist die Ganztagsschule für Kinder und Eltern ebenso selbstverständlich wie seinerzeit für DDR-Eltern und -Kinder. Leiden die Kinder unter der täglichen langen Abwesenheit von den Eltern? Ich kann nur aus eigener Erfahrung berichten: Nach einigen Monaten in ihrem Kindergarten bat Lea mich, sie künftig erst um sechs Uhr abends abzuholen. Während der »Nachbetreuung« hätten ihre liebsten Freundinnen den Spielplatz beinahe für sich, und das wären die schönsten Stunden des Tages.

In dem Jahr, in dem sie sechs werden, kommen die kleinen Belgier in die Grundschule. Das kann zu frühen Einschulungen führen: Wenn ein Kind nach dem 1. September, dem jährlichen Schulanfang (die Sommerferien dauern in ganz Belgien vom 1. Juli bis 31. August) sechs wird, ist es bei der Einschulung noch fünf. Aber da die Kinder schon ein wenig schreiben, lesen und rechnen können und an die langen Tage gewöhnt sind, ist der Übergang ein fließender. Nur mittwochs ist die Schule um zwölf zu Ende. Die Grundschule dauert sechs Jahre. Anschließend wechseln die Kinder zur weiterführenden Schule – in Belgien Sekundarschule genannt –, die noch einmal sechs Jahre umfasst.

Das Angebot an Sekundarschulen ist riesig, und die Eltern können sich, unabhängig vom Wohnort, frei für eine Schule entscheiden. Es gibt in Belgien, grob betrachtet, zwei große Schulnetze, das katholische und das nichtkonfessionelle. Bei den nichtkonfessionellen Schulen handelt es sich um staatliche und um kommunale Schulen. Beide Schulnetze umfassen so genannten Allgemeinbildende Schulen, die in etwa den deutschen Gymnasien vergleichbar sind, Technische Schulen, die eine praxisorientierte Ausbildung zum Beispiel zum Käufmännischen Angestellten oder Laboranten anbieten, Berufsschulen, an denen die Schüler zum Automechaniker oder Schneider ausgebildet werden, und Kunstschulen, die auf eine Laufbahn als bildender Künstler, Tänzer oder Schauspieler vorbereiten. Bis zur fünften Sekundarschulklasse können die Schüler von einer Schule zur anderen oder innerhalb der Schule die Richtung wechseln. Ehrgeizige und/oder konservativ eingestellte Eltern, die sich für ihre Kinder eine große berufliche Zukunft wünschen, schicken ihre Kinder traditionell in katholische Schulen, wo noch die Schuluniform vorgeschrieben ist und an denen es im Allgemeinen sehr streng zugeht. Die nichtkonfessionellen Schulen hingegen sind stolz darauf, dass sie die Selbstständigkeit und die freie Entfaltung ihrer Schüler fördern. Der alte belgische Gegensatz zwischen »katholisch« und »laizistisch« beziehungsweise »liberal« setzt sich auch heute noch im Schulwesen fort. Bezeichnenderweise besuchen in ganz Belgien 51 Prozent, in Flandern sogar 70 Prozent aller Kinder katholische Schulen. In den unteren Klassenstufen dürfte der Prozentsatz noch höher sein, denn viele Kinder straucheln irgendwann unterwegs. Auch in meinem Bekanntenkreis gibt es einige junge Leute, die im Laufe ihrer Sekundarschulzeit vom altsprachlichen Zweig eines Jesuitenkollegs zu einer kommunalen Technischen Schule und anschließend zu einer Berufsschule wechselten, was natürlich mit Frust für die Eltern und für die Kinder verbunden war, die sich als Versager empfanden.

Ich gab meine Kinder, als sie zwölf waren, gleich auf ein kommunales neusprachliches Gymnasium. Um schnell festzustellen, dass der Unterschied zwischen katholischen und nicht-konfessionellen Schulen für deutsche Begriffe nur ein gradueller ist.

Gemeinsam ist katholischen und nichtkonfessionellen Schulen, dass der Lehrstoff noch größtenteils frontal vermittelt wird: Die Lehrer stehen vor der Klasse und erklären den Stoff, die Kinder schreiben mit und lernen ihn zu Hause auswendig. Gemeinsam ist ihnen auch, dass noch mit Strafen gearbeitet wird: Kinder, die morgens vier Mal mehr als fünf Minuten zu spät zum Unterricht erschienen sind, müssen am Mittwochnachmittag drei Stunden nachsitzen, und wer im Unterricht stört, muss eine Strafarbeit schreiben. Und gemein ist ihnen schließlich, dass das Schuljahr eine stete Abfolge von Prüfungen ist. Fast täglich werden in irgendeinem Fach »Tests« oder Klassenarbeiten geschrieben. Monatlich gibt es Zeugnisse, die auf den Ergebnissen der »Tests« beruhen und deren Zweck es ist, eventuelle Wissenslücken schnell aufspüren und füllen zu können. Und dreimal im Jahr, vor Weihnachten, Ostern und den Sommerferien, finden je zwei Wochen dauernde Prüfungen statt, während der der gesamte Wissensstoff des vorhergehenden Trimesters schriftlich abgefragt wird. Sie sind für Kinder und Eltern wahre Zitterpartien.

Nicht wenige Eltern nehmen während der Prüfungsperioden einige Tage Urlaub, um ihre Kinder verwöhnen, abhören, aufbauen und vitaminreich bekochen zu können. Dabei bewegen sie sich auf Zehenspitzen, um ihre Kinder nicht durch den geringsten Lärm zu stören. Gestaubsaugt wird vormittags (nachmittags sind die Kinder zu Hause, um für die nächste Prüfung zu büffeln, wenn sie nicht auf Antrag der Eltern unter Aufsicht in der Schule büffeln). Vor allem in den Wochen vor den Sommerferien, wenn es um die Versetzung geht, entdeckt man keine Kinder und Jugendlichen auf der Straße und die Gespräche unter Erwachsenen in Kneipen, Restaurants und Geschäften drehen sich vor allem um ein Thema: Schafft das Kind es oder schafft es es nicht? Niemand wundert sich, wenn eine Mutter oder ein Vater beim Bäcker vor Nervosität zu stottern anfängt. »Mein Kind hat Prüfung«, diese Entschuldigung ruft allgemeines Mitgefühl und jede Menge von Erfahrungsberichten von Eltern bereits erwachsener Kinder hervor. Und dann ist die Prüfungsperiode vorbei und die meisten Kinder haben bestanden. Es ist verblüffend, wie Belgien von einem Tag zum anderen zum Leben erwacht. Die Schwimmbäder füllen sich, an den Kinokassen stehen abends wieder lange Schlangen, und in den Kneipen und Straßencafés pulsiert das Leben bis zum frühen Morgen. Und in so manchem Garten raucht abends das Grillfeuer, weil auch die Verwandten die Versetzung feiern. Man hat es überstanden, die Erleichterung bricht sich Bahn.

Natürlich hatte ich als Deutsche, die in der Zeit der antiautoritären Erziehungsideale jung war, häufig schwere Probleme mit dem belgischen Schulsystem. Und oft floss mein Herz vor Mitleid über, wenn meine Kinder im Alter von 15 Jahren Nächte durchbüffelten. Im Laufe der Jahre habe ich aber auch mit den Vorteilen des Systems Bekanntschaft gemacht. Meine Kinder lernten, effizient Wissensstoff aufzunehmen, Disziplin ist kein Fremdwort für sie, und sie wurden von den Lehrern gut begleitet.

Der Lehrerberuf ist in Belgien hoch angesehen. Vor allem Grundschullehrer und -lehrerinnen gelten als eine Art Zweitvater oder -mutter der Kinder, die ihnen jeweils zwei Jahre lang 32 Stunden pro Woche anvertraut sind. Das wissen auch die Eltern, die von den dreimal im Jahr stattfindenden Elternabenden manchen guten und vor allem fachmännischen Ratschlag in punkto Erziehung, Gesundheit, Ernährung und Förderung bestimmter, bereits erkennbarer Begabungen mit nach Hause nehmen. Am Ende des Schuljahrs, vor den Sommerferien, bringen die Kinder den Lehrern kleine Aufmerksamkeiten wie Pralinen oder Blumen mit. Es ist sogar eine richtige kleine Geschenke-Industrie entstanden, die zum Beispiel Pantoffeln mit der gestickten Aufschrift »Meiner liebsten Lehrerin« produziert. An den weiterführenden, vor allem nichtkonfessionellen Schulen herrscht oft ein ausgesprochen kameradschaftlicher Ton zwischen Schülern und Lehrern, wie ich bei vielen Elternabenden festgestellt habe, zu denen ich, wie es hier üblich ist, gemeinsam mit meinen Kindern zog. Und auch die Schüler gehen im Allgemeinen sehr herzlich miteinander um.

In Freud und Leid und während zahlloser gemeinsam durchlittener Prüfungen entstehen enge Freundschaften, und oft habe ich beobachtet, dass mein Sohn und meine Tochter ihre Mitschüler morgens umarmten. Die Ausnahmen bestätigten eher die Regel.

Einer der größten Vorzüge des belgischen Schulsystems ist die hervorragende Begleitung von Kindern mit Problemen. Es gibt ein dichtes Netz so genannter »Schülerbegleitungs-Zentren«, die von den einzelnen Schulträgern finanziert werden und an denen Psychologen und Sonderpädagogen arbeiten, bei denen Eltern und Schüler in Krisensituationen gratis Rat einholen können. Die Zentren vermitteln Kinder, so erforderlich, auch an Psychologen und Therapeuten weiter, beraten bei einem eventuell notwendigen Schulwechsel und geben Schulabgängern Tipps für die Berufswahl. Außerdem beschäftigen die Schulträger speziell ausgebildete Pädagogen, die von Schule zu Schule fahren und deren ausschließliche Aufgabe es ist, Kinder mit Lernproblemen, Behinderungen und Verhaltensauffälligkeiten zu begleiten und notfalls auch zwischen Kindern und Eltern zu vermitteln. Diese Beratung ist ebenfalls gratis. Und fast alle Schulen bieten außerhalb der Unterrichtsstunden, zum Beispiel am Mittwochnachmittag, kostenlos Nachhilfeunterricht durch die Lehrer an.

Natürlich kommen bei diesem System Kinder heraus, die wesentlich »braver« erscheinen als so manches deutsche Kind. Ich erinnere mich noch immer an das Erstaunen deutscher Freundinnen auf Belgien-Besuch, wenn in unserem Wohnzimmer eine adrette Vierjährige auftauchte und mit zartem Stimmchen fragte: »*Mevrouw,* hätten Sie vielleicht ein Glas Limonade für mich? Aber Wasser reicht auch.« Dann verschwand sie wieder im Zimmer ihrer Busenfreundin, meiner Tochter. Später behandelten mich auch die pubertierenden Freunde und Freundinnen meiner Kinder mit großer Höflichkeit. Jedoch hatte ich nie den Eindruck, dass sie übertrieben angepasst waren. Schon durch die hohen Anforderungen an den Schulen lernen belgische Kinder früh, ihren Platz im Leben zu verteidigen. Außerhalb der Schule darf es dann ruhig entspannt zugehen.

Dass das belgische Schulsystem objektiv seine Vorteile hat, wird auch dadurch bestätigt, dass im belgisch-niederländischen Grenzraum 16 000 holländische Kinder belgische Schulen besuchen (im Städtchen Maaseik im Osten Belgiens ist sogar jeder dritte Schüler in den Niederlanden zu Hause). Ihre Eltern fahren täglich bis zu 60 Kilometer, um die Kinder zur Schule zu bringen und abzuholen. »Mittags essen die Kinder ihr Schulbrot noch ordentlich im Speisesaal«, gab ein holländischer Vater der Zeitung »De Standaard« zu Protokoll, »an unseren Schulen müssen sie selbst zusehen, wann und so sie essen.« Auch ein Nebenvorteil sowohl für die belgischen wie die holländischen Schüler kam in der Reportage zur Sprache: »Von ihren belgischen Mitschülern«, so sagte der bewusste Vater, »lernen unser Kinder, ab und zu einmal den Mund zu halten. Die belgischen Kinder, so habe ich erfahren, lernen wiederum von unseren Kindern, ihre eigenen Interessen ein wenig energischer zu verteidigen.«

Auch die Flamen selbst sind rundherum zufrieden mit ihrem Unterrichtswesen. Mit 80 Prozentpunkten gilt es nach einem 2004 von der flämischen Regierung erstellten »Vertrauensindex« als die zuverlässigste Institution der Region. Zum Vergleich: Die Polizei erhält 43 Punkte und die Regierung 18 Punkte. Der flämische Vertrauensindex wird durch eine belgienweite Befragung des Marktforschungsbüros GfK Research in 28 europäischen Ländern vom Dezember 2004 bestätigt: Auf einer Skala von 10 Punkten gaben die Belgier ihrem Schulsystem 7,2 Punkte. Damit lag Belgien weit vor dem europäischen Durchschnitt, der 6,3 Punkte betrug.

Der überzeugendste Beweis für die Vorteile des belgischen Schulsystems ist jedoch die letzte, 2003 durchgeführte und 2004 veröffentlichte PISA-Studie. Im Bereich Mathematik belegte das Land den achten, im Bereich Lesekompetenz den elften und im Bereich Naturwissenschaften den 14. Platz unter den untersuchten dreißig Ländern (zum Vergleich: Deutschland lag an 19., 21. beziehungsweise 18. Stelle). Noch viel besser schnitt Flandern ab. Im Bereich Mathematik stand die Region an erster Stelle in der Rangfolge (vor Hongkong, Finnland, Südkorea und den Niederlanden), im Bereich Lesefähigkeit an dritter Stelle (hinter Finnland und Südkorea und vor Kanada und Australien) und im Bereich Naturwissenschaften an fünfter Stelle (hinter Finnland, Japan, Hongkong und Südkorea). Die gesamtbelgischen Ergebnisse wurden durch die Wallonie etwas nach unten gezogen, da das Bundesland wesentlich ärmer als Flandern und die Qualität der Schulen dementsprechend niedriger ist.

Und dann geht's nach festlicher und tränenreicher Abiturfeier, bei der Eltern, Lehrer und Schüler feststellen, wie sehr sie sich aneinander gewöhnt haben, ins Berufsleben oder an die Hochschule. Wer studieren will, hat nun drei Monate Zeit, um sich vom Stress des Abiturs zu erholen. Die braucht er auch. Denn ab dem 1. Oktober, wenn die belgischen Universitäten nach den dreimonatigen Semesterferien ihre Tore wieder öffnen, wird ihnen der Stress der Sekundarschulzeit wie ein Klacks erscheinen.

Hochschule und Universität: Stress hoch drei

Hat ein Jugendlicher die Sekundarschule gleich welcher Richtung absolviert, kann er zur Fachhochschule oder zur Universität. Das gilt sogar für Berufsschüler, die allerdings an die Sekundarschule ein siebtes so genanntes Spezialisierungsjahr anhängen müssen, das von vielen Schulen angeboten wird, und denen anschließend die Fachhochschulen mit dreijährigen Studiengängen offen stehen. Es gibt keinen Numerus clausus; nur wer Medizin, Zahnmedizin oder Ingenieurwissenschaften studieren will, muss dafür eine Zulassungsprüfung ablegen. Der Zugang zur Hochschule ist also sehr demokratisch.

Allerdings ist das erste Studienjahr – in Belgien rechnet man nicht in Semestern, sondern in Jahren – eine verkappte Aufnahmeprüfung. Nur rund fünfzig Prozent der Studienanfänger schaffen im ersten Anlauf den Übergang zum zweiten Studienjahr. Wenn sie es schaffen, ist abzusehen, dass sie, je nach Studiengang, in vier oder fünf Jahren ihren Abschluß in der Tasche haben. Wenn sie es nicht schaffen, versuchen sie es noch einmal von vorne oder wechseln zu einer »leichteren« Hochschule, zum Beispiel von den als sehr schwer geltenden katholischen

Unis, der *Katholieke Universiteit Leuven* oder der *Université Catholique Louvain-la-Neuve,* zu den liberaleren, laizistischen Freien Universitäten von Brüssel *(Vrije Universiteit Brussel und Université Libre de Bruxelles)* oder zu einer Fachhochschule. Aber auch an den so genannten »leichten« Hochschulen sind die Anforderungen an die Studenten für deutsche Begriffe extrem hoch.

Im Grunde sind die belgischen Hochschulen nur eine Fortsetzung der weiterführenden Schulen. Meine Tochter, die ein fünfjähriges Pädagogikstudium an der Freien Universität Brüssel absolviert hat, bezeichnete ihren Jahrgang stets nur als ihre »Klasse«. Auch an den Unis wird doziert, mitgeschrieben und auswendig gelernt. Vom ersten Studienjahr an gibt es, genau wie in der Sekundarschule, drei Prüfungen pro Jahr. Dazwischen müssen zehn bis fünfzehn schriftliche Referate angefertigt werden. Dieses Pensum ist nur zu schaffen, wenn man möglichst alle Vorlesungen besucht.

Jeder belgische Student bekommt zu Anfang des Studienjahrs einen Stundenplan, der stark an die Stundenpläne der Sekundarschulen erinnert. Auch hier umfasst eine Woche 32 Vorlesungsstunden, und wer eine Vorlesung versäumt, muss sich den Lehrstoff anschließend selbst aneignen, um nicht den Anschluss zu verpassen, weswegen die meisten Studenten auch ohne Anwesenheitspflicht gar nicht erst »schwänzen«. Am Ende eines Studienjahrs wird auf Basis der Noten für die Referate und Prüfungen ein »Zeugnis« erteilt. Eine Schlappe in einem Fach kann nur durch eine besonders gute Note in einem anderen Fach ausgeglichen werden. Zwei schlechte »Noten« bedeuten in der Regel, dass der Student in den Semesterferien Nachprüfungen ablegen muss. Das wiederum heißt, dass er spätestens im August wieder im Stress steckt. Fällt er durch, muss er das Studienjahr wiederholen. Aber ein »Sitzen Bleiben« kann teuer werden: Es gibt in Belgien keine Studiendarlehen nach deutschem Muster, sondern nur so genannte Studienzulagen für Kinder aus einkommensschwachen Familien. Die Höhe richtet sich nach dem Einkommen der Eltern: Verdienen sie weniger als ca. 15 600 Euro netto pro Jahr, dann haben sie Anspruch

Die historische Bibliothek der Katholischen Universität von Löwen.

auf den Höchstsatz, sprich 1873 Euro jährlich für ein Kind, das zu Hause wohnt, und 3121 Euro für ein Kind, das eine Studentenbude gemietet hat (wenn ein Student ein Jahr wiederholen muss, wird die Unterstützung weiterbezahlt; ein zweites Wiederholungsjahr wird nicht mehr unterstützt). Die Studienzulage deckt ungefähr die Hälfte der tatsächlichen Kosten, die Eltern durch ein studierendes Kind entstehen und die sich aus den Studiengebühren in Höhe von rund 500 Euro jährlich, Büchern, Studienreisen und eventuell der Miete einer Bude zusammensetzen. Viele Eltern legen sich fünf Jahre oder, wenn sie zwei oder drei studierende Kinder haben, noch viel länger finanziell dafür krumm. Denn ein Student kann außerhalb der Semesterferien nun einmal nicht jobben. Und die Semesterferien gehen oft zum großen Teil mit dem Büffeln für die Nachprüfungen drauf.

Es ist also nicht nur uneigennützige Liebe, wenn belgische Eltern alles in ihrer Macht Stehende tun, um ihren studierenden Kindern ein »Sitzen Bleiben« zu ersparen. Viele Studenten wohnen weiterhin zu Hause, wo sie rundherum bekocht und verwöhnt werden. Allerdings ist es wegen der hervorragenden Ausstattung Belgiens mit Universitäten und Hochschulen für einen Studenten oft gar nicht erforderlich, in eine andere Stadt zu ziehen. Im räumlich kleinen Belgien mit seinen 10,4 Millionen Einwohnern gibt es 17 Hochschulen und Universitäten. Davon entfallen sechs auf Flandern und Brüssel, wobei die Entfernung zwischen Antwerpen und Gent gerade einmal 75 Kilometer und die zwischen Brüssel und Löwen nur 30 Kilometer beträgt. Allein in Brüssel gibt es drei Unis: die bereits erwähnte niederländischsprachige *Vrije Universiteit Brussel* und ihr französischsprachiges Pendant *Université libre de Bruxelles* sowie die niederländischsprachige *Katholieke Universiteit Brussel*. Aber nicht nur Studenten, die in der Heimatstadt studieren oder täglich mit dem Zug pendeln, erhalten die enge Beziehung zu den Eltern aufrecht. Praktisch jeder belgische Student, der eine Bude gemietet hat, verbringt die Wochenenden bei den Eltern, um sich körperlich und seelisch für die nächste Woche zu rüsten. Freitagabends sind die belgischen Züge voll von blassen jungen Leuten, aus deren Rucksäcken Schmutzwäsche quillt. Sonntagabend sind sie, frisch gewaschen und erholt, abermals im Zug anzutreffen. Wenn die Eltern sie nicht mit dem Auto zur Uni zurückbringen und den Abend dazu benutzen, die Bude zu putzen, den Schrank aufzuräumen und portionsweise vorgekochtes Essen für die nächste Woche im Kühlschrank zu verstauen.

Wohngemeinschaften nach deutschem Muster gibt es in Belgien nicht. Die meisten Studenten wohnen in Studentenwohnheimen, mit denen die Universitätsstädte gut ausgestattet sind, oder in so genannten Studentenhäusern, also großen, meist alten Häusern, deren Besitzer die Zimmer einzeln vermieten. Zwar teilen sich die Studenten die Duschen und Toiletten und es finden auch regelmäßig Hausfeten statt, aber ansonsten braucht ein belgischer Student unbedingt seine eigenen vier Wände, in die er sich zurückziehen kann, um ungestört für die Prüfungen lernen zu können. Während der Prüfungswochen liegt über diesen Häusern eine geradezu unheimliche Stille, nur unterbrochen vom leisen Gemurmel der Studenten, die in ihren

Zimmern ganze Bücher auswendig lernen. Was der belgische Student nicht braucht, ist eine Ersatzfamilie in Form einer WG. Denn er hat ja schon seine eigene, die ihm den Rücken frei hält und außerdem in höchstens einer Stunde Zugfahrt zu erreichen ist.

Unterhält man sich mit belgischen Studenten, werden sie erzählen, wie viele Bücher sie gelesen haben, wie die Themen ihrer Referate lauteten, wie viele Punkte sie dafür bekommen haben und wie gut oder schlecht ihre Chance auf eine »Versetzung« ist. Selten oder nie werden sie ein Wort über den Inhalt des Lehrstoffs verlieren, ihn gar diskutieren wollen. Dass ihnen während des Studiums wenig Zeit bleibt, einmal selbstständig über das Gelernte nachzudenken und Wissensstoff zu verknüpfen, ist sicherlich ein Nachteil des traditionellen Stils der Wissensvermittlung. Jedoch hat er auch eine Menge Vorteile. »Ich fühlte mich in Deutschland einfach unterfordert«, erzählte mir eine junge Deutsche, die nach einem vom Erasmus-Studentenaustauschprogramm der EU finanzierten Semester in Belgien blieb, um Kunstgeschichte und Kommunikationswissenschaften zu studieren. »Und wenn man nicht gefordert ist, wird man automatisch faul.« Der größte Vorteil des belgischen Universitätssystems ist aber, dass belgische Studenten schon früh über einen ungeheuren Schatz an Fachwissen verfügen, auf den sich gut aufbauen lässt.

Einer meiner belgischen Freunde, ein Politologe, hatte in den achtziger Jahren ein Jahr lang als Erasmus-Student in Berlin studiert. Begeistert erzählte er mir von der Freiheit des deutschen Studentenlebens und von den angeregten Diskussionen zwischen Studenten und Professoren in den Hörsälen. Jedoch hatte er auch seine Probleme damit. »Man kann doch nicht über das ›Kapital‹ diskutieren, wenn man es nicht von vorne bis hinten gelesen hat«, meinte er. Damit hatte er den Unterschied zwischen den belgischen und deutschen Studien-Usancen auf den Punkt gebracht. In Belgien liest ein Student das »Kapital« zunächst einmal, dann wird er bei der nächsten Prüfung stichprobenartig genauestens darauf kontrolliert, ob er auch kein Kapitel überschlagen hat, und dann schreibt er Referate, wobei es jedoch nie um weltanschauliche, sondern immer um Wissensfragen geht. »Um welche sonst?«, wunderte sich mein linksintellektueller belgischer Freund, als ich ihn fragte, ob man sich Marx wirklich nur positivistisch nähern könne. »Schließlich haben wir nach dem Studium noch sechzig Jahre Zeit, darüber nachzudenken, ob wir für oder gegen Marx sind. Es wäre doch Quatsch, an der Uni Zeit damit zu verschwenden!«

Zum Nachdenken kommen die Studenten erst nach dem Studium. Viele gehen dann ein Jahr lang ins Ausland, zum Beispiel, um für eine Nichtregierungsorganisation zu arbeiten oder mit dem Rucksack durch ferne Erdteile zu ziehen. Ein beliebtes Reiseziel ist Afrika, da man sich dem Kontinent aus historischen Gründen eng verbunden fühlt und da es dort viele belgische Hilfsorganisationen gibt. Aber wenn sie zurückkehren, sind sie erst 23 oder höchstens 24. Ihre deutschen Kommilitonen und Kommilitoninnen schließen ihr Studium durchschnittlich im Alter von 28 Jahren ab, da haben junge belgische Akademiker schon vier bis fünf Praxisjahre hinter sich. Die Bücher in ihrem Kopf sind alle vernetzt und interpretiert, sie haben sich eine Meinung zum Leben gebildet, sie verdienen ordentlich – Universitätsabsolventen bekommen in Belgien schnell eine Stelle – und der Familiengründung steht nichts mehr im Wege. Insofern ist Belgien, so finde ich, erheblich besser dran als Deutschland. Nur erfährt man im Ausland so gut wie nichts darüber.

Glaube und Religion oder: Bloß nicht mehr katholisch!

Zu den Ungereimtheiten Belgiens gehört das Verhältnis der Landeskinder zu Glaube und Religion. Vier von fünf erwachsenen Belgiern, 65 Prozent aller heute siebenjährigen Belgier und 73 Prozent aller Flamen sind römisch-katholisch getauft, 51 Prozent aller Kinder besuchen eine katholische Schule und rund 50 Prozent aller Paare heiraten kirchlich. Dennoch kenne ich kein Land, das jeglicher Art von Glauben, vor allem dem christlichen, gleichgültiger gegenübersteht als Belgien. Nach übereinstimmenden Erhebungen glauben nur rund 40 Prozent aller Belgier vage an eine Art von nichtkonfessionellem Gott. Und aus einer europäischen Enquete des European Social Survey von 2003, bei der 40 000 Europäer in 22 Ländern nach ihrem »Religionggrad« befragt wurden, erreichte Belgien auf einer Skala von 10 nur 3,79 Punkte, womit es zwar noch vor Deutschland (3,63 Punkte), aber hinter vielen anderen Ländern (z. B. Österreich mit 4,61 Punkten) rangierte.*

Religiöse Feste gelten in erster Linie als freie und Feiertage, an denen man ordentlich das Leben genießen kann. Weihnachten ist traditionell ein Schlemmer- und Familienfest, aber auf keinen Fall ein Höhepunkt des Kirchenjahrs und schon gar nicht romantisch. Der Weihnachtsbaum, der oft aus Plastik ist, wird bereits Anfang Dezember mit bunten elektrischen Lichterketten behängt, die im Sekundentakt an- und ausgehen. Heiligabend trifft sich die Großfamilie zu einem üppigen Mahl, bestehend aus Austern, Hummer à volonté, Wild jeglicher Art, garniert mit Trüffeln, und schließlich der traditionellen Eisbombe. Danach schaffen es nur noch 15 Prozent aller Belgier in die Christmette. 65 Prozent gehen überhaupt nie in eine Kirche. Manchmal besuche ich den Gottesdienst der evangelischen deutschen Auslandsgemeinde in Antwerpen. »Du, zur Kirche?« ist die ungläubige Reaktion, wenn ich mich bei belgischen Bekannten aus eben diesem Grunde vom sonntäglichen Fahrradausflug abmelde. Was mein Image rettet, ist der Hinweis darauf, dass ich Protestantin bin. Mit diesem Begriff können die Belgier nämlich nichts anfangen, weshalb sie denken, dass ich einer Sekte angehöre, und als Sektenmitglied wird man immer noch ernster genommen denn als praktizierende Katholikin.

Dass kaum ein Belgier weiß, was der Protestantismus bedeutet, ist schon deshalb erstaunlich, weil »Belgien« vor der Wiedereroberung durch die spanischen Habsburger größtenteils protestantisch war. Aber in den Jahren nach 1585 wanderten auch die letzten Protestanten in den Norden aus, wenn sie nicht vorher schon, wie Christoph Plantin, schleunigst ihre Treue

---

* Zum Vergleich: Die meisten Gläubigen gibt es in Europa in Griechenland, das 7,27 Punkte auf der Skala erreichte, gefolgt von Polen, Irland und Italien.

zur katholischen Kirche unterstrichen hatten. Anschließend entfaltete die Gegenreformation in der spanischen Provinz ungehindert ihre Macht. Daran hat sich bis in die jüngste Vergangenheit hinein nicht viel geändert. Praktisch unbeschränkt war die Autorität der Pastoren vor allem in den armen flämischen Dörfern, weil diese von ungefähr 1600 bis nach dem Zweiten Weltkrieg fast völlig von der Außenwelt abgeschnitten waren. Aber auch in den Städten musste sich die katholische Kirche nie mit irgendeiner Form von Konkurrenz auseinandersetzen. Auch in der Nachkriegszeit war der Katholizismus in Belgien beinahe Staatsreligion. Von 1949 bis 1999, also genau fünfzig Jahre lang, wurde das Land – abgesehen von zwei kurzen sozialistischen Intermezzos – ununterbrochen von Koalitionen regiert, in denen die Christdemokraten das Sagen hatten. Noch heute stehen acht Millionen katholisch Getauften spärliche 75 000 Protestanten gegenüber.

Viele meiner älteren belgischen Bekannten sind noch in einem geistigen System aufgewachsen, das mehr oder weniger aus Himmel, Hölle und Fegefeuer bestand. Erzogen wurden sie, quer durch alle Gesellschaftsschichten, extrem streng und autoritär. Noch in den siebziger Jahren gab es an den katholischen Schulen die Prügelstrafe. Im Religionsunterricht wurde der Katechismus auswendig gelernt und nicht im Entferntesten hinterfragt. Die Schüler der Jesuitenschulen mussten täglich zur Frühmesse. Wenn ein Dorfkrämer sonntags nicht regelmäßig zur Messe erschien, trauten sich die Dörfler nicht mehr, bei ihm einzukaufen. War ein Kind unterwegs, wurde geheiratet, egal, wie jung die zukünftigen Eltern waren, egal, ob sie sich liebten oder nicht. Zu Hause ging es vor allem ums Gehorchen. Das alles war in den Nachkriegsjahren auch in der deutschen Provinz nicht ungewöhnlich. Jedoch spielte sich die Jugend meiner älteren Bekannten an der Peripherie großer belgischer Städte und in einer Zeit ab, in der in Berlin die Kommune überkommene Werte nachhaltig zertrümmerte.

Die Befreiung von konservativen Normen setzte erst 1990 ein, und zwar mit einem Paukenschlag: Die christlich-sozialistische Regierung verabschiedete das Gesetz zur Liberalisierung der

43 Prozent der Erwerbstätigen sind Frauen – übermaltes Baustellenschild, bei dem aus einem Bauarbeiter eine Bauarbeiterin wurde.

Abtreibung. Wirbel erregte es auch deshalb, weil sich der (1993 verstorbene) tief katholische, kinderlose König Baudouin aus ethischer und wahrscheinlich auch persönlicher Überzeugung außerstande sah, das Gesetz gegenzuzeichnen, und deshalb von der in der Verfassung vorgesehenen Möglichkeit Gebrauch machte, für einige Stunden von seinem Amt zurückzutreten. 1999 löste eine liberal-sozialistisch-grüne Regierungskoalition die christlich-sozialistische Koalition unter Leitung des christdemokratischen Premiers Jean-Luc Dehaene ab, womit die fünfzig Jahre währende Vorherrschaft der Christdemokraten vorläufig endete. Seitdem hat Belgien es unglaublich eilig, sich selbst und der Welt zu beweisen, wie emanzipiert und fortschrittlich es ist.

2001 war Belgien nach den Niederlanden das zweite EU-Land, in dem die Sterbehilfe gesetzlich erlaubt wurde, seit 2003 ist die Homo-Ehe gestattet, die bis dato nur in den Niederlanden, Kanada und Spanien möglich war, und seit Dezember 2005 dürfen homosexuelle Ehepaare Kinder adoptieren. Letzteres Gesetz passierte nur mit knapper Mehrheit das Parlament, aber beweist den Eifer des Landes, auch auf unpopuläre Pferde zu setzen, solange diese nur von der katholischen Vergangenheit weggaloppieren.

Heiraten homosexuelle Promis, berichten die Tageszeitungen ausführlich darüber – natürlich mit größter Sympathie, denn sie wollen demonstrieren, wie völlig normal eine Homo-Ehe ist und dass sich Blümchen streuende Kinder vor zwei hübschen Männern oder Frauen genauso gut ausmachen wie vor einem heterosexuellen jungen Paar. Unter dem Mäntelchen der objektiven Berichterstattung kommt selbst in seriösen Zeitungen so manches Thema daher, das nicht wirklich interessant ist, aber ebenfalls etwas von diesem »Jetzt erst recht!« hat. So wurde im Sommer 2005 wochenlang auf der Titelseite der linksliberalen Zeitung »De Morgen«, der zweitgrößten unter den ernst zu nehmenden flämischen Tageszeitungen, über neue Techniken der künstlichen Befruchtung berichtet.[*] Mit diesen und ähnlichen Artikeln will man beweisen, dass Kinder eben nicht mehr das Ergebnis einer ehelichen Verbindung und der damit einher gehenden gottgewollten Aktivitäten sein müssen. Und am 18. Juni 2005 berichtete »De Morgen« ebenfalls auf Seite eins in großer Aufmachung, dass in Flandern täglich eine Lesbierin durch künstliche Befruchtung schwanger werde. Tags zuvor war in Brüssel der dramatische EU-Gipfel gescheitert, bei dem es um die Folgen der Ablehnung der EU-Verfassung in Frankreich und Holland und um den Haushalt der nächsten acht Jahre gegangen war. Eine derartige Gewichtung kann einem Menschen, der ein unverkrampftes Verhältnis zu Sex und Religion hat oder vielleicht überhaupt nicht darüber nachdenkt, in ihrer Penetranz ziemlich auf die Nerven gehen.

Alljährlich findet im Sommer im Alten Hafen von Antwerpen die Mega-Party »Navigaytion« statt, zu der 15 000 als Ma-

---

[*] In Belgien wird ein Unterschied zwischen »Qualitätszeitungen« und »populären Zeitungen« mit Boulevard-Einschlag gemacht. Die größte »Qualitätszeitung« ist mit einer Auflage von ca. 100 000 Exemplaren »Le Soir«, gefolgt durch »La Dernière Heure« und »De Standaard« (beide ca. 86 000 Exemplare) und »De Morgen« (52 000 Exemplare). Die größte »populäre« Zeitung ist mit 286 267 Exemplaren »Het Laatste Nieuws«. Boulevardblätter wie »Bild« gibt es in Belgien nicht.

trosen und Marineoffiziere verkleidete Schwule eilen. Auch die Lesben- und Schwulen-Parade, die im Sommer durch Brüssel zieht, ist ein von der Presse stark beachtetes Ereignis. So weit, so gut. Ins Alberne allerdings reicht regelmäßig das Gegenpendeln der ansonsten durch und durch braven Regenbogenpresse, allen voran der beiden Wochenblätter »Story« und »Dag allemaal«, die von Artikeln über lesbische Sternchen und glücklich verheiratete Männer geradezu bersten. Ein Dauerbrenner ist seit Jahren das Fotomodell Eva Pauwels, das sich nach seiner Scheidung von einem bekannten Schauspieler, mit dem es zwei Kinder bekam, als Lesbierin outete. Seitdem hat Eva zwei Partnerinnen verschlissen, was sie bereitwilligst der Presse zum Besten gibt, die sich ihrerseits mit größtem Vergnügen auf ihre Um- und Abwege stürzt. Das Ganze wirkt aber nicht richtig sexy und schon gar nicht aggressiv, sondern eher »doppelt«, da Eva stets als eine Frau dargestellt wird, mit ihrer Jetzigen ein gemütliches, gepflegtes Heim führt und sich rührend um die lieben Kinderchen kümmert. Das ersieht man aus den Fotostrecken, die sie, allerdings leicht bekleidet, mit ihrer Liebsten am Herd zeigen, während beide gemeinsam im Suppentopf rühren. Und in den begleitenden Interviews unterlässt das – ansonsten übrigens völlig erfolglose – Sternchen es nie, zu betonen, wie glücklich es über die vorbehaltlose Unterstützung seiner Mama, seines Papas und auch seiner Großeltern sei.

Am 7. Mai 2005 begann in Brügge eine achtmonatige Ausstellungs- und Veranstaltungsreihe namens »Corpus«. Die Organisatoren hatten sich zur Eröffnung etwas Besonderes einfallen lassen: Sie hatten den amerikanischen Fotoinstallationskünstler Spencer Tunick eingeladen, eine nackte Menschenmenge in Brügges Straßen zu fotografieren. Bereits Monate im Voraus stand auf der »Corpus«-Website ein Aufruf an alle Leser, sich als Statisten zur Verfügung zu stellen. Die Reaktion war überwältigend: Es meldeten sich 2000 Kandidaten. Am außergewöhnlich kalten Tag des Fototermins hüpften sie stundenlang splitterfasernackt durch strömenden Regen. Alle Statisten zusammen wurden als Menschensee vor dem mittelalterlichen Belfried fotografiert, 750 gut sichtbar von vorne auf

den Rängen des plüschigen Stadttheaters und 300 hintüber-
gelehnte Frauen als »menschliche Blumen« auf den Grachten-
booten. Das künstlerische Resultat war durchaus verblüffend.
Noch erstaunlicher aber waren die anschließenden Reaktionen
der Statisten auf dem Forum der Website: Sie schwärmten in
höchsten Tönen von diesem wunderbaren Erlebnis und der
durch Nacktheit geschaffenen Solidarität in der Menge. Den
anschließenden Schnupfen nahm man gerne in Kauf.

So gibt Belgien sich alle Mühe, sich von überholten Konventio-
nen zu befreien. Manchmal führt das zu Konflikten, wie im
Fall einer Lehrerin an der katholischen Schule in unserem Viertel. Jahrelang lebte sie nach ihrer Scheidung mit ihrem neuen
Freund zusammen, was von ihrer Direktorin und ihren Kollegen anstandslos akzeptiert wurde. Als sie ihren Freund jedoch
heiratete, wurde sie entlassen. Das lag natürlich an den Vor-
schriften der Bistümer für die katholischen Schulen des Landes, die eine Scheidung und eine »wilde Ehe« ihres Personals
noch gerade eben hinnehmen, aber keine Wiederverheiratung.
Dennoch bestärken solche Fälle so manchen Katholiken in seinem Vorsatz, künftig besser zu sündigen als sich den Gesetzen
der Kirche zu beugen.
   Die Begeisterung Deutschlands über die Wahl von Joseph
Ratzinger zum Papst wurde in Belgien mit größter Verwunde-
rung registriert. Selbst die Wahl eines belgischen Papstes – und
den liberalen, gemütlichen Godfried Danneels, den in Mecheln
ansässigen Primas von Belgien, mögen auch »Ungläubige« –
hätte nicht viel mehr Wirbel verursacht als der zweite und
letzte Besuch von Johannes Paul II. in Belgien im Jahr 1995,
der vor beinahe leeren Rängen verlief. Dafür taufte ein Freund
meiner Kinder, Student an der Katholischen Universität Löwen,
seine Rock-Band am Tag nach der Papstwahl in »Rat-Singers«
um. Seine Eltern, ausnahmsweise einmal überzeugte und praktizierende Katholiken, waren nicht wenig stolz auf ihren geistreichen Sohn, als er ihnen – natürlich beim gemeinsamen
Abendessen am heimischen Familientisch – von diesem seinen
Einfall erzählte.

Die Obrigkeit, der natürliche Feind

Seit vielen Jahrzehnten gibt sich der belgische Staat jede nur erdenkliche Mühe, seine Bürger zufrieden zu stellen. Indes, es gelingt ihm nicht. Das Misstrauen gegen die Obrigkeit ist schon vor vielen Jahrhunderten Teil des kollektiven belgischen Unterbewusstseins geworden. Und daran hat sich auch durch den gegenwärtigen Wohlstand des Landes und das sichere soziale Netz nichts geändert.

Objektiv gesehen, geht es den Belgiern, abgesehen von den Bewohnern der verlassenen Industriegebiete in der Wallonie, wirklich gut. 2005 betrug die jährliche Kaufkraft der Bevölkerung 16 260 Euro, womit das Land an neunter Stelle aller europäischen Länder und vor Deutschland lag.[*] Die belgische Armutsrate gehört zu den niedrigsten der Welt. Dank des gut ausgebauten Sozialleistungssystems gelingt es Belgien, 80 Prozent der Menschen, die ohne staatliche Unterstützung »arm« wären, aus der Armutsstatistik herauszuhalten. Arbeitslose mit Familie erhalten während der ganzen Zeit ihrer Arbeitslosigkeit 60 Prozent ihres letzten Gehalts oder Lohns. Das kann wenig sein, aber dieser Betrag wird durch eine Fülle zusätzlicher Leistungen aufgebessert, wie zum Beispiel die Bereitstellung einer Sozialwohnung, gratis Weiterbildungs- oder Umschulungskurse und den freien Zutritt zu den unterschiedlichsten Veranstaltungen kultureller und sonstiger Art.

Die Sozialwohnung hat in Belgien nichts mit ihrem deutschen Pendant gemein; es kann sich durchaus um schmucke Häuschen mit Gärten in von der öffentlichen Hand gepflegten Siedlungen handeln. Kein Wunder, dass so mancher Langzeitarbeitslose sich nicht viel Mühe gibt, wieder an Arbeit zu geraten: Oft stünde er dann finanziell schlechter da als in der Zeit seiner Arbeitslosigkeit. Die Arbeitsämter üben traditionell nicht besonders viel Druck auf die Arbeitssuchenden aus, was von den

---

[*] Daten aus der GfD-Statistik 2005. Liechtenstein lag mit 32 203 Euro, die jeder Bürger pro Jahr ausgeben kann, an erster Stelle und damit vor Luxemburg und der Schweiz. Deutschland lag mit 16 207 Euro an zehnter Stelle.

Behörden auch regelmäßig beklagt wird. Aber um eine Änderung der eingefahrenen Usancen kümmern sie sich aus kaum nachvollziehbaren Gründen nicht wirklich.

Spüren die Belgier auch nur einen Hauch von Dankbarkeit gegenüber einem Staat, der sie geradezu hofiert? Das Gegenteil ist der Fall. Unzählige Male wurde ich in Kneipen, im Sportverein oder auf dem Bürgersteig Zeuge von Schimpfkanonaden auf »die Politiker«. Ob sie rechts, links oder in der Mitte agieren, Belgier können es sich überhaupt nicht vorstellen, dass ein Politiker diesen Beruf ergreift, um seiner Partei, geschweige denn dem Volk, zu dienen. Ihre Politiker hatten, so denken die Belgier, das Glück, in eine Familie hineingeboren zu sein, die über Geld und wahrscheinlich auch Beziehungen verfügte, sie haben die richtigen Schulen besucht, es ist ihnen gelungen, an der Universität die richtigen Netzwerke aufzubauen, und sie haben es vor allem verstanden, diese Beziehungen zu versilbern, ebenso wie sich ihre Vorgänger stets auf Kosten des Volks bereichert haben. Kurz, ihr wichtigstes Bestreben ist es nach Meinung der Landeskinder, das Volk abzuzocken.

Belgische Politiker wissen natürlich, wie das Volk über sie denkt. Deshalb geben sie sich quer durch alle Regionen und Gemeinschaften eine geradezu rührende Mühe, sich bei ihm beliebt zu machen. Sie mischen sich bei Kirmessen unters Volk, sie sitzen bei Fußballspielen, wie der ehemalige Premierminister Jean-Luc Dehaene, hemdsärmelig und in Shorts auf der Tribüne, sie profilieren sich, wie Premierminister Guy Verhofstadt, als tapfere Langstrecken-Radfahrer, sie nehmen, wie der flämische Ministerpräsident Yves Leterme, an Quizsendungen im Fernsehen teil, wo sie mit einem charmanten Lächeln auch Blamagen in Kauf nehmen, sie eröffnen jede Ausstellung, die sie nur eröffnen können, und man läuft ihnen dauernd auf Empfängen aller Art über den Weg. Kürzlich fand ich mich nach einer Vernissage in einem Brüsseler Museum an der Champagnerbar neben dem liberalen flämischen Kultusminister Bert Anciaux wieder. Er war der einzige, der nicht im Anzug, sondern in Pullover und Jeans erschienen war. Der Minister strahlte, plauderte und war die Unkompliziertheit in Person.

Die einzige aus der Ad-hoc-Entourage, die nichts zu sagen wusste, war ich – wahrscheinlich, weil ich mit einem anderen Minister-Bild groß geworden bin als die Belgier. Anciaux füttert wie andere belgische Politiker täglich sein Weblog, indem er dem Volk freimütig und ganz locker seine privaten Alltagserfahrungen mitteilt. Bloß zweifele ich daran, ob diese digitalen Tagebücher viele Belgier interessieren. Denn so viel Mühe Anciaux und seine Kollegen sich auch geben, beim Volk anzukommen, man traut ihnen keinen Millimeter über den Weg.

Und mehr noch, das Volk meckert ohne Ende über alles, was die Politiker tun. Als Beispiel mag die Neuanlage »meiner« Straße dienen. Bis zum vergangenen Jahr war sie eine holprige, von Unkraut übersäte Pflasterstraße mit Bürgersteigen aus grauen Betonplatten, aus deren ausgewaschenen Hohlräumen, wenn man bei Regen versehentlich darauf trat, das Schmutzwasser bis zu den Knien hoch spritzte. Man kann sich vorstellen, wie meine Nachbarn über ihre kaputten Stoßdämpfer und ihre schmutzigen Hosen schimpften. Schließlich entschloss sich die Kommune zur Sanierung der Straße. Natürlich war sie einige Monate lang nicht befahrbar. Da brach das Gemecker erst wirklich los. »Niemand denkt an uns!« schimpften meine Nachbarn. »Wie sollen wir unsere Einkäufe abladen, wenn wir nicht vor der Haustür parken können?« Heute ist unsere Straße mit modernen, glatten Steinen und der Bürgersteig mit roten Platten gepflastert, von denen keine einzige mehr wegsackt, wenn man drauftritt. Aber keiner meiner Nachbarn hat jemals ein lobendes Wort über die Aktion der Kommune verloren. Man nimmt sie hin, als Teil der als selbstverständlich empfundenen Dienstleistung eines Staats, den man nicht liebt, aber der für einen zu sorgen hat.

Seit Jahren wird die Innenstadt von Antwerpen saniert. Vor den Bauarbeiten schimpften die Antwerpener in ihren Häusern und Kneipen wie Rohrspatzen über ihre Stadt, in der sich in der Tat zwischen Kriegsende und den achtziger Jahren wenig getan hatte. »Niemand kümmert sich um uns«, war der allgemeine Tenor der Diskussionen, »wenn es nach der Stadtverwaltung ginge, könnten wir hier in unserem eigenen Dreck ersticken.« Mittlerweile wurden zahlreiche Straßen und Plätze neu angelegt und viele Bauruinen abgerissen. »Sie haben unsere schöne, alte Stadt kaputt saniert«, ist nun der allgemeine Tenor. »Antwerpen hat seinen Charakter verloren!« Ganz Unrecht kann ich den Unzufriedenen nicht geben, aber haben sie sich nicht jahrelang über die verfallenen Häuser, die holprigen Straßen, die chaotische Verkehrsführung und darüber beschwert, dass es keine gesonderten Fahrstreifen für den öffentlichen Nahverkehr gab, weshalb auch Busse und Straßenbahnen dauernd in Staus steckten? Ein besonders sensibles Thema ist die Begrünung der Stadt. Seit Neuestem haben die belgischen Kommunalverwaltungen die Neigung, die Straßen ihrer Städte und Dörfer mit Bäumen zu bepflanzen. Aber auch die Bäume gelten als Attacke der Obrigkeit auf die Bürger. Denn sie verringern nicht nur die Zahl der Parkplätze; schlimmer noch, im Herbst fallen die Blätter ab, die die Bürgersteige rutschig machen, weswegen man sich – davon sind vor allem die urbanen Flamen, die Bäume nicht sonderlich lieben, überzeugt – dort leicht den Hals brechen kann. Um ihre Bürger nicht gegen sich aufzubringen und dennoch die Straßen hübscher zu gestalten, pflanzen die Gartenbauämter der Kommunen nur ganz kleine Bäumchen, die sie außerdem jeden Herbst flächendeckend auf das gerade noch zu ihrem Überleben erforderliche Mindestmaß zurückstutzen. Es hilft nichts, die Freiluft-Bonsais werden von den Anrainern mit größtem Misstrauen beäugt. Und wenn sie in einem heißen Sommer zu vertrocknen drohen, dann rührt sich keine Hand, um sie vielleicht einmal zu gießen. Im Gegenteil, die Bürger denken so etwas wie »Ätsch«. Die Kommune hat sie überfahren, der Himmel hat sich gerächt.

Am allermeisten ärgert sich der belgische Staatsbürger über die hohen Steuern. Tatsächlich machen sie 45,4 Prozent des Bruttoinlandsprodukts aus, womit der Steuerdruck in Belgien nach Schweden und Dänemark (je 50 Prozent) der höchste in Europa ist. Jedoch hat die Sache zwei Seiten. »Ich würde mit Vergnügen so hohe Steuern bezahlen«, sagte kürzlich eine deutsche Freundin, »wenn ich dafür einen gratis Kindergartenplatz für meine Töchter bekäme und ohne schlechtes Gewissen in

meinen Beruf zurückkehren könnte.« Derartige Gedanken-
gänge sind meinen belgischen Freunden völlig fremd. »Die
Obrigkeit wird vom durchschnittlichen Bürger häufig als der
große Bösewicht betrachtet, der repressiv auftritt und immer
mehr Steuern erhebt, um die Staatsausgaben finanzieren zu
können«, bestätigt Stefan Ruysschaert in seinem Buch *De ogen
van de fiscus* (»Die Augen des Fiskus«) den Eindruck, der sich
jedem Ausländer aufdrängt, wenn er die Landeskinder über
»die da oben« schimpfen hört. Natürlich gibt es nur unge-
naue Zahlen über die Höhe der unterschlagenen Steuern. Dennoch wagte die Zeitung »De Standaard« am 20. September
2005 eine Schätzung: Sie soll sich 2003 auf 18 bis 21 Prozent
der Steuereinnahmen des Staats belaufen haben. Die eifrigsten
Steuerhinterzieher seien, so Ruysschaert, der sich diesbezüglich
auf die Untersuchung *Fiscale Fraude* (Steuerbetrug) des Löwe-
ner Davidsfonds von 1986 bezieht, Rechtsanwälte, gefolgt von
Ärzten und Notaren. Aber auch kleine Selbstständige sind
beim Abfassen ihrer Steuererklärung höchst erfinderisch: Nach
»De Standaard« vom 7. Juli 2005 verdienen sie in Antwerpen
durchschnittlich 6000 bis 8000 Euro netto im Jahr (!), wovon
man auch als Alleinstehender unmöglich leben kann. Wieso die
Finanzämter das schlucken? Weil sie, nach Ruysschaert, noch
immer ein Heer von Beamten aus der Vor-Computer-Zeit beschäftigen, die zu alt sind, um zu »Kontrolltechnikern« umge-
schult zu werden. Und mit typisch belgischer Logik fährt er fort:
»Außerdem dürfen wir nicht vergessen, dass die Obrigkeit
auch eine soziale Funktion hat und einen bestimmten Prozentsatz von Beamten einstellen muss, die für andere Stellen kaum
oder nicht geeignet sind.« Alles in allem ähnelten belgische Finanzämter nicht selten »einem Supermarkt, in dem die Kunden
mangels Kassierern freundlich gebeten werden, die Beträge für
ihre Ankäufe in die Dosen neben den Kassen zu stecken.«

Eine weitere beliebte Methode, den Staat um seine Einnah-
men zu bringen, ist die Schwarzarbeit. Stichprobenartige Kon-
trollen, die 2003 bei 15 000 belgischen Firmen durchgeführt
wurden, haben ergeben, dass dem Staat dadurch jährlich
1,7 Milliarden Euro an Sozialversicherungsbeiträgen verloren
gehen. In Griechenland und Italien beträgt der Anteil der Schat-

tenwirtschaft am Bruttoinlandsprodukt schätzungsweise rund 28 Prozent; es folgen Portugal, Spanien und Belgien mit rund 22 Prozent (Zahlen von 2002). Man bemerke die Affinität zwischen den beiden genannten südeuropäischen Ländern und dem nordwesteuropäischen Belgien. Die deutsche »Tagespost« wies in einem ins Internet aufgenommenen Artikel aus dem Jahr 2002 auf eine Untersuchung der Entwicklung der Schattenwirtschaft in vierzig Industrie- und Schwellenländern hin. Demnach sei die Schwarzarbeit im Zeitraum 1990–2002 in den untersuchten Ländern um 26 Prozent angestiegen. In Belgien und Italien jedoch habe sie nicht wesentlich zugenommen, »wenngleich für beide Länder auf das hohe Ausgangsniveau hinzuweisen ist«. Hübsch und auch sehr treffend formuliert.

Beim Hausbau ist in Belgien die Mithilfe von Verwandten ersten Grades gesetzlich gestattet. Darüber amüsieren Belgier sich höchstens. Gilt es ein Haus zu bauen, werden alle Verwandten und zudem noch sämtliche Kollegen eingespannt. Basteln und handwerkeln können sie eh. Wahrscheinlich ist auch diese Fähigkeit vererbt; in den isolierten Dörfern gab es früher nun einmal keine Elektriker und Klempner, da musst man schon selbst zu Zange und Schraubenschlüssel greifen. Zwischen 2004 und 2005 nahm die Zahl der Baugenehmigungen in Belgien um 12 Prozent auf 30 589 zu (was, nebenbei gesagt, bedeutet, dass das eh schon zersiedelte Land demnächst um gut 30 000 Häuser reicher ist), die Zahl der Steuer zahlenden Bauarbeiter nach Angaben von »De Morgen« vom 20. September 2005 aber nur um 0,82 Prozent. Das liegt natürlich auch am Zustrom von Schwarzarbeitern aus dem Osten. Aber auffallend ist diese Diskrepanz allemal. Hinzu kommt natürlich das Heer der Frühpensionierten. Ich kenne keinen einzigen, der nach seiner Frühverrentung wirklich die Hände in den Schoß gelegt und nichts hinzu verdient hat.

In den europäischen Schwarzarbeit-Statistiken tauchen die Hochsteuerländer Schweden und Dänemark nicht auf. Daraus kann man schließen, dass Dänen und Schweden eher als Belgier geneigt sind, ihren Staat durch ehrliche Arbeit zu unterstützen. Dass die Belgier diese Neigung nicht im Geringsten spüren, mag außer ihrem gestörten Verhältnis zur Obrigkeit auch auf den chronischen Mangel an Nationalstolz zurückzuführen sein.

Die Belgier haben keinen. Wie sollten sie auch? Sie haben sich ihren Staat nicht gemeinsam erkämpft; er ist das Ergebnis des Protests einzelner Bevölkerungsgruppen, die dazu noch eine Minderheitensprache, nämlich das Französische, sprachen. Ist Brüssel für sie ein nationales Symbol, so wie Berlin es letztendlich für die Deutschen ist? Ebenfalls »Nein«. Die Hauptstadt ist eine eigene, de facto französischsprachige Region, die mitten in Flandern liegt, wodurch Brüssel im Bewusstsein der Wallonen von einer Art Niemandsland umgeben und für die Flamen immer noch eine Bastion des französischsprachigen Bürgertums ist. Gibt es Identität stiftende mythische oder historische Heldengestalten, auf die man stolz sein kann? Belgien hatte nie einen edlen, großen, stolzen Siegfried und auch keine geistes-, musik- oder literaturgeschichtlichen Titanen wie Hegel, Beethoven oder Goethe, sondern nur kleine, subversive Phantasiegestalten wie Reinecke Fuchs, der um 1260 mit dem Epos *Van den Vos Reynaerde* (»Vom Fuchs Reinecke«) des Ostflamen Willem die Madoc die literarische Weltbühne betrat, Till Eulenspiegel, den spätestens seit dem Erscheinen des Buchs »Die Legende der heroischen, fröhlichen und gloriosen Abenteuer von Uylenspiegel und Lamme Goedzak in Flandern und anderswo« von Charles de Coster (1827–1879) das Städtchen Damme bei Brügge für sich einfordert, oder Asterix, der zwar seinen französichen »Vätern« Goscinny und Uderzo zufolge in der Bretagne lebte, aber von den Belgiern voll adoptiert wurde; für sie ist er das Alter ego von Ambiorix. Es gibt auch, so klein das Land ist, keine gesamtbelgische Folklore. In Ostbelgien ist der Karneval der folkloristische Höhepunkt des Jahres, in der Wallonie sind die Höhepunkte Hubertusjagden und Pferdeweihen und in Flandern sind es historische Umzüge wie die Heilig-Blut-Prozession in Brügge, mit der des tapferen flandrischen Grafen Dietrich vom Elsass gedacht wird. In den letzten Jahren haben sich einige Musikgruppen wie die wallonische Band »Urban Trad« profiliert, die auf die keltische Folklore zurückgreifen. Immerhin schnitt »Urban Trad« als Zweiter beim Eurovisions-

Songfestival 2003 ab, was auch in Flandern gewisse Sympathien für die wallonische Gruppe weckte.

Aber fragen Sie einmal einen beliebigen Belgier nach dem Text der Nationalhymne: Weiter als bis zur ersten Zeile – »Oh teures Belgien, heil'ges Land der Väter« – wird er nicht kommen. Erstens, weil er den Text nicht kennt, und zweitens, weil er schon nach dieser Zeile wegen ihres Inhalts in Gelächter ausbrechen wird. Auch gibt es keine gesamtbelgischen Sportgrößen mehr. Kim Clijsters bleibt in den Köpfen der Belgier Flämin, Justine Henin-Hardenne Wallonin, und beide sind außerhalb der Turniere für die jeweils andere Sprachgruppe uninteressant. Die letzte nationale Sport-Ikone war der phänomenale flämische Radrennfahrer Eddy Merckx, aber als er 1968 zum ersten Mal die Giro d'Italia und 1969 zum ersten Mal die Tour de France gewann, war Belgien auch noch ein Einheitsstaat.

So wissen auch die Staatsdiener nicht, wem sie eigentlich dienen. Was sie hingegen sehr wohl wissen, ist, dass sie – im Gegensatz zu Arbeitnehmern, die sich bis zum heiß ersehnten Vorruhestand auf dem freien Markt abrackern und dort ständig ihr Bestes geben müssen – bis an ihr Lebensende versorgt sind. Deshalb, und auch weil die Angst vor Armut den von keinem Wirtschaftswunder verwöhnten Belgiern noch immer in den Knochen sitzt, streben zahllose Bürger des Landes eine Beamtenlaufbahn an. Diesem Streben kommt entgegen, dass der Staat wegen seiner komplizierten Struktur und der Gesetze, die fordern, dass vor allem in Brüssel viele Stellen von je einem französisch- und niederländischsprachigen Beamten besetzt sind, einen enormen Bedarf an Arbeitskräften hat. Sage und schreibe 29 Prozent aller berufstätigen Belgier sind im öffentlichen Dienst beschäftigt. Dass nicht alle von ihnen ihren Job mit Hingabe ausüben, liegt auf der Hand.

Belgische Beamte feiern durchschnittlich pro Jahr vier Wochen krank. 2004 wurden nach Angaben von »De Standaard« auf flämischer Seite genau 746 486 Krankentage, auf wallonischer Seite sogar 802 769 Krankheitstage verzeichnet. Geht man von einem durchschnittlichen monatlichen Beamtengehalt von 3000 Euro brutto aus, so kommt man überschlagsweise auf

eine Summe von rund 75 Millionen Euro, die dem Staat jährlich an Gehältern verloren gehen, die für abwesende Beamte bezahlt werden müssen. Hinzu kommt eine recht aparte Regelung, die beinhaltet, dass jeder Beamte pro Jahr Anspruch auf
20 bezahlte Krankheitstage hat, die er sich, wenn er sie nicht
»aufbraucht«, bis zur Pensionierung aufsparen kann. Das bedeutet, dass ein Beamter ohne Krankschreibung und ohne die
Vorruhestandsregelung in Anspruch zu nehmen, also bei vol-
lem Gehalt, drei Jahre früher als gesetzlich festgelegt seinen
Ruhestand antreten kann. Natürlich wird auch diese Zeit auf
die Rente angerechnet.

Mit diesen und anderen milden Gaben will der Staat seine
Diener freundlich stimmen. Es gelingt ihm nicht. Die Schalter
der belgischen Behörden sind mit Angestellten und Beamten
besetzt, die im wörtlichen wie übertragenen Sinne eher lustlos
aufblicken, wenn ein Bittsteller sich ihnen nähert. Selten habe
ich erlebt, dass ein Angestellter bei der Post auf Anhieb die
Höhe des Portos für einen Auslandsbrief weiß. Meistens muss
er erst einmal umständlich in einem dicken Buch blättern. Auf
eine Steuerrückzahlung muss man eineinhalb Jahre warten.
Beim Staatsrat, dem höchsten belgischen Verwaltungsgericht,
das für Klagen der Bürger gegen die Obrigkeit beispielsweise
im Zusammenhang mit verweigerten Baugenehmigungen zuständig ist, sind zurzeit rund zweitausend Prozesse anhängig,
ein Berg, von dem die Sprecher des Justizministeriums seit Jahren versichern, dass er innerhalb der nächsten zwei Jahre ab-
gebaut werden solle, wohingegen er eher wächst. Dass ausgerechnet dieses Gericht einen so großen Rückstand hat, erhöht
auch nicht eben das Vertrauen der Belgier in ihren Staat.

Und hier sind wir abermals bei einem Widerspruch angelangt.
Denn im Grunde finden die Belgier, dass sie durch und durch
glücklich sind. Das geht jedenfalls aus einer »Werte-Enquete«
hervor, die die Universität von Tilburg Anfang 2005 in 43 europäischen Ländern veranstaltete und die die Zeitung »De Morgen« am 28. Juni 2005 zusammenfasste: 41 Prozent aller Belgier bezeichnen sich als »sehr glücklich« und 51 Prozent als
»ziemlich glücklich«. In ganz Europa gibt es 22 Prozent »sehr

Glückliche« und 57 Prozent »ziemlich Glückliche«. Nur in Nordirland, Island, den Niederlanden, Dänemark und Irland fanden sich mehr Menschen als in Belgien, die rundherum mit ihrem Leben zufrieden sind. In Österreich hingegen waren es lediglich 35,8 Prozent, in Deutschland gar nur 19,6 Prozent.[*]

Aus der Fülle der übrigen Fragen sollen hier nur die nach der Einstellung der Belgier zur Politik betrachtet werden. Mit ihrer Demokratie, so ging aus der Untersuchung hervor, ist nur die Hälfte aller Belgier einigermaßen zufrieden. Nur zehn Prozent bezeichneten sich als politisch interessiert. Dreißig Prozent gaben an, politisch »ein bisschen« interessiert zu sein. Und abermals dreißig Prozent bezeichneten sich als »überhaupt nicht« an Politik interessiert.

Irgendwie kann man sie verstehen, wenn man die belgische Politik genauer betrachtet. Die belgische Staats- und Parteienstruktur ist vermutlich die komplizierteste Europas. Man muss nicht Belgier sein, um angesichts dieses Wirrwarrs zu verzweifeln. Aber wenn man sowieso schon wenig Vertrauen in die Obrigkeit hat, wie traditionell die allermeisten Belgier, dann resigniert man vollends.

---

[*] Im Einzelnen sah die Reihenfolge der Länder wie folgt aus: Nordirland, Island, Niederlande, Dänemark, Irland, Belgien, Schweden, Österreich, Frankreich, Finnland, Deutschland, Spanien, Griechenland, Italien, Portugal, Polen, Ungarn, Kroatien, Tschechien, Bulgarien, Estland, Lettland, Russland, Litauen und Rumänien. Ab Bulgarien (8 Prozent) lag der Prozentsatz der »sehr Glücklichen« unter 10 Prozent, in Rumänien betrug er 3,6 Prozent.

Die belgische Politik:
ein undurchdringliches Gestrüpp

Vom schweren Leben der belgischen Politiker

In Brüssel regieren »die da oben«. Meistens sprechen die Belgier in der dritten Person Plural von ihren Politikern: »Denen ist es Wurst, wenn ich mein Häuschen nicht mehr abbezahlen kann«, heißt es dann, »die sitzen in ihren Villen und wälzen sich im Wohlstand.« Jeder weiß, wer gemeint ist. Zwischen dem Volk und den Politikern verläuft ein tiefer Graben. Aber nicht nur durch die Tiefe des Grabens unterscheidet sich Belgien von manchen anderen westlichen Demokratien; es unterscheidet sich von ihnen auch durch die Fülle der vertikalen Gräben, die wiederum das Lager »der da oben« spalten.

Das Leben eines belgischen Politikers kommt dem Kampf gegen eine Hydra gleich: Anfang der siebziger Jahre teilten sich die drei großen belgischen Parteien – die Christdemokraten, die Liberalen und die Sozialisten[*] – in je einen wallonischen und einen flämischen Flügel auf, und in den Jahren darauf entstanden zahlreiche weitere Bundes- und vor allem regionale Parteien. Das hat mittlerweile zu einer vollkommen unübersichtlichen Parteienlandschaft geführt. In Flandern gibt es zurzeit acht einigermaßen ernst zu nehmende Parteien und Parteichen, in der Wallonie sieben und im deutschsprachigen Ostbelgien sechs, macht zusammen 21. Dabei sind die Meinungsunterschiede zwischen den Schwesterparteien der flämischen und wallonischen Lager oft noch größer als die zwischen den politischen Gegnern aus demselben Landesteil. Mit anderen

---

[*] Wir bleiben bei dem belgischen Terminus »Sozialist« bzw. »sozialistisch«, obwohl es sich bei den »sozialistischen« Parteien und Politikern um sozialdemokratische Parteien und Politiker handelt.

Worten: Jeder Politiker muss sich theoretisch und oft auch praktisch gegen zwanzig Parteien durchzusetzen versuchen.

Allein im belgischen Bundesparlament sind seit der letzten Wahl im Jahr 2003 zehn Parteien vertreten. Auf wallonischer Seite sind dies die liberale MR *(Mouvement Réformateur)*, die christdemokratische CDH *(Centre Démocratique et Humaniste)*, die sozialistische PS *(Parti Socialiste)*, die grüne Partei *Ecolo* und die rechtsradikale FN *(Front National Belgique)*, auf flämischer Seite die liberale VLD *(Vlaamse Liberalen en Democraten)*, die grüne Partei *Groen!*, die christdemokratische CD&V *(Christen-demokratisch & Vlaams)*, die sozialistische SP.a *(Sociaal Progressief alternatief)*, die flämisch-nationalistische N-VA *(Nieuwe Vlaamse Alliancie)* und die rechtsradikale Partei *Vlaams Belang* (bis 2004 *Vlaams Blok*). Die belgische Bundesregierung besteht seit der letzten Bundestagswahl aus einer Vier-Parteien-Koalition aus flämischen und wallonischen Liberalen und flämischen und wallonischen Sozialisten unter Leitung des flämischen liberalen Premiers Guy Verhofstadt. Flandern wird seit der letzten Landtagswahl vom Juni 2004 von einer Koalition aus Liberalen, Christdemokraten und Sozialisten unter dem christdemokratische Ministerpräsidenten Yves Leterme regiert, die Wallonische Region und die Französische Gemeinschaft von je einer christdemokratisch-sozialistischen Koalition unter Leitung der Sozialisten Elio Di Rupo beziehungsweise Marie Arena und die Deutschsprachige Gemeinschaft von einer Koalition aus Sozialisten, Liberalen und der »Partei der deutschsprachigen Belgier« PJU/PDB unter Leitung des Sozialisten Karl-Heinz Lambertz. Im Stadtstaat Brüssel ist eine Fünf-Parteien-Koalition am Ruder. Dort teilen sich die französischsprachigen Sozialisten, Christdemokraten und Grünen und die flämischen Sozialisten und Liberalen die Regierungsmacht.

Den Belgiern ist es kaum mehr möglich, den Überblick darüber zu behalten, wen sie wann in welches Parlament wählen, zumal sich die Zuständigkeitsbereiche der Parlamente zum Teil überschneiden. So müssen die französischsprachigen Belgier 2007 gleich zwei Parlamente wählen, das des Bundeslandes

Wallonie (dessen Hauptstadt Namur ist) und das des »nicht-territorialen« Bundeslandes Französischsprachige Gemeinschaft (mit Hauptstadt Brüssel), wobei allerdings auch die Deutschsprachige Gemeinschaft (mit Hauptstadt Eupen) zur Wallonischen Region gehört, wodurch der südliche Landesteil über drei Regierungen verfügt. Dass diese Zustände nicht gerade die Transparenz der Politik erhöhen, ist logisch. Darüber hinaus wissen die Belgier, dass sie mit ihrer Wählerstimme im Grunde nicht viel ausrichten können.

Durch die Fülle der Parteien ist die Suche nach Koalitionspartnern, die auf jede Wahl folgt, wesentlich komplizierter als in Deutschland mit seiner einigermaßen übersichtlichen Parteienlandschaft. Die Suche kann sehr lange dauern, und das Ergebnis kann höchst überraschend sein, wobei die Überraschung aber auch darin bestehen kann, dass alles einfach beim Alten bleibt.

Die längste Regierungsbildung der Nachkriegszeit dauerte 140 Tage. Am 15. Oktober 1987 reichte der damalige christdemokratische Premierminister Wilfried Martens seinen Rücktritt ein, weil er das Problem der Sprachenregelung in der Gemeinde Fouron/Voeren nicht hatte lösen können. Im Dezember kam es zu Neuwahlen. Erst im Mai 1988 einigten sich Christdemokraten, Sozialisten und die flämische Volksunie nach zähen Verhandlungen auf eine neue Regierungskoalition. Der Unterschied zur vorherigen war nur, dass die Liberalen aus der Regierung geflogen waren. In der Zwischenzeit hatte das politische Leben in Belgien vollständig brach gelegen. Premierminister wurde abermals Wilfried Martens, was in den Augen der Belgier den ganzen Aufstand nachträglich natürlich völlig überflüssig machte.

Aber selbst eine Partei, die in der Wählergunst schlecht abgeschnitten hat, kann plötzlich einen Ministerpräsidenten stellen, wenn sie denn nur ausreichend Koalitionspartner aufgetrieben hat. Das war zum Beispiel 1999 in der Deutschsprachigen Gemeinschaft der Fall, als die Christdemokraten bei der Landtagswahl neun Sitze im 25 Abgeordneten umfassenden Parlament errungen hatten, die Sozialisten aber nur vier, diese jedoch schleunigst mit Grünen und Liberalen verhandelten

(normalerweise übernimmt die Partei mit den meisten Wählerstimmen die Zusammenstellung der neuen Regierung) und der
Bevölkerung schließlich eine Koalition präsentierten, mit der
sie überhaupt nicht gerechnet hatte. Die stärkste Partei fand
sich auf den Oppositionsbänken wieder. Das gleiche Spiel wiederholte sich mit bei der »Gemeinschafts«- oder, um bei der
Terminologie zu bleiben, Landtagswahl von 2004: Die Christdemokraten waren wieder die Wahlsieger, blieben jedoch
abermals im Regen stehen. Und Ministerpräsident blieb, wenn
auch mit neuer Koalition, der ehrgeizige Sozialist Karl-Heinz
Lambertz. Derartige strategische Spielchen kommen zwar auf
kommunaler Ebene öfter vor als auf Bundes- und Länderebene;
dennoch betrachten die meisten Belgier auch deshalb die Wahlen als Farce. Wenn es nicht die Wahlpflicht gäbe – wer ohne
triftigen und nachweisbaren Grund einer Wahl fernbleibt,
muss eine Buße von 25 bis 50 Euro und im Wiederholungsfall
bis 125 Euro zahlen –, dann würden, davon bin nicht nur ich
überzeugt, lediglich die eingetragenen Parteimitglieder zur Urne
schreiten.

Oft haben die Parteien sich aber schon vor einer Wahl im Ge-
heimen darüber geeinigt, wer mit wem koaliert. Auch diese
Absprachen – die allerdings nicht immer eingehalten werden –
fördern nicht gerade den aufrechten Gang der einzelnen Par-
teivorsitzenden. Um an einer Regierung partizipieren zu können, trennt man sich schon mal von seinen Überzeugungen, ist
man auch schon mal zu Versprechen bereit, von denen man
nicht weiß, ob man sie auch einhalten kann. Haben die Regierungen sich erst einmal konstituiert und hat jeder seine Schäf-
chen ins Trockene gebracht, dann kann es durchaus gesche-
hen, dass alte Feindschaften wieder aufbrechen. Das Ergebnis
ist, dass es in den Parlamenten nicht nur eine sozusagen na-
turgegebene Front zwischen Regierungs- und Oppositionsparteien, sondern auch Fronten zwischen den Regierungsparteien
geben kann. Es ist schwierig, in den Parlamenten tragfähige
Mehrheiten beispielsweise für Gesetze zu finden; immer wieder gibt es Abtrünnige in den eigenen Reihen und Überläufer
aus den anderen Reihen. Auch deshalb kommt es in den Parla-

menten häufig zu völlig unbelgischen Schimpfkanonaden und Beleidigungen.

Besonders laut ging es im Parlament während des Streits um den »Fall Brüssel-Halle-Vilvoorde« zu, der die belgische Regierung im Frühjahr 2005 monatelang lähmte.

Rings um Brüssel erstreckt sich trotz der administrativen Aufteilung des Landes in vier unterschiedliche Sprachengebiete – das niederländische, das französische, das zweisprachig niederländisch-französische und das deutsche – ein Wahlkreis und Gerichtsbezirk, der den Großraum Brüssel und das Umland der Nachbarstädte Halle und Vilvoorde einschließt. Diese beiden einschließlich der 35 dazugehörigen Gemeinden liegen auf flämischem Hoheitsgebiet, Brüssel ist zweisprachig. Da im Brüsseler Umland jedoch viele Französischsprachige wohnen, wurde seit Beginn der »Föderalisierung« die Regelung beibehalten, dass diese bei Wahlen auch französischsprachigen Parteien ihre Stimme geben und gegebenenfalls vor ein französischsprachiges Gericht in Brüssel ziehen durften. Das ist den Flamen seit Jahrzehnten ein Dorn im Auge, da sie der Meinung sind, dass jeder, der auf ihrem Territorium – in diesem Fall der Provinz Flämisch-Brabant – wohnt, nur flämische Parteien wählen darf und sich vor flämischen Gerichten verantworten muss.

2003 erließ der Schiedshof * auf eine Klage der Flamen hin ein Urteil, demzufolge der Wahlkreis Brüssel-Halle-Vilvoorde bis 2007 in einen zweisprachigen Bezirk Brüssel und einen einsprachig niederländischsprachigen Bezirk Halle-Vilvoorde (in dem auch die umstrittenen Brüsseler Randgemeinden liegen) aufzuteilen war. Das dauerte den Flamen zu lange, weswegen sie mit einem entsprechenden Gesetzentwurf vorpreschten, über den im Mai 2005 im Parlament abgestimmt werden sollte.

---

* Der Schiedshof ist entfernt dem deutschen Bundesverfassungsgericht vergleichbar. Er ist unter anderem für Zuständigkeitskonflikte zwischen den Bundesländern (Regionen und Gemeinschaften) einerseits und zwischen den Bundesländern und dem Staat andererseits zuständig. Auch Bürger können beim Schiedshof Klagen einreichen, wenn sie mit der Materie zu tun haben.

Wegen der flämischen Mehrheit im Parlament gab es gute Aussichten für eine Verabschiedung des Gesetzes und damit der schnellen Aufspaltung des Wahlkreises. Die französischsprachigen Parteien hatten jedoch nicht die geringste Lust, sich von 73 000 Wählern zu trennen, und drohten mit dem Ausstieg aus der Bundesregierung. Premier Guy Verhofstadt sah sich unversehens mit der Gefahr von Neuwahlen konfrontiert.

Im Parlament wurde in den Wochen des Streits um Brüssel-Halle-Vilvoorde scharf geschossen. Die Flamen warfen den Französischsprachigen vor, so berichtete die Presseagentur Belga, sie seien »auf dem besten Wege, Belgien zu zerstören«. Für die Französischsprachigen gruben die Flamen »erneut das Kriegsbeil aus, und zwar in aggressiver Weise«. Der sozialistische Präsident des wallonischen Parlaments, José Happart, fand das »flämische Diktat zum Kotzen«. Am 8. Mai sagte Verhofstadt seine Teilnahme an den Feierlichkeiten anlässlich des Endes des Zweiten Weltkriegs in Moskau ab und schickte stattdessen seinen Parlamentspräsidenten Herman De Croo, der sich am 9. Mai auf der Ehrentribüne am Kreml zu seinem eigenen Erstaunen und dem des Auslands zwischen Regierungschefs wie Putin, Bush, Schröder, Blair und Chirac wiederfand. Am 12. Mai gab die Regierung nach zahlreichen Nachtsitzungen bekannt, man habe sich entschlossen, das Problem bis zur nächsten regulären Parlamentswahl im Jahr 2007 auf Eis zu legen. Wie es Verhofstadt gelungen ist, die Abstimmung über das Spaltungs-Gesetz zu verhindern, ist heute noch jedermann schleierhaft. Allerdings musste er sich in den Tagen darauf auch aus den eigenen Reihen wüste Beschimpfungen wegen »Kollaboration mit den Französischsprachigen« gefallen lassen.

Wer keine Probleme mit den Französischsprachigen zu haben scheint, das sind die Einwohner der betroffenen Gemeinden. »Die meisten unserer französischsprachigen Nachbarn«, gaben einige von ihnen auf dem Höhepunkt der Regierungskrise der Zeitung »De Morgen« zu Protokoll, »können sich gut auf Niederländisch ausdrücken. Und wenn man merkt, dass jemand Probleme damit hat, schaltet man einfach auf Französisch um.« Ein paar hundert flämische Radikale waren wäh-

Vorsicht Schule! – Übermaltes französisches Warnschilder in Flämisch Brabant, Anfang der 1990er Jahre.

rend der Krise in Brüssel auf die Straße gezogen. Die übrigen Belgier hatten keine Ahnung, worum es überhaupt ging: Neun von zehn Landeskindern gaben bei Zeitungsumfragen an, mit dem Begriff »Brüssel-Halle-Vilvoorde« überhaupt nichts anfangen zu können.

Der Fall ist nicht nur ein treffendes Beispiel für die häufig gereizte Stimmung im Parlament, sondern auch für den selbstreferenziellen Charakter der belgischen Politik: Die Streitereien zwischen den Sprachgemeinschaften haben auf einer Ebene, die dem Volk unzugänglich geworden ist, eine Dimension angenommen, die alle Maßstäbe übersteigt. Ähnlich gelagert ist der ewige Streit über die nächtliche Fluglärmbelastung Brüssels und seines Umlands. 2004 führte er zu schweren wirtschaftlichen Konsequenzen für die Region.

Ende 2003 hatte das deutsche Kurierunternehmen DHL bekannt gegeben, dass es den am Rand der Hauptstadt und auf flämischem Gebiet liegenden Brüsseler Flughafen zu seinem europäischen Drehkreuz auszubauen plane. Die Bedingung von

DHL war eine Aufstockung der Zahl der Nachtflüge von jährlich 25000 auf 34000. Die Regierung erklärte sich zu 28000 nächtlichen Starts und Landungen bereit. Das war DHL zu wenig. Am 9. November 2004 teilte das Unternehmen der Regierung frustiert und enttäuscht mit, dass es 2008 zum Leipziger Flughafen umziehen werde. Damit war Belgien 10000 neue Arbeitsplätze und Investitionen in Höhe von 300 Millionen Euro in den nationalen Flughafen los. Guy Verhofstadt hatte alles daran gesetzt, DHL in Brüssel zu halten. Gescheitert war er an der Weigerung der Bundesländer Brüssel und Flandern, ihren Bürgern mehr nächtlichen Lärm als bisher zuzumuten, beziehungsweise an ihren Versuchen, die nächtens startenden und landenden Flugzeuge über die jeweils andere Region zu leiten, um Wählerstimmen zu gewinnen. Im Mai 2003 trat die grüne Bundesumweltministerin Isabelle Durant wegen der Fluglärmfrage zurück. Zwei Wochen später fanden Bundestagswahlen statt und die Grünen flogen nicht zuletzt aus diesem Grunde aus der Regierung.

In der Zwischenzeit hat sich nichts gebessert.

Weiterhin werden unentwegt Kompromisse ausprobiert, weiterhin erlässt der Schiedshof ein Urteil nach dem anderen. Ständig verändern sich die Einflugschneisen. Mal fliegen die Flugzeuge über Flandern, mal über das Brüsseler Stadtgebiet. Mal fliegen sie über den Norden Brüssels, der von Flamen mit mittlerem Einkommen bewohnt wird, mal über die südöstlichen Vororte, wo wohlhabende französischsprachige Belgier und viele »Eurokraten« sowie Nato-Mitarbeiter wohnen. Die Ärmeren, die nachts aufschrecken, empören sich darüber, dass die Reichen geschont werden. Ab und zu müssen aber auch jene dran glauben, obwohl die Regierung sie wegen der hohen Steuern, die sie zahlen, eigentlich lieber nicht ärgern will. Im Oktober 2005 legte die flämische Regierung einen Plan vor, nach dem jede Nacht eine andere Startbahn benutzt werden sollte. »Die Brüsseler Regierung schießt den Vorschlag unverzüglich ab«, ist in einer Chronik des flämischen öffentlich-rechtlichen Rundfunksenders VRT zu lesen. Kurz darauf legte »Bundesverkehrsminister Renaat Landuyt der Brüsseler und flämischen Regierung einen Kompromisstext vor. Die Zeit drängt, denn die Region Brüssel droht der Bundesregierung mit hohen Bußen, wenn sie die Geräuschnormen nicht einhält.« Die verfeindeten Parteien – Brüssel, Flandern und der Bund – lachten heiser über den Kompromissvorschlag. Kurz darauf verlautbarte Landuyt, dass es unmöglich geworden sei, die Streithähne noch an einen Tisch zu bringen, und entschloss sich zur »Pendeldiplomatie«. Dabei muss er allerdings nur kurze Wege zurücklegen, da die zerstrittenen Regierungen alle in der Hauptstadt sitzen und dort sozusagen Wange an Wange regieren. Aber alle haben sich bis zur Halskrause eingegraben.

Die Anrainer des Flughafens indes sind nicht nur den Fluglärm, sondern auch den seit Jahren andauernden Hickhack Leid. »Wenn endlich einmal jemand den Knoten durchhauen würde«, so ein befreundetes junges Ehepaar, das im Umland von Brüssel ein Haus bauen will, »dann wüssten wir wenigstens, wo sich die Einflugschneisen befinden. Nun ändern sie sich praktisch täglich.« Manchmal wird in Belgien der Ruf nach entschlossenen Politikern laut. Aber die werden, so wie der Staat mittlerweile konstruiert ist, langsam, aber sicher zur Mangelware.

Um in dem mit Krähenfüßen, Stacheldraht und Nattern versehenen Labyrinth der belgischen Politik überleben zu können, braucht man Leibesfülle, eine laute Stimme und eine gewisse Neigung zu ungehobeltem Auftreten. Über alle drei Eigenschaften verfügte der Christdemokrat Jean-Luc Dehaene, von 1992 bis 1999 belgischer Premierminister.

Dehaene fläzte sich ungeniert in Shorts und T-Shirt auf der Tribüne seines Lieblingsfußballvereins Club Brügge, fiel bei Fernsehauftritten und Parlamentsdebatten seinen Gegnern mit donnernder Stimme ins Wort, wirkte ständig schlecht gelaunt und trampelte auch ansonsten alles nieder, was sich ihm in den Weg stellte. Vor allem die Flamen betrachteten den intelligenten, machtbewussten und gewieften Politiker als eine perfekte Kombination aus Vaterfigur, Haudegen und Kumpel. 1999 wurde nicht er, sondern seine Partei abgewählt, die fünfzig Jahre lang fast ununterbrochen an der Macht gewesen und dementsprechend verkrustet war. Den Ausschlag hatte weniger der Dutroux-Skandal, der in Dehaenes Regierungszeit gefallen war und den er ungerührt ausgesessen hatte, denn die Tatsache gegeben, dass kurz vor der Wahl mit Dioxin verseuchte Hähnchen in den Geflügeltruhen der belgischen Supermärkte entdeckt worden waren. Das war den skandalmüden Belgiern denn doch zu viel. Trotzdem gehört Dehaene, der 1994 als Nachfolger des EU-Kommissionspräsidenten Jacques Delors erwogen worden war und heute Bürgermeister seines Heimatorts Vilvoorde sowie Europaabgeordneter ist, nach wie vor zu den beliebtesten lebenden belgischen Politikern, wie aus den regelmäßig veranstalteten Zeitungsumfragen hervorgeht.

Der derzeitige belgische Premier Guy Verhofstadt hingegen steht für einen neuen, flexiblen und fortschrittlichen Politikertypus. Aber er ist den Belgiern irgendwie zu blass. 1999 versprach der damals 46-jährige liberale Nachfolger Dehaenes seinem Volk in seiner Regierungserklärung, die Politik transparenter zu gestalten und Belgien zu einem Staat zu machen, in dem es im wörtlichen wie auch im übertragenen Sinne keine Dioxinhühnchen mehr geben sollte. Jedoch musste er hilflos zusehen, wie sein Land von einem Unternehmenszusammenbruch zum nächsten schlitterte. 2001 mussten die traditionsreiche belgische Luftfahrtgesellschaft Sabena und das Sprachtechnologie-Unternehmen Lernout & Hauspie den Konkurs anmelden, Anfang 2003 folgte das Aus für den Lütticher Stahlgiganten Cockerill. Dennoch wurde Verhofstadt, der weiterhin ungezügelten Optimismus ausstrahlte, im Mai 2003 aufgrund seines Amtsbonus' wiedergewählt. Seitdem sind aber die DHL-Krise und der Streit um den Wahlkreis Brüssel-Halle-Vilvoorde über ihn hinweggerollt. Sie haben ihn so in Atem gehalten, dass er sich auch nicht an die Schaffung der 200 000 zusätzlichen Arbeitsplätze machen konnte, die er den Belgiern zu Beginn seiner zweiten Amtszeit versprochen hatte. Um Verhofstadts Image ist es seitdem nicht mehr gut bestellt; seine ständigen Versuche, zwischen verfeindeten Parteien zu vermitteln und zu retten, was nicht mehr zu retten ist, haben ihm den Ruf eingetragen, an seinem Sessel zu kleben. 2005 musste er sich einer Herzoperation unterziehen. Nur eine Woche später zeigte er sich wieder, wenn auch wesentlich ätherischer als zuvor, vor den Fernsehkameras bei der Arbeit. Der beabsichtigte Effekt blieb aus. »Er hätte ruhig ein paar Monate krank feiern können«, war die allgemeine Meinung. Die Belgier hätten ihn ebenso wenig entbehrt wie sie überhaupt jemals einen Politiker entbehren würden.

Es sei denn, jemand haut mal wieder richtig mit der Faust auf den Tisch. Danach sehnen sich viele Belgier. Vor allem sind sie die ewigen Skandale Leid, die auch Verhofstadt nicht auszurotten verstand. Praktisch täglich erscheinen in der Presse Berichte über unlautere Praktiken von Politikern, die die Belgier verunsichern und erzürnen. Die Skandälchen und Skandale lassen auch diejenigen unter den Politikern in schlechtem Licht erscheinen, die guten Willens sind, aber denen es trotzdem nicht gelingt, das Vertrauen des Volks zu erringen. Und vor allem: Die Skandale schaden, wenn sie ins Ausland dringen, dem ganzen Land.

Skandälchen, Skandale und der Fall Dutroux

Dass Vetternwirtschaft und Korruption in Belgien noch nicht ausgestorben sind, hat zwei Gründe. Zum ersten kann es in einem demografisch und geografisch kleinen Land gar nicht so viele integre, fähige und gewissenhafte Menschen geben, wie man eigentlich braucht, um den riesigen Verwaltungsapparat mit unbestechlichem Personal zu füttern. Und zweitens kennt von einer gewissen Gesellschaftsschicht an jeder jeden, was dazu führt, dass man sich gegenseitig regelmäßig die Hand übers Haupt hält. Vor allem in der verarmten Wallonie ist es schlecht bestellt um die politische Transparenz. Dort regieren seit einem halben Jahrhundert fast ununterbrochen die Sozialisten, und sie haben die gesamte Gesellschaft von den Richtern über die Beamten bis zu den Bewohnern von Sozialwohnungen fest in ihren Griff bekommen.

Das beweist der Mordfall André Cools, der in Belgien wegen seiner zahllosen Tentakel als der Prototyp aller Skandale betrachtet wird.

Am 18. Juli 1991 war in Lüttich der mächtige Sozialist André

Cools auf offener Straße niedergeschossen worden. Cools war im Laufe seiner langen politischen Karriere unter anderem belgischer Finanzminister und Vize-Premierminister, Vorsitzender der wallonischen Sozialistischen Partei, Präsident des wallonischen Parlaments und bis 1990 wallonischer Minister gewesen. Aufgrund seiner Machtfülle und seines herrischen Habitus' war er von Freunden und Feinden als »Pate von Flémalle« bezeichnet worden (seine Heimatstadt war der gleichnamige Lütticher Vorort). Der Mord war von zwei tunesischen Auftragskillern ausgeführt worden. Die geständigen Täter wurden 1998 in ihrer Heimat zu zwanzig Jahren Haft verurteilt. Wer sie warum mit dem Mord beauftragt hatte, war der Gegenstand eines Prozesses, der im Januar 2004 in Lüttich stattfand.

Verurteilt wurden sechs von acht Angeklagten, darunter fünf Italiener, von denen man annahm, dass sie den Mord logistisch organisiert hatten. Der vermutliche Auftraggeber war jedoch bereits tot: Der psychisch labile wallonische Minister Alain Van der Biest hatte 2002 Selbstmord verübt. Er hatte vermutlich den Auftrag erteilt, weil er sich vom übermächtigen Schatten seines »Ziehvaters« befreien wollte. Außerdem nimmt man an, dass Cools in eine Reihe von Bestechungsskandalen verwickelt war, wie den Ankauf von technisch mangelhaften Agusta-Hubschraubern in den neunziger Jahren durch die belgische Regierung. Auch das mag ein Grund dafür gewesen sein, warum man ihn beseitigen wollte. Mehr weiß man nicht und wird man wohl auch nie erfahren.

Dennoch wirft der »Fall Cools« ein bezeichnendes Licht auf die politischen Zustände in der Wallonie. »Die Kulisse Lüttich ist entscheidend bei der Frage nach dem Tatmotiv«, schrieb nach dem Urteil des Lütticher Gerichts Gerd Zeimers, politischer Redakteur der in Eupen erscheinenden Zeitung »Grenz-Echo« und fundierter Analytiker des politischen Tagesgeschehens in Belgien. »Das heruntergekommene Industrierevier war seinerzeit der ideale Nährboden für die organisierte Kriminalität, die starken Einfluss auf die Politik nahm. Die Sozialisten hatten alle gesellschaftlichen, wirtschaftlichen und politischen Bereiche Lüttichs fest im Griff. Das Lütticher Gericht sah sich mit der fast unlösbaren Aufgabe konfrontiert, Jahre nach dem

Verbrechen einen Sumpf aus Parteiklüngel, Vetternwirtschaft und Machtspielchen zu durchleuchten. Die allermeisten der aufgerufenen Zeugen standen auf die eine oder andere Weise in der Schuld der Sozialistischen Partei, die ihnen einst eine Sozialwohnung, die Rente oder Sozialhilfe verschafft hatte. Zudem befindet sich die Lütticher Justiz noch immer im Würgegriff politisch determinierter Ämtervergabe.« Weiter ging Zeimers auf die schier unglaubliche Tatsache ein, dass die dem Prozess vorausgehenden Untersuchungen ganze zwölf Jahre gedauert hatten: »Jeder einzelne Justizbeamte, der sich im Laufe dieser Zeit mit dem Fall beschäftigen musste, verdankte seine Ernennung oder Beförderung Cools selbst oder aber anderen einflussreichen Politikern aus seinem Umfeld – oder gar den mutmaßlichen Mittätern des Anschlags, also den Angeklagten. Das wiederum wirft ein bezeichnendes Licht auf die Probleme der belgischen Justiz, die in punkto Personalpolitik stark unter dem Einfluss der Parteien steht.« Noch krasser formulierte Robert Falony, selbst wallonischer Sozialist, den gleichen Sachverhalt in seinem 2006 erschienenen Buch »*Le Parti Socialiste. Un demi-siècle de bouleversements*« (»Die Sozialistische Partei. Ein halbes Jahrhundert Erschütterungen«): »In Wahrheit drückt der gesamte Parteiapparat stets mit seinem ganzen Gewicht auf kritische Aktivisten und zwingt der zerquetschten und erstickten Basis die Politik der Parteiführung auf.«

Offiziell gilt auch in Belgien das Prinzip der Gewaltenteilung zwischen Politik (Parlament und Regierung) und Justiz. Inoffiziell funktioniert die Gewaltenteilung wesentlich schlechter als zum Beispiel in Deutschland. Das liegt an der traditionellen Macht der Parteien, die viele Jahrzehnte lang das gesamte öffentliche Leben in Belgien beherrschten und es zum Teil noch immer beherrschen (in Belgien gibt es dafür den Ausdruck »Partikratie«). Auch Juristen brauchen das »richtige« Parteibuch, wenn sie Richter werden wollen. In den letzten Jahren haben sich immer mehr Stimmen erhoben, die eine Abschaffung der »politischen Ernennungen« hoher Juristen fordern. Praktisch wird es schwierig sein, eingefahrene Usancen zu durchbrechen.

Nicht immer rollen im wörtlichen wie übertragenen Sinne Köpfe, wenn die Gewaltenteilung verletzt wird. Viele Affären verlaufen auch einfach im Sande, was die Belgier fast noch mehr frustriert. Greifen wir aus der Fülle der Skandale und Skandälchen aus jüngster Vergangenheit nur den »Fall Lizin« heraus. Im März 2005 wurde der Zeitung »La Dernière Heure« ein Brief zugespielt, den die Sozialistin Anne-Marie Lizin, Präsidentin des belgischen Senats und Bürgermeisterin des Ardennenstädtchens Huy, der Präsidentin des Lütticher Gerichts Zweiter Instanz geschrieben hatte und in dem sie die »liebe Liliane« bat, den Fall einer in Huy wohnenden Mutter, die mit dem Vater ihres Kindes einen Sorgerechtsprozess führte, »wohlwollend zugunsten der Mutter« zu behandeln. Zwei Wochen lang berichtete die belgische Presse auf Seite eins über diesen klassischen Fall von Verquickung von Justiz und Politik. Lizin dachte gar nicht daran, zurückzutreten. Schließlich nahm der Senat ihre Entschuldigung an. Seitdem thront die füllige, blonde Mittfünfzigerin wieder ungerührt auf dem Präsidentensessel des ehrwürdigen Senats, der eigentlich aus weisen Menschen bestehen sollte, weshalb er offiziell »Besinnungskammer« genannt wird.

Häufig dringen Berichte über Politiker ans Licht, die ihre Macht und ihre Beziehungen dazu benutzen, ungeniert die Steuerkasse zu schröpfen. Als Beispiel mag der »Fall Van Cauwenberghe« gelten.

Am 5. September 2005 trug ein liberaler Abgeordneter aus Charleroi die Ergebnisse seiner Betriebsprüfung der ebenfalls in Charleroi ansässigen Sozialwohnungsbaugesellschaft »La Carolorégienne« an die Öffentlichkeit, worin die Rede von »unklaren buchhalterischen Praktiken und unerklärlichen Ausgaben« war. Die Wirtschaftsprüfer hatten entdeckt, dass die Gesellschaft in den vergangenen Jahren 18 500 Euro in Restaurantbesuche und 10 000 Euro für den Ankauf von Wein ausgegeben hatte. Außerdem gehörten dem Vorstand drei sozialistische Beigeordnete der Stadt Charleroi an, was erstens den Satzungen widersprach und zu denen zweitens Claude Despiegeleer, ein Intimus von Van Cauwenberghe, gehörte, der genau diese Ausgaben getätigt hatte. Am 29. September stellte sich überdies heraus, dass eine Anwaltskanzlei, deren Teilhaber Van Cauwenberghe war, lange Zeit die Interessen der Wohnungsbaugesellschaft vertreten hatte. Weiter wurde offenbar, dass Angestellte von »La Carolorégienne« in den Häusern führender Politiker und hoher Beamter in Schwarzarbeit Reparatur- und Umbauarbeiten durchgeführt hatten. Am 30. September wurde Despiegeleer wegen Veruntreuung von Gesellschaftsvermögen, Urkundenfälschung und betrügerischer Buchhaltung verhaftet. Van Cauwenberghe brach ob des Falls seines Freundes vor laufenden Fernsehkameras in Tränen aus. Am gleichen Tag legte er sein Amt nieder. Sein Nachfolger wurde Elio Di Rupo, der italienischstämmige Vorsitzende der Sozialistischen Partei. Di Rupo zögerte eine Weile, das Amt anzutreten. Aber aufgrund der schmalen »Human Ressources« in der Wallonie fand man in der gebotenen Eile keinen anderen Politiker, der für diesen Job geeignet war.

Tatsächlich trifft man in ganz Belgien immer wieder die gleichen Akteure in unterschiedlichen Rollen an. Und sie alle haben ihre Netzwerke. Dazu trägt ein typisch belgisches Phänomen seinen Teil bei, das Clubwesen. Es blüht in Belgien genauso wie in England, aber da das belgische Biotop wesentlich kleiner ist als das englische, sind die Clubs der Günstlingswirtschaft noch förderlicher.

In seinem Buch *De Elite van België* zählt der Journalist Jan Puype rund sechzig nationale und regionale Gesellschaftsclubs in Belgien auf. Der älteste ist der französischsprachige »Cercle Gaulois« in Brüssel, dessen Vorläufer, der »Cercle Royal Gaulois Artistique et Littéraire«, auf das Jahr 1847 zurückgeht. Das noch ältere Clubhaus im Brüsseler Stadtpark ist strategisch günstig zwischen Königsschloss und Parlament gelegen und verfügt unter anderem über intime Salons für vertrauliche Gespräche und ein vornehmes Restaurant. Wer Mitglied werden will, muss männlichen Geschlechts sein und ein Universitätsdiplom haben. Damen dürfen zum Essen und zum jährlichen »Bal Gaulois« mitgebracht werden. Ansonsten besteht das Programm vor allem aus kulturellen Veranstaltungen. Die 1200 Mitglieder sind (meist französischsprachige) Adlige, Wirtschaftsbosse, Bankiers, Politiker und hohe Beamte aus den benachbarten Ministerien sowie Diplomaten aus den umliegenden Botschaften. Als etwas weniger vornehm gilt »De Warande«, einen Katzensprung vom »Cercle Gaulois« entfernt gelegen. Der Club wurde 1988 mit dem Ziel gegründet, den Einfluss Flanderns auf Brüssel zu verstärken. Die Mitglieder sind vor allem flämische Wirtschaftskapitäne, aber mittlerweile bewerben sich auch Adlige um die Mitgliedschaft, da man an der wirtschaftlichen Macht Flanderns nicht mehr vorbeikommt. Es werden Vorträge gehalten und Reisen unternommen. Der vornehmste unter den drei belgischen Spitzenclubs ist der »Cercle Royal«, zu dessen 525 Mitgliedern fast ausschließlich Adlige gehören. Clubpräsident ist Prinz Guillaume de Croy, dessen Stammbaum auf die Burgunderherzöge zurückgeht. Man trifft sich in einem der vornehmsten Viertel Brüssels vor allem zum Bridgespiel. Aber da Adel und Geld in Belgien noch immer Synonyme sind, kann man davon ausgehen, dass man sich währenddessen auch über Themen austauscht, die das eigentliche Spiel übersteigen.

Wer Mitglied eines Eliteclubs werden will, braucht zwei bis drei Bürgen und ein gut gefülltes Portemonnaie. Bevor man die Tür zu »De Warande« durchschreiten darf, muss man erst einmal 3000 Euro hinblättern. Das ist für die meisten hohen Politiker und Wirtschaftsbosse ein Kleckerbetrag. Jedoch sorgt diese hohe Summe in Kombination mit dem Bürgen-System für eine Art natürliche Auslese. Man kennt sich und man bleibt unter seinesgleichen. Und vor allem: Man kann effizient »networken«.

Anne-Marie Lizin, so geht aus dem Buch von Puype hervor, ist Mitglied der belgischen Freimaurerloge, genauer, der Frauengroßloge. Jean-Claude Van Cauwenberghe wiederum finden wir im Mitgliederverzeichnis des zweisprachigen »Club van Lotharingen – Cercle Lorraine«, der sinnigerweise im Schloss des verstorbenen afrikanischen Diktators Mobutu im vornehmen Brüsseler Vorort Uccle residiert. Der Club wurde erst 1998 von dem ehrgeizigen Brüsseler Immobilienmakler Stéphane Jourdain gegründet. Zu den 1100 Mitgliedern gehören Unternehmer, Notare und auffallend viele wallonische Politiker und hohe Beamte. Jourdain ist alles andere als unbescholten. 2001 wurde er wegen Hinterziehung eines Steuerbetrags in Höhe

Dem Neubau des Europaviertels in Brüssel mussten zahlreiche traditionelle Wohnquartiere weichen.

von 250 000 Euro angeklagt und saß drei Wochen in Untersuchungshaft, bevor er mit dem Finanzamt einen Vergleich erzielte. Aber auch in den Jahren darauf kam er immer wieder wegen Betrugsaffären mit dem Gesetz in Konflikt. Die Mitglieder bleiben ihm treu, weil er als Meister im Weben effizienter Netzwerke gilt.

Ich habe eine ganze Reihe von Bekannten, vor allem aus den diplomatischen Kreisen Brüssels und aus EU-Kreisen, die die Mitgliedschaft in »ihrem« Club in vollen Zügen genießen. Der Lieblingsclub der europäischen Beamten heißt »Château Sainte-Anne« und hat seinen Sitz im gleichnamigen Schloss in Brüssel. Bei Essenseinladungen habe ich auch das Ambiente des »Cercle Gaulois« bewundern können. Die Eliteclubs sind mit Sicherheit nicht die Ursache der belgischen Skandalitis, aber mit ebenso großer Sicherheit kann man annehmen, dass ihre Mitglieder in Freud und Leid zusammenhalten. »Von einer Trennung der Gewalten ist in den Clubs keine Rede«, schreibt Jan Puype. Und hier schließt sich der Kreis: Genau dies war der Vorwurf, der zu Recht gegenüber Anne-Marie Lizin erhoben wurde.

Obwohl auch Flandern reich an Clubs ist, allen voran der »Royal Zoute Golf Club« im vornehmen Badeort Knokke, scheint die Skandalitis dort weniger ausgeprägt. Das Bundesland bietet ihr auch einen weniger saftigen Nährboden als die Wallonie. Wegen des hohen Ausbildungsstands in Flandern gibt es, wenn es einen wichtigen Posten zu besetzen gilt, eine größere Auswahl an fähigen Bewerbern, und außerdem unterstehen sechs Millionen Menschen nur einer einzigen Regierung, was für eine relative Transparenz sorgt. Aber auch dort kommt es ab und zu einmal zu einem unerfreulichen Eklat. 2003 kam durch eine gezielte Indiskretion des Vlaams Blok ans Licht, dass zahlreiche Mitglieder des Antwerpener Stadtrats mit den Visa-Karten, die ihnen zur Deckung beruflicher Ausgaben zur Verfügung gestellt worden waren, Privateinkäufe wie Kommunionsgeschenke für Nichten und Neffen, Anzüge und Kameras getätigt hatten. So gering die Beträge vergleichsweise waren, die sozialistische Bürgermeisterin Leona Detiège und einige hohe Funktionäre mussten unter dem Druck der Öffentlichkeit zurücktreten. Allerdings fiel auf, dass zwei Jahre später bei 16 der 19 des Betrugs Angeklagten, darunter der Chef des Antwerpener Polizeikorps, das Verfahren eingestellt wurde. »Diese Entscheidung ist ein Donnerschlag«, schrieb »De Morgen« tags darauf, am 19. Mai 2005. »Von der Visakarten-Affäre, die vor zwei Jahren wie ein Orkan durch Antwerpen raste, sind keine Spuren übrig geblieben.«

Derartige Berichte füllen in Belgien fast täglich die Presse, und zwar vorwiegend die des jeweils anderen Bundeslandes. Die wallonischen Zeitungen berichten akribisch über flämische und die flämischen Zeitungen akribisch über wallonische Skandale. Die für Belgien schlimmste Affäre aber war der Fall Dutroux. Er drang in Weltmedien und stürzte das Land in eine tiefe Krise.

Zwischen dem 24. Juni 1995 und dem 9. August 1996 verschwanden in Belgien sechs Mädchen: die achtjährigen Freundinnen Julie Lejeune und Melissa Russo, die 17-jährige An Marchal, die 19-jährige Eefje Lambrecks, die zwölfjährige Sabine Dardenne und die 14-jährige Laetitia Delhez. Am 12. August 1996, drei Tage nach der Entführung von Laetitia, wurden aufgrund des Hinweises eines Passanten auf ein Nummernschild Marc Dutroux, seine Frau Michelle Martin und sein Kumpan Michel Lelièvre verhaftet. Am 15. August konnten nach einem Geständnis von Dutroux Laetitia Delhez und Sabine Dardenne lebend aus ihrem Kellerverlies im Haus Dutroux' in Marcinelle, einem Vorort von Charleroi, befreit werden. Am 17. August wurden im Garten eines anderen Hauses von Dutroux in Sars-la-Boussière bei Mons die Leichen von Julie und Melissa und am 3. September im Garten wieder eines anderen Hauses in Jumet, ebenfalls bei Charleroi, die von An und Eefje gefunden.

Die Belgier mussten erfahren, dass der arbeitslose Elektriker bereits 1985 wegen des Verdachts auf Vergewaltigung Minderjähriger in Untersuchungshaft genommen und er und seine Frau im Jahr 1989 wegen Entführung, Freiheitsberaubung und Vergewaltigung Minderjähriger zu einer dreizehn- beziehungsweise fünfjährigen Freiheitsstrafe verurteilt worden waren. Trotz warnender psychiatrischer Gutachten war Martin bereits zwei Jahre später, Dutroux drei Jahre später wegen guter Führung entlassen worden.

Es erhob sich ein Wust von Vermutungen und Verdächtigungen. Gab es geheime Beziehungen zwischen Dutroux und den Mächtigen des Landes? Vielleicht sogar Querverbindungen zum »Fall Cools«? Warum wurden plötzlich hohe Richter unter dem Vorwand der Befangenheit entlassen? Wieso besaß Dutroux mehrere Häuser? Warum starb ein Zeuge nach dem anderen eines unnatürlichen Todes?

In Belgien entstand die »Netzwerk-Theorie«, der zufolge Dutroux sogar nach seiner Festnahme unter dem Schutz mächtiger *patrons* stand, die ihn beschützten, weil er sie mit Minderjährigen »beliefert« hatte. In dieser Theorie kulminierte das Misstrauen der Belgier gegen die Obrigkeit und ihr Gefühl der Machtlosigkeit. Angeheizt wurde die Netzwerk-Theorie von einem Teil der Presse, allen voran »De Morgen«, die ganze Serien über schwer traumatisierte Frauen brachte, die in ihrer Jugend missbraucht worden waren und nun eine Beziehung zwischen ihren Schändern, Dutroux und der Oligarchie des Landes herstellten.

Am 20. Oktober 1996 zogen 300 000 entsetze Belgier beim »Weißen Marsch« durch Brüssel, um eine lückenlose Aufklärung der Verbrechen zu fordern. Erst am 17. Juni 2004, acht Jahre später, wurden Dutroux und seine Frau von einem Geschworenengericht in Arlon zu lebenslanger Haft und sein Kumpane, der drogensüchtige Michel Lelièvre, zu 25 Jahren Gefängnis verurteilt. Das Gericht hatte sich abermals unglaublich schwer damit getan, eine wasserdichte Anklage zu erstellen, da es mehr Gerüchte als Beweise gab und außerdem ein dichtes Netz von Kriminellen im Umkreis von Dutroux entwirrt werden musste (was nie zur Gänze gelang). Für die eigentliche Netzwerk-Theorie, die Belgien jahrelang in ein Lager der »believer« und der »non-believer« aufgespalten hatte, gab es jedoch auch nach Anhörung von 450 Zeugen keine Indizien.

Obwohl ich selbst, erdrückt durch die Fakten und durch unablässige »Enthüllungen« der belgischen Presse, jahrelang zwischen den Parteien der »believer« und der »non-believer« schwankte, taten mir meine belgischen Mitbürger in den Jahren zwischen der Verhaftung Dutroux' und seiner Verurteilung nicht wenig Leid. Sie fühlten sich kollektiv schuldig und schämten sich zu Tode. Die Angst vor Pädophilie nahm hysterische Züge an: Jahrelang traute sich in der Vorweihnachtszeit kein als Nikolaus verkleideter gutbürgerlicher Familienvater mehr, ein Kind auf den Schoß zu nehmen. Das Land wurde sogar in der Selbstwahrnehmung zum Synonym für institutionelle Schlamperei, Cliquenwirtschaft und Pädophilie.

In Deutschland erschien zwei Jahre nach der Verhaftung von Dutroux das Buch »Die Kinderfänger« des Journalisten Dirk Schümer. Schon im Klappentext wurde der Ton angeschlagen, der das ganze Buch durchzieht. Dort ging es um: »… die Durchdringung des Staats mit Klientelinteressen der Parteien und ihrer Seilschaften, die Frage nach den Grenzen sexueller Enttabuisierung und den Gefahren moralisierender Gegenbewegungen, die Illusion des liberalen Strafrechts in einer verrohenden Gesellschaft.« 1998 interviewte ich Schümer in Brüssel. Wir hatten uns in der Brasserie des Hotels »Metropole«, des schönsten Jugendstilhotels der Stadt, verabredet. Die Sessel waren tief, die alten Kellner höflich, besorgt und diskret wie immer und vor unseren Augen breitete sich die von Jacques Brel besungene Place Brouckère aus. War Belgien »verroht«? Ich fühlte mich genauso schizophren, wie ich mich schon die Jahre zuvor gefühlt hatte und noch viele Jahre fühlen sollte. Zögernd fragte ich Schümer, ob er mit den Eltern der entführten Kinder gesprochen habe, die die »Weiße Bewegung« initiiert hatten. Schließlich stellte sich heraus, dass sein Buch zwar auf fundierter Kenntnis des Landes, ansonsten aber vor allem auf der Lektüre kritischer Artikel beruhte. Die negative Wirkung des Buchs blieb nicht aus.

Wie geht Belgien heute mit der Erinnerung an Dutroux um, der in einem Brüsseler Gefängnis sein Leben verdämmert? Noch immer gibt es da einen Restverdacht und ein Trauma, das aus dem Unterbewusstsein hochsteigt, wenn wieder einmal ein Skandal an die Öffentlichkeit dringt. Eine Affäre wie die um den ehemaligen wallonischen Ministerpräsidenten Van Cauwenberghe, die sich überdies ausgerechnet in Charleroi abspielte, wirkt auf die Belgier wie ein Déjà-vu, aber für die jungen Belgier ist »Dutroux« schon Geschichte.

Objektiv gesehen ist auch, abgesehen von lokalem Gemauschel, Besserung in Sicht. Schon vor der Verurteilung Dutroux' und seiner Helfer wurde der in eine Kommunal-, eine Bundes- und eine Gerichtspolizei aufgespaltene belgische Polizeiapparat zusammengelegt, um die Kommunikation zwischen den drei Flügeln, zwischen denen es früher eine starke Konkurrenz gab, zu verbessern. Diese wirre Struktur hatte mit dazu beigetragen, dass Dutroux nicht früher das Handwerk gelegt worden war. Die Betreuung und Unterstützung von Opfern von Gewalttaten wurde verbessert und gesetzlich verankert. Und auch die Gerichte werden seitdem reformiert, sprich mit modernem Datenübertragungsmaterial ausgestattet und personell gestrafft. Belgien will unter allen Umständen vermeiden, dass es noch einmal beim Ausland in Misskredit gerät.

Und in absehbarer Zeit ist vielleicht auch die letzte Politikergeneration ausgestorben, die noch ausschließlich in lokalen, »partikratischen« und oligarchischen Kategorien denkt. Nur steht leider dahin, ob es Belgien in seiner jetzigen Form dann noch geben wird.

Wie geht es weiter mit Belgien?
Oder: ein Mittelpunkt fliehendes Land

Die Geschichte hat einen langen Atem. Mit der Festlegung der Sprachengrenze zwischen Flandern und der Wallonie im Jahr 1963 war Belgien offiziell wieder so weit, wie es bereits unter dem römischen Gegenkaiser Postumus gewesen war: Das Land teilt sich administrativ auf in einen Norden, in dem germanische (beziehungsweise niederländische) Dialekte, und in einen Süden, in dem romanische (beziehungsweise französische) Dialekte gesprochen werden. Immerhin gibt es keine mit Festungen gespickte Heerstraße mehr zwischen den beiden Landesteilen, aber dafür verlaufen zwischen ihnen tiefe demografische, wirtschaftliche und kulturelle Klüfte. Man könnte auch sagen: Gefälle.

Mit mehr als 450 Einwohnern pro Quadratkilometer gehört Flandern zu den am dichtesten besiedelten Regionen Europas, mit rund 200 Einwohnern pro Quadratkilometer die Wallonie zu den am dünnsten besiedelten. Die Arbeitslosenquote in Flandern schwankt seit Jahren um 8,5 Prozent, in der Wallonie um 18,2 Prozent. In Flandern haben sechs von zehn Gemeinden einen Lebensstandard, der erheblich über dem nationalen Durchschnitt liegt, in der Wallonie liegen sechs von zehn darunter. 68 Prozent des belgischen Steueraufkommens werden in Flandern, 22 Prozent in der Wallonie und der Rest in Brüssel erwirtschaftet. Grundstücke sind in Flandern drei Mal teurer als in der Wallonie. Und der durchschnittliche Wallone verdient mit 23 265 Euro jährlich 2300 Euro weniger als der durchschnittliche Flame.

Die kulturellen Unterschiede ergeben sich aus den beiden großen Landessprachen. In Flandern gibt es eine recht lebendige Literaturszene und einige große Verlage; in der Wallonie hingegen gibt es kaum nennenswerten Verlage und viel weniger Leser, weshalb französischsprachige belgische Schriftsteller, wenn sie mit ihren Büchern eine höhere Auflage erzielen und ein größeres Publikum erreichen wollen, auf Frankreich angewiesen sind. * Gespalten ist auch die Theaterszene: Es gibt nur noch wenige Flamen, die das Französische gut genug beherrschen, um in Brüssel einmal ein französischsprachiges Theaterstück ohne Verständnisprobleme genießen zu können. Praktisch inexistent ist der Kulturaustausch in umgekehrte Richtung, da traditionell kaum ein Wallone flüssig das Nieder-

---

* Interessant ist in diesem Zusammenhang, dass der Belgier François Weyergans im November 2005 für sein Buch »Trois jours chez ma mère« (»Drei Tage bei meiner Mutter«) mit dem höchsten französischen Literaturpreis, dem Prix Goncourt, ausgezeichnet wurde. Damit hatte er sogar den Franzosen Michel Houllebecq (»Die Möglichkeit einer Insel«) ausgestochen, der europaweit und auch vom deutschen »Spiegel« als Favorit gehandelt worden war.

ländische beherrscht, wenn man in der Wallonie nicht sowieso, wie schon im 19. Jahrhundert, davon ausgeht, dass es im einstmals armen, agrarischen und katholischen Flandern nach wie vor keinerlei Kultur aufzuspüren gibt, abgesehen von den spätmittelalterlichen »Flämischen Primitiven« und den Beginenhöfen.

Im zweisprachigen Brüssel teilt sich das kulturelle Leben säuberlich in einen französischsprachigen und einen niederländischsprachigen Bereich auf, wobei der französischsprachige Bereich traditionell dominiert. Die belgische Nationaloper »La Monnaie« und der größte Kulturpalast des Landes, das »Palais des Beaux-Arts«, sind französischsprachig orientiert. Aber die Flamen rücken auf. Seit Jahren versuchen sie nicht ohne Erfolg, in der Kulturszene der Hauptstadt ihres Bundeslandes Fuß zu fassen. So haben sie in Brüssel ein eigenes Theater, die »Königlich-Niederländische Schauburg«, die mit einem neuerdings frischen Programm eine brauchbare Alternative zum »Französischen Nationaltheater« darstellt. Auch sonst ist das Angebot an niederländischsprachigen Theatervorstellungen und die Zahl der von flämischen Organisatoren in Brüssel veranstalteten Musikfestivals in den letzten Jahren erheblich gestiegen. Nur der Austausch zwischen den beiden Parallelszenen bleibt weiterhin dürftig. Die Brüsseler Flamen strömen zu »ihren« Theatervorstellungen und Festivals, die französischsprachigen Brüsseler zur Monnaie oder zum »Théâtre National«. Und von außerhalb Brüssels bemühen sich selten Belgier in die Kapitale, um dort einen Theaterabend, eine Opernaufführung oder ein Konzert zu erleben – ebenfalls ein Phänomen, das nicht gerade zur Integration der beiden Kulturen beiträgt.

»Die Unterschiede zwischen Flandern und der Wallonie sind ebenso groß wie die zwischen Zwillingen, die nicht nur zweieiig sind, sondern überdies direkt nach ihrer Geburt voneinander getrennt wurden«, schrieb der flämische Journalist Rik Vanwalleghem in seinem ironisch-kritischen Buch *België Absurdistan*. Im Herbst 2005 veranstalteten die beiden großen öffentlich-rechtlichen Rundfunk- und Fernsehsender des Landes, der flämische VRT *(Vlaamse Radio en Televisie)* und der wallonische RTBF *(Radio-Télévision belge de la Communauté française)*, eine von Presse und Öffentlichkeit mit Spannung verfolgte Umfrage, bei der der »größte Belgier aller Zeiten« ermittelt werden sollte. Bezeichnend an dieser Umfrage war nicht nur, dass die niederländischsprachigen und französischsprachigen Belgier getrennt voneinander befragt wurden, sondern auch, dass es unter den jeweils zehn, also zwanzig Belgiern, die das Finale erreichten, nur drei »überregionale« Kandidaten gab.

Auf frankophoner Seite landeten nach mehreren Umfragerunden König Baudouin, der Chansonnier Jacques Brel, der Lepra-Pater Damiaan de Veuster, die in Brüssel geborene »Mutter der Müllmenschen« Schwester Emmanuelle, der Comicstrip-Zeichner Hergé, der Maler René Magritte, der Schauspieler Benoit Poelvoorde (den in Flandern niemand kennt), der Schriftsteller George Simenon, der Opernsänger José Van Dam und der Radrennfahrer Eddy Merckx im »Finale«. Auf flämischer Seite waren es der Leprapater Damiaan de Veuster, Eburonenfürst Ambiorix (!), der Renaissance-Arzt Andreas Vesalius, der Barockmaler Peter Paul Rubens, Dr. Paul Janssen (Gründer der Firma Janssen Pharmaceutika), Eddy Merckx, der Renaissance-Kartograph Gerardus Mercator, der Dichter Hendrik Conscience, der Arbeiterpriester Adolf Daens und Jacques Brel. Nur Pater Damian, Eddy Merckx und Jacques Brel erfreuten sich der Verehrung beider Sprachgruppen. Sie alle hatten in einem Belgien gelebt, in dem es noch keine offizielle Sprachengrenze gab.

Der VRT gab am 1. Dezember das Ergebnis der Wahl in Flandern bekannt: Flandern hatte mehrheitlich den unverfänglichen Pater Damiaan gewählt, der bereits 1889 auf den Molukken gestorben war, wo er eine Leprakolonie gegründet und sich mit der Krankheit infiziert hatte. Am 20. Dezember zog der RTBF nach: Die französischsprachigen Belgier hatten sich für den aufsässigen Chansonnier Jacques Brel entschieden. Erstaunlicherweise gab es plötzlich zwei – völlig gegensätzliche – »größte Belgier«, was nicht unbedingt die Absicht der beiden Radiosender gewesen war (die im gleichen Haus in Brüssel ihre Studios haben). Aber man ließ das einfach so stehen, und danach war von der Wahl nie mehr die Rede. Für die Französischsprachigen war Pater Damiaan übrigens der drittgrößte Belgier, für die Flamen Jacques Brel der siebtgrößte.

Auch sonst hat Flandern so seine eigenen »Ikonen«, was nicht zuletzt auf die 1989 gegründete private Fernsehanstalt VTM (*Vlaamse Televisie Maatschappij* – Flämische Fernseh-Gesellschaft) zurückzuführen ist, die man in der Wallonie nicht empfangen kann. Einer der ersten Quotenschlager des Senders war die »Soundmixshow«, es folgten Sendungen à la »Big Brother« oder »Idol«. Heute überschlägt die VTM sich geradezu in punkto Casting-Shows und Miss-Wahlen. Auf diese Weise werden unablässig flämische Sternchen kreiert, die von der Regenbogenpresse gehegt und gepflegt werden und zu einer »kulturellen« flämischen Identität, aber auch Inzucht führen, die den Blick über die Sprachengrenze zur Gänze überflüssig macht. Im französischsprachigen Landesteil gibt es den belgischen Ableger des Privatsender RTL, der in punkto Identitätsbildung aber wesentlich weniger aktiv ist.

Die Gemeinsamkeiten und die Solidarität zwischen den Sprachgemeinschaften Belgiens sind auf ein Minimum zusammengeschrumpft. Das kommt vor allem in der komplizierten Aufgabenverteilung zwischen Bund und Ländern zum Ausdruck. Selbst die Regierungen verheddern sich immer wieder im Kompetenzgestrüpp, während die Oppositionsparteien in eben diesem Gestrüpp regelmäßig Hintertürchen finden, die es ihnen ermöglichen, beispielsweise die Verabschiedung eines Gesetzes in letzter Sekunde zu sabotieren. Das führt dazu, dass in Belgien jede Entscheidungsfindung unendlich lange dauern kann, wenn es denn überhaupt jemals zu einer Entscheidung kommt.

Dem Staat sind nur noch drei Kernkompetenzen übrig geblieben (die offiziell tatsächlich »Restkompetenzen« genannt werden), wohingegen die übrigen Staatsaufgaben im Laufe der vergangenen vierzig Jahre ganz oder teilweise den Bundesländern übertragen worden sind. Diese Kompetenzen sind die Einziehung und Verteilung der Sozialversicherungsbeiträge, die Verteidigungspolitik und die Polizeiaufsicht. Schwieriger wird es schon bei den Steuern. Dem Staat obliegt, so liest man in einer Broschüre des Ministeriums der Wallonischen Region aus dem Jahr 2005, die das unentwirrbare Knäuel aus Kompetenzen und Teilkompetenzen zum Zweck der Aufklärung der Bürger einmal in übersichtliche Tabellenform zu pressen versuchte, die »Festlegung und Einziehung der Steuern«, den Bundesländern die »Einziehung der Regionalsteuern im Rahmen der nationalen Reglementierungen« und den Gemeinschaften eine »eigene Steuergesetzgebung, die jedoch mit Ausnahme der Radio- und Fernsehsteuer für die Französische und Flämische Gemeinschaft schwer anwendbar ist«. Selbst die Außenpolitik wurde, wie sich das in Belgien euphemistisch nennt, »regionalisiert«. Der belgische Staat ist nur noch für seine Diplomaten und deren diplomatische Verhandlungen, im begrenzten Rahmen für Verträge mit Drittstaaten und für die Entwicklungshilfe alleine verantwortlich; die fünf »territorialen« und »nichtterritorialen« Bundesländer jedoch können internationale Verträge abschließen, die die zahllosen Befugnisse betreffen, die in ihre Zuständigkeit fallen. Die Bundesregierung, die im Vorfeld unterrichtet werden muss, kann theoretisch Einspruch erheben, was sie aber bisher wohlweislich noch nie getan hat. Im Klartext: Selbst die 70 000 Einwohner umfassende Deutschsprachige Gemeinschaft kann »bilaterale« Verträge abschließen, wenn es sich um kulturelle Angelegenheiten, Wissenschaftspolitik, Beschäftigungspolitik oder das Unterrichtswesen handelt. Wie kompliziert das alles ist, geht auch aus der Tatsache hervor, dass die bewusste Tabelle, mit der sich die Wallonische Region an eine breite Leserschicht wandte, sieben eng bedruckte Seiten umfasst. Am Schluss der Tabelle lesen wir den kryptischen Satz: »Die Koordinierung und die Zusammenarbeit in Absprache zwischen dem Föderalstaat und den föderierten Staatsorganen sind in allen Kompetenzbereichen entweder verpflichtend oder fakultativ.«

Warum waren die einzelnen Regierungen im Kompetenzgerangel zwischen Bund und Ländern bisher immer wieder bereit, sich von wichtigen Aufgaben zu trennen und sie den Bundesländern zu übergeben? Weil sie dadurch die Wähler zufrieden stellen und ihr eigenes Überleben sowie das des belgischen Staats sichern wollten. Das Problem dabei ist allerdings, dass die Töchter langsam, aber sicher ihrer Mutter über den Kopf wachsen.

Vor allem Flandern hat von seiner zunehmenden Autonomie profitiert: Es konnte sich in den letzten Jahren zu einem starken, effizienten Bundesland entwickeln. Die Gründe dafür liegen in seiner wirtschaftlichen Kraft und vergleichsweise transparenten politischen Struktur.

Im Gegensatz zur südlichen Landeshälfte mit ihren drei Regierungen gibt es in Flandern nur eine einzige Regierung, die dementsprechend entschlossener handeln kann. Das macht die Situation nach innen und außen hin schon einmal relativ übersichtlich. Man hat genug Geld, um in den Häfen von Antwerpen und Zeebrügge riesige Containerkais zu bauen, umfangreich in Opernhäuser, Museen, Schulen und Universitäten zu investieren und flächendeckend die einst verfallenen Städte zu renovieren. Das erhöht das Selbstbewusstsein der Flamen. Und vor allem, man schert sich nicht mehr viel um die Wallonie und um Brüssel. Das wiederum hat dazu geführt, dass Flandern zum kritischen Faktor im belgischen politischen Gewebe geworden ist.

So mancher flämische Politiker scheint beinahe vergessen zu haben, dass es die Wallonie überhaupt noch gibt. Am 9. Mai 2005 strahlte das flämische Radio ein Interview mit dem flämischen Außenminister Geert Bourgeois aus, der gerade von einer diplomatischen Mission in Südafrika zurückgekehrt war. Der Journalist merkte mit unbelgischer Kühnheit an: »Mir fiel auf, dass in den Presseverlautbarungen Ihres Ministeriums kein einziges Mal das Wort Belgien erwähnt wurde.« Bourgeois reagierte schwer irritiert: »Als Außenminister Flanderns sehe ich, wenn ich einen Vertrag mit dem Afrikanischen Nationalkongress abschließe, keinerlei Grund, Belgien zu erwähnen.« Und auf der Website von Jean-Luc Dehaene lesen wir: »Meine Wahl zum Europaabgeordneten (...) hat mich in die Lage versetzt, meine jahrelangen Erfahrungen im Bereich der Politik in den Dienst der Vilvoorder, der Flamen und der Europäer zu stellen.« Immerhin war Dehaene sieben Jahre lang belgischer Premierminister gewesen.

Die Wallonie ist Flandern nur noch ein Klotz am Bein, der es an einem weiteren Höhenflug hindert. Vor allem die Tatsache, dass jährlich rund 2,6 Milliarden Euro allein an Sozialversicherungsbeiträgen von Flandern in die Wallonie transferiert werden, ist den Flamen ein Dorn im Auge.

Das Verhältnis zwischen Flandern und der Wallonie ist entfernt dem zwischen West- und Ostdeutschland vergleichbar, wobei sich West- und Ostdeutschland jedoch mehr oder weniger freiwillig zusammengetan haben und im Prinzip auch eine weitere Annäherung anstreben, Flandern und die Wallonie hingegen eher unfreiwillig im gleichen Staat landeten und immer weniger miteinander anfangen können. Den Grund dafür formulierte treffend Stéphane Renard, Chefredakteur des französischsprachigen Nachrichtenmagazins »Le Vif Express«: »Der belgische Föderalismus«, schrieb er am 24. November 2005, »hat mit den Staatsstrukturen anderer großer westlichen Nationen nicht viel gemein. Von den Vereinigten Staaten bis Deutschland und Italien hat man den Föderalis-mus von Anfang an eingeführt, um die einzelnen Bundesländer in die Lage zu versetzen, im Rahmen des Staats wachsen und gedeihen zu können. In Belgien, das aus einem Versehen der Geschichte heraus entstanden ist und in dem man immer zu Kompromissen gezwungen war, wurde der Föderalismus nachträglich eingeführt, um den wachsenden Zwiespalt zwischen den einzelnen Sprachengemeinschaften unter Kontrolle zu halten.«

Dennoch würde ein aufrechter flämischer Politiker das Wort »Separatismus« niemals in den Mund nehmen. Das tut umso effizienter die rechtsradikale Partei Vlaams Belang (früher Vlaams Blok), die mit ihren separatistischen und rassistischen Parolen mittlerweile jeden vierten Flamen und jeden dritten Antwerpener für sich gewonnen hat.

Gegründet wurde die Partei 1977 von Dissidenten der gemäßigten flämisch-nationalen Partei *Volksunie* (Volksunion) sowie von Angehörigen einiger militanter nationalistischer Vereinigungen. Ihr Siegeszug begann Anfang der neunziger Jahre. Bei den Landtagswahlen von 1991 erhielt der Blok auf einen Schlag zwölf Sitze im flämischen Parlament. Anschließend begann die Partei, die flämischen Gemeinderäte zu durchwuchern.

1999 fanden Bundestagswahlen statt, aus denen der Vlaams Blok in Flandern als drittstärkste Partei hervorging. Bei der Kommunalwahl vom 8. Oktober 2000 wählten 13 Prozent aller Flamen, bei der Bundestagswahl vom Mai 2003 jeder fünfte Flame und bei der Landtagswahl vom Juni 2004 jeder vierte Flame den Blok. Die Hochburg der Partei ist Antwerpen, wo sich ihr Stimmenanteil seit 2000 bei gut 30 Prozent eingependelt hat. Der Grund dafür ist zweifellos die spezielle Mentalität der Antwerpener: Die Blütezeit der Stadt vor der Wiedereroberung durch die Spanier ist im kollektiven Unterbewusstsein noch höchst lebendig, und am liebsten wäre man ein autonomer Stadtstaat, wie Florenz und Genua es in der Zeit der Renaissance waren. Mit dieser Einstellung geht einher, dass man nicht unbedingt zum Teilen bereit ist, und schon gar nicht mit den rund 30 000 nichteuropäischen Einwanderern, die in der 450 000-Einwohner-Stadt leben (Zahlen von 2003).

Im November 2004 wurde der Vlaams Blok vom Schiedshof wegen Rassismus verboten, aber gründete sich fünf Tage später unter dem Namen »Vlaams Belang« und mit gleicher Mannschaft neu. Zurzeit, Anfang 2006, gehören 18 der 150 Abgeordneten im belgischen Parlament und 32 von 124 Abgeordneten im flämischen Parlament dem Vlaams Belang an (dort bildet er die stärkste Fraktion). Umfrageergebnisse liefern keine Hinweise auf ein Ende des rechtsradikalen Siegeszugs der vergangenen Jahre; allenfalls weisen sie auf eine Stagnation hin. Die demokratischen Parteien zittern jetzt vor den nächsten Wahlen.

Der Vlaams Belang ist in etwa der österreichischen FPÖ vergleichbar: Die Partei gibt sich salonfähig und profiliert sich als Sprecherin der sich zu Recht oder Unrecht unterdrückt Fühlenden. Ihre Galionsfigur ist Filip Dewinter, Fraktionsvorsitzender im belgischen Parlament. Er kommt stets im Maßanzug daher und lässt sich außerdem bei öffentlichen Auftritten gerne von zwei Schönheitsköniginnen begleiten, der Parlamentsabgeordneten Anke Vandermeersch, Miss Belgien 1991, und Anne-Rose Morel, Miss Flandern 1994. Beide Damen sind blond und blauäugig und korrespondieren mithin aufs Trefflichste mit der rassistischen Ideologie der Partei. Auch diese

Stillgelegtes Bergwerk bei Blegny in der Nähe von Lüttich – Führung für Besucher durch einen ehemaligen Bergmann.

Entourage beeindruckt so manchen einfachen Flamen (die meisten Belang-Wähler sind über 50, männlichen Geschlechts und finanziell schlecht gestellt). Dewinter will bei der nächsten, spätestens aber der übernächsten Kommunalwahl unbedingt Bürgermeister von Antwerpen werden. Deshalb hat sich der 1962 in Brügge Geborene seinen westflämischen Dialekt abgewöhnt und setzt alles daran, auch auf die Antwerpener Hafenaristokratie gediegen zu wirken. Seine niedrige Stirn unter dichtem Haarschopf ist stets gerunzelt. Auf seinen Schultern trägt der zu Übergewicht Neigende, sobald Fotografen in der Nähe sind, die Last seines Volks.

Dieses Volk ist für Dewinter und seine Partei im Prinzip Opfer. Das ist ihre Strategie, und sie ist psychologisch ausgesprochen geschickt, denn sie trifft genau den Nerv vieler Flamen, die sich trotz der wirtschaftlichen und kulturellen Blüte ihrer Region im tiefsten Inneren noch immer unterdrückt fühlen. Das vom Vlaams Belang in schrillen Hauswurfsendungen aufbereitete Feindbild umfasst nicht nur Türken, Marokkaner und Osteuropäer, sondern auch Wallonen und natürlich die Europäische Union. »Sie alle wollen Euch Euer Geld und Eure Kultur wegnehmen«, lautet die Botschaft, »dabei hat Flandern es endlich verdient, sein Haupt zu erheben und frei, reich und stolz zu sein.« Ein wahrer Leckerbissen war für die Partei das Urteil des Schiedshofs, das die Auflösung des Vlaams Blok verfügte. In den Wochen darauf ließen die Parteioberen flächendeckend Plakate kleben, auf denen sie sich selbst und vor allem ihre Wähler als Opfer unter anderen Opfern staatlicher Willkür profilierte, was der Partei gewiss einige weitere Sympathisanten beschert hat.

Der Erfolg des Vlaams Belang bereitet den demokratischen flämischen Parteien schweres Kopfzerbrechen, da sie ihren Wählerstamm schwinden sehen. Sie begegnen den Rechtsradikalen mit zwei einander widersprechenden Methoden: mit Ausgrenzen und mit Anpassung.

Bereits kurz nach dem Schock von 1991 hatten sich alle belgischen Parteien in seltener Einmütigkeit darauf geeinigt, nicht mit dem Vlaams Blok zu koalieren. Dieses Übereinkommen wird offiziell *cordon sanitaire* genannt. Das Problem in Flandern ist allerdings, dass die Ausgrenzung des Belang tendenziell dazu geführt hat, dass sich auch Parteien, die sich nicht richtig mögen, zu Regierungskoalitionen zusammenschließen müssen, bloß um die fürs Regieren erforderliche Mehrheit zu erreichen (in Flandern regiert deshalb seit 2004 eine Große Koalition aus Christdemokraten, Liberalen und Sozialisten). Aber immer wieder kommt es sowohl im flämischen wie auch im belgischen Parlament zu verbalen Attacken einzelner Abgeordneter demokratischer Parteien, die den Standpunkten des Belang zuneigen und von denen man vermutet, dass sie »käuflich« sind. Auch das verbessert nicht gerade die Freundschaft zwischen den Volksvertretern. Mit andere Worten: der *cordon sanitaire* bröckelt.

Vor allem unter den flämischen Liberalen gibt es Politiker, die laut darüber nachdenken, ob man es nicht doch einmal mit der Partei versuchen sollte. Einstweilen haben aber auch die anderen flämischen Parteien ihr Programm leicht in Richtung Vlaams Belang frisiert. Die Kritik an der liberalen Einwandererpolitik Belgiens und die Diskussion über eine noch größere Autonomie Flanderns sind politisch korrekt geworden.

Das wallonische Pendant des Vlaams Belang ist weniger erfolgreich. Die ebenfalls rassistische Front National hat keine straffe Parteistruktur, keine demagogischen Galionsfiguren wie Filip Dewinter und ein schwammiges Programm. Bei der letzten Bundestagswahl vom Mai 2003 errang sie genau einen Sitz im 150 Abgeordnete umfassenden belgischen Parlament und bei der letzten Landtagswahl vom Juni 2004 vier Sitze im 75 Abgeordnete umfassenden wallonischen Parlament. 51 Prozent der Flamen, aber nur 22 Prozent der Wallonen, so ergab eine Umfrage der öffentlich-rechtlichen Rundfunkanstalt VRT im Dezember 2005, können sich eine Regierungsbeteiligung einer rechtsradikalen Partei vorstellen. Auch dies weist auf unterschiedliche Mentalitäten der beiden großen Bevölkerungsgruppen Belgiens hin: Es scheint, als ob den Wallonen, die erstens traditionell rot und zweitens noch größere Individualisten sind als die im tiefsten Inneren noch immer katholischen Flamen, jede braune und autoritäre Struktur grundsätzlich widerstrebt. Auch ist die Front National nicht separatistisch. Denn die Partei weiß nur allzu gut, dass die Wallonie ohne die Alimente aus Flandern wirtschaftlich nicht überleben könnte.

So haben sich die beiden großen Bevölkerungsgruppen Belgiens in den letzten Jahrzehnten systematisch auseinandergelebt. Die Frage nach der Zukunft Belgiens beherrscht zunehmend die politische Tagesordnung. Sie ist so drängend geworden, dass sich sogar der König am 31. Januar 2006 in seiner traditionellen Neujahrsansprache, der belgischen »State of the Union«, in die Debatte mengte. Albert II. warnte vor »verschleiertem und offenem Separatismus« im Königreich. Und er beschwor die Landeskinder: »Im Namen des Friedens, lasst uns keine überhasteten Schlüsse aus bestimmten wirtschaftlichen Unterschieden ziehen. Brüche und Trennungen fallen meistens teuer aus für die Betroffenen, ob sie nun reich oder arm sind. Auch der menschliche Preis darf nicht vergessen werden.«

In einem Teil der flämischen Presse erhob sich tags darauf ein Aufschrei. Der König habe sich offen gegen die größte Bevölkerungsgruppe, die Flamen, gewandt. Außerdem habe er seine Befugnisse überschritten: Ein belgischer König hat sich laut Verfassung aus dem politischen Tagesgeschehen herauszuhalten. Auch der flämische Ministerpräsident Yves Leterme nahm kein Blatt vor den Mund: »Wer sich für den belgischen Status quo einsetzt, schadet den Menschen mehr, als dass er ihnen nützt«, kommentierte er in der Zeitung »De Standaard« die Neujahrsansprache. Und weiter, nicht weniger scharf: »Der König spielt keine Rolle mehr in den flämischen Strukturen.« In den Wochen darauf schnellte der blasse Leterme auf Platz eins in der Rangliste der beliebtesten flämischen Politiker.

Was ist der Grund für diese heftige Reaktion und die breite Zustimmung in der flämischen Bevölkerung? »Die Flamen haben einfach keine Lust mehr, sich weiter für Belgien krumm zu legen«, sagt der politische Beobachter Gerd Zeimers. »Damit hat man in den letzten Jahren wohl nicht so richtig gerechnet.«

Der Termin für die nächste und sechste Verfassungsreform steht schon fest: Sie soll nach der nächsten Bundestagswahl im Mai 2007 in Angriff genommen werden. Wichtigstes Thema wird die Übertragung der Verteilung der Sozialversicherungsabgaben auf die einzelnen Bundesländer sein.* Im Klartext: Von den Sozialversicherungsbeiträgen, die die Flamen zahlen, sollen nur noch flämische Arbeitslose und Rentner unterstützt werden, von den Beiträgen, die die Wallonen zahlen, nur noch wallonische Rentner und Arbeitslose und von den Brüsseler Beiträgen nur noch Brüsseler Rentner und Arbeitslose. Damit wäre es allerdings definitiv vorbei mit der innerbelgischen Solidarität. Und was dann?

Es werden Szenarios angedacht, die sich alle widersprechen. Von den belgischen Bundesländern könnte nur Flandern aufgrund seiner wirtschaftlichen Stärke notfalls alleine überleben.

---

* Weitere Schwerpunkt werden, nach bisherigen Plänen, die Lösung des Problems Brüssel-Halle-Vilvoorde und damit der Brüsseler Randgemeinden sowie die Zukunft bzw. mögliche Abschaffung des Senats sein, der sowohl von der belgischen Bevölkerung als auch den Institutionen mittlerweile als ebenso teuer wie uneffizient empfunden wird.

Die Wallonie befürchtet, im Falle eines Falles Frankreich zugeschlagen zu werden und zu einer unbedeutenden Grenzregion der *grande nation* zu verkümmern, weshalb sie strikt gegen weitere Spaltungsbestrebungen ist. Die Deutschsprachige Gemeinschaft hat schon eine Lösung gefunden: Ihr Ministerpräsident Karl-Heinz Lambertz will nicht nach Deutschland, weil seinem Bundesland dann, wenn auch mit anderen Vorzeichen, das gleiche Schicksal wie der Wallonie drohen würde; dafür gab er schon im Dezember 2005 Journalisten offiziell zu Protokoll, dass er sich eventuell eine Vereinigung mit dem reichen Nachbarland Luxemburg vorstellen könnte. Und Brüssel? Bereits seit langem wird auch von europäischen Institutionen über einen Sonderstatus der Hauptstadt Europas à la Washington DC nachgedacht. Das liegt auch an den katastrophalen Verkehrsverhältnissen in und um Brüssel: Es gibt kein effizientes Zubringernetz wie zum Beispiel in Paris oder Berlin, da das Umland Brüssels in die Zuständigkeit dreier verschiedener »Länder« fällt – Flanderns, der Wallonie und Brüssels selbst –, die sich alle gegenseitig blockieren und schon aus Prinzip jedes Bauvorhaben des jeweils anderen Bundeslandes sabotieren. Den Brüsselern selbst, die sich ihrerseits wenig um Flandern und die Wallonie scheren, wäre solch ein vornehmer, europäische Status durchaus recht. Aber dagegen wiederum sind selbst die separatistischsten Flamen, da der Verlust ihrer seit Burgunderzeiten angestammten Hauptstadt einer historischen Niederlage gleich käme.

Und auch vom Königshaus wollen die wenigsten Belgier sich freiwillig verabschieden. Albert II., der so herzlich lachen kann und in geradezu befreiendem Gegensatz zu seinem ernsten, oft sogar traurig wirkenden, jedenfalls aber tief katholischen Bruder Baudouin steht, ist in Flandern ebenso beliebt wie seine ganze Familie, allen voran seine hübsche und charmante Schwiegertochter und künftige Königin Prinzessin Mathilde, die Frau von Kronprinz Philipp. 56 Prozent der Flamen sprachen sich Anfang 2006 für den Erhalt des Königshauses aus, in der Wallonie waren es 68 Prozent und in Brüssel 58 Prozent. Allerdings können sich alle Bevölkerungsgruppen durchaus einen König vorstellen, der, ebenso wie der schwedische

König, nur noch repräsentative Aufgaben wahrnimmt wie zum Beispiel die Anwesenheit bei Grundsteinlegungen oder die Einweihung von Kinderkrankenhäusern.

So dreht man sich einstweilen im Kreise. Das Einzige, dessen man sich sicher sein kann, ist, dass es nicht zu einer »belgischen Revolution« mit umgekehrten Vorzeichen kommen wird, eines gewaltsamen Aufstands der völlig unfanatischen Niederländisch- gegen die ebenso unfanatischen Französischsprachigen. Da die Wallonie für die allermeisten Flamen sowieso schon lange »Ausland« ist, ist es ihnen relativ egal, ob man administrativ noch zum gleichen Land gehört oder nicht. Trennungsgelüste verspüren sie nur, wenn sie in den Zeitungen Berichte über die Höhe der Beträge lesen, die alljährlich aus ihren Portemonnaies in die Wallonie und nach Brüssel fließen. Und das rassistische Potenzial in Flandern, das dazu geführt hat, dass die allermeisten Wallonen die Flamen für germanische Faschisten halten? In meiner gutbürgerlichen Straße mit ihren 26 gepflegten Backsteinhäuschen wohnen eine armenische, eine polnische, eine chinesische, eine rumänische, eine marokkanische, eine spanische, eine afrikanische und eine italienische Familie. Zähle ich mich selbst hinzu, gehört jedes dritte Haus unserer Straße Menschen, die irgendwann nach Belgien eingewandert sind. Aber alle Bewohner sind gut miteinander befreundet, man organisiert gemeinsam Straßenfeste, zu denen die marokkanischen Nachbarn Pfefferminztee und die armenischen Nachbarn Plätzchen beisteuern, und auf dem Bürgersteig plaudert man auf Niederländisch und mit der marokkanischen Familie auf Französisch miteinander. Einige Nachbarn sind in Bürgerinitiativen aktiv, die illegale Einwanderer mit Kleidung und Nahrungsmitteln versorgen. Kürzlich bekam eine tschechenische Familie aus unserem Viertel den Ausweisungsbescheid: Sofort gründete sich ein Sympathisantengruppe, die Unterschriften sammelte und Zeitungsartikel lancierte, um die Ausweisung zu verhindern. Im Alltag spürt man, so unglaublich es klingt, überhaupt nichts davon, dass jeder dritte Antwerpener Vlaams-Belang-Wähler ist. Das liegt nicht nur daran, dass das Thema »Politik« sorgfältig aus allen Gesprächen ausgeklammert wird. Es liegt vielmehr am ganz speziellen Charakter des flämischen Rechtsradikalismus.

Die Flamen wählen den Vlaams Belang, weil er gegen die »Obrigkeit« ist und weil alle anderen Parteien kein klares Profil mehr haben (was auch an der gemeinsamen Front gegen den Belang liegt, womit die Katze sich abermals in den Schwanz beißt). Sie wählen ihn auch, weil sie befürchten, dass ihr Häuschen an Wert verliert, wenn noch mehr Ausländer ins Viertel ziehen. Und schließlich versprechen sie sich von ihr ein höheres Einkommen, sobald die Ausgleichszahlungen an die Wallonie erst einmal Vergangenheit sind. Damit hat es sich so ungefähr. So wie ich die Belgier und auch die Flamen kenne, ist dem Vlaams Belang keine große Zukunft beschieden: Er wird für seine Wähler nur so lange interessant sein, wie er gegen die Obrigkeit ist. Und wenn er, gesetzt dem Fall, eines Tages selbst zur Obrigkeit wird, wird ihm das gleiche Schicksal blühen wie allen anderen Parteien, die das Volk regierten oder regieren: Er wird automatisch zur Besatzungsmacht und damit zum natürlichen Feind. Zwar hat die Partei die Funktion eines Katalysators für das Schicksal Belgiens. Aber auch sie wird sich nicht gegen die vier Millionen Mini-Königreiche durchsetzen können, aus denen sich Belgien zusammensetzt: den vier Millionen Einfamilienhäuschen, deren Besitzer sich noch nie etwas von »oben« sagen ließen. Der Individualismus der Belgier ist die einzige zuverlässige Konstante im Land.

Die höheren Werte:
Kultur ohne Begrenzungen

Wilde Bilder oder: »Ich bin das Chaos, und da müssen wir durch.«

Kunst hat in Belgien eine Ventilfunktion: Was man früher nicht sagen durfte, was man heute in Worten auszudrücken sich scheut, das wird auf die Malgründe gefegt, zur Installation verarbeitet oder auf die Bühne geknallt. Belgische Kunst ist aufsässig, ironisch und spontan. Sie hasst den Mainstream wie Hollywood den Autorenfilm. Und sie ist extrem visuell, weil man Bilder immer im ganzen Land verstand, gleich, ob man nun Französisch oder Niederländisch sprach. Dabei muss es sich nicht immer um große Kunst handeln. In jeder Stadt, jeder Vorstadt, jedem Dorf gibt es zahllose Laientheater, wo Berufstätige abends unermüdlich proben; in vielen Einfamilienhäusern wurde die ehemalige Garage zur Privatgalerie. Aber ab und zu wuchert eine duftende Dschungelblüte aus dem flächendeckenden Angebot hervor. Die ist dann oft so faszinierend, dass das Ausland den Atem anhält.

Eine dieser Dschungelblüten ist der Antwerpener Installationskünstler, Erfinder und Phantast Panamarenko. Sein künstlerisches Biotop war bis zu seinem Umzug auf den ostflandrischen Bauernhof seiner jungen Frau Evelien, die er erst mit Mitte fünfzig heiratete, sein altes, verfallenes Elternhaus im Antwerpener Arbeiterviertel »Seefhoek«. Dort, inmitten eines unsäglichen und armseligen Chaos, begann der gescheiterte Student der Königlichen Akademie für Schöne Künste Mitte der sechziger Jahre phantastische Flugmaschinen zu entwerfen, mit denen er sich in seiner Phantasie über eine bedrückende Wirklichkeit erhob. Zwischendurch nahm er an Aktionen der Antwerpener Protestszene teil, die – ebenso wie im Deutschland und Frankreich jener Jahre, wenn auch witziger – gegen die Ge-

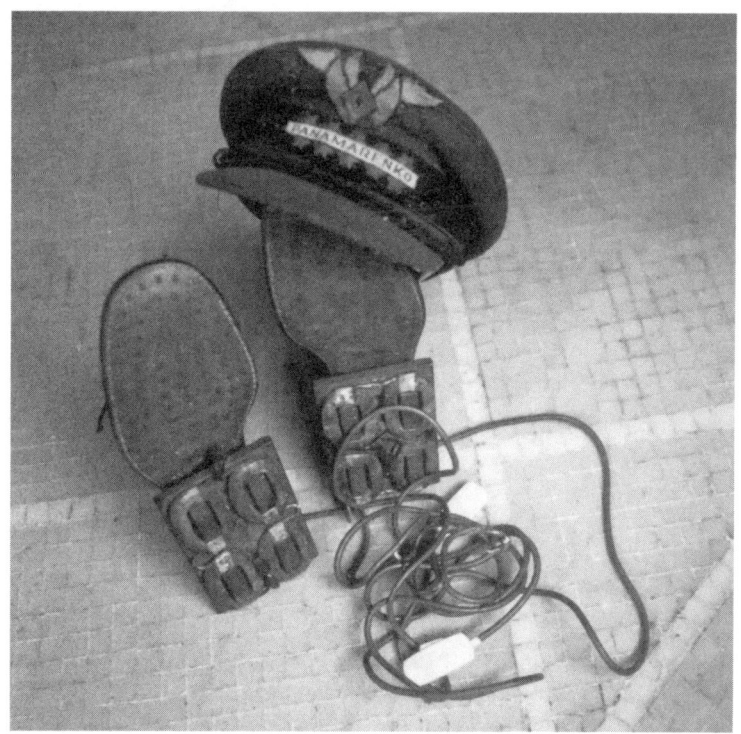

Installation von Panamarenko, der seit Mitte der 1960er Jahre zu den international bedeutsamsten belgischen Künstlern zählt.

sellschaft agierte, indem sie sich zum Beispiel dafür einsetzte, die Antwerpener Innenstadt in einen riesigen Spielplatz zu verwandeln. 1968 entdeckte ihn Joseph Beuys, der ihn prompt einlud, in der Düsseldorfer Kunsthalle auszustellen. Vier Jahre später nahm Panamarenko zum ersten, 1977 zum zweiten Mal an der documenta in Kassel teil. Seitdem reißen sich die größten Museen und reichsten Sammler der Welt um seine zauberhaften Grafiken, Flugobjekte, »selbst lernenden Hühner«, Zeppeline, Rucksackhubschrauber und Unterseeboote.

Welcher Käufer, der auf einer Kunstauktion für viel Geld ein Objekt oder eine Grafik von Panamarenko ersteigert hat, ahnt jedoch, dass die Ikone der internationalen Gegenwartskunst nur den Antwerpener Dialekt, genauer, den Unterdialekt seines Viertels spricht und auch ansonsten völlig skurril ist? Interpretiert bei einer Vernissage ein Kunsthistoriker sein Werk, steht der Meister mit wirrem grauem Haarschopf und Phantasieuniform stumm daneben und sieht aus, als habe er sich auf die Erde zufällig verirrt. Lebhaft wird er nur, wenn man ihn fragt, wie die eine oder andere Flugmaschine funktioniert. Dann erklärt er bereitwillig, dass sie wirklich zur Sonne fliegen kann; er habe sich damit schon einmal in die Lüfte erhoben, und der Unterschied zwischen einem drei Meter weiten Hüpfer und dem Flug zur Sonne sei schließlich nur ein gradueller. Leider gebräche es ihm bis jetzt aber noch an einem geeigneten Treibstoff. Das Erstaunliche ist, dass er seine im schleppenden Tonfall formulierten Thesen so überzeugend vorbringt, dass anschließend selbst Ingenieure zu zweifeln beginnen.

Die Realität ist für viele belgische Künstler eine *quantité négligeable*, eine unbedeutende Größe. Dadurch stellen sie die real existierende Gesellschaft unentwegt in Frage. Obwohl Panamarenko sich jeder Einordnung in einen wie auch immer gearteten kunsthistorischen Kontext entzieht, steht er mittelbar in der Nachfolge anderer belgischer Künstler. James Ensor (1860–1949) rechnete mit seiner urkonservativen Heimatstadt Ostende ab, indem er auf seinen Gemälden identifizierbare Bürger mit fratzenhaften Gesichtszügen und Zylinderhüten versah. Weitere Hauptrollen in seinem Werk spielen Heilige, Dämonen, Skelette und Masken sowie Christus, den er glanzvoll, aber irgendwie gespenstisch, in Brüssel einziehen ließ. Gezügelter, aber nicht weniger hintersinnig, kommen die Surrealisten Paul Delvaux (1897–1994) und René Magritte (1898–1967) daher. Delvaux visualisierte die Unfähigkeit der Menschen zur Kommunikation, indem er leichenblassen, erstarrten Akten schwarz gekleidete, ebenfalls erstarrte Männer gegenüberstellte und das Ganze mit Eisenbahnen und antiken Säulen garnierte, was den Eindruck des Unheimlichen noch erhöht. Noch rätselhafter sind die Gemälde des Surrealisten René Magritte, der nach dem Selbstmord seiner Mutter im Jahr 1924 – sie hatte sich im Fluss Sambre ertränkt – auf seinen Gemälden mehrere Realitätsebenen übereinander zu schichten begann, wodurch neue, völlig verwirrende Realitäten entstanden. Dabei wechselt unversehens die Perspektive: Eine gemalte Pfeife ist natürlich keine Pfeife, sondern eine Schicht Ölfarbe, wie Magritte auf dem Gemälde »Ceci n'est pas une pipe« (»Dies ist keine Pfeife«) richtig bemerkte. Den Betrachter schwindelt es. Wenn er sich nicht hochgenommen fühlt, was auch die Absicht des Malers war.

Ihren Spott mit der Wirklichkeit, kombiniert mit leidenschaftlicher Kritik an der Gesellschaft, trieben auch Fernand Rops, Pierre Alechinsky und Marcel Broodthears. Der Radierer Rops (1833–1898) war geradezu besessen von dem Drang, die Scheinheiligkeit der Belgien dominierenden katholischen Kirche zu geißeln und schöpfte dabei zweifellos aus eigenen Traumata: Seine Zeichnung »Pornokratès« stellt eine nackte Frau mit Stöckelschuhen, Handtasche und Hut dar, die ein angeleintes Schwein ausführt. Ein Schwein umarmt auch der »Heilige Antonius«. Die ebenfalls nackte heilige Theresa befriedigt sich selbst oder umarmt in eindeutiger Pose einen gekreuzigten Christus. Rops nannte dieses Blatt »Die religiöse Berufung«. Erst 1984 richtete die Stadt Namur ihrem aufsässigen Sohn zögernd ein Museum ein. Noch heute schockieren die Blätter.

Pierre Alechinsky (geb. 1927), der heute in Paris lebt, war eines der sechs Mitglieder der ansonsten dänische und niederländische Künstler umfassenden Gruppe »Cobra« (Copenhagen-Brüssel-Amsterdam), eine der letzten großen Avantgarde-Bewegungen des 20. Jahrhunderts. Der Tod und Schlangen – Kobras – spielten in seinem Frühwerk eine Hauptrolle und gaben der Künstlergruppe ihren Namen. Marcel Broodthaers (1924–1976) schließlich verspottete die belgische Gesellschaft, indem er das belgische Nationalgericht, die Miesmuschel, zur Kunst erhob. Für seinen »Muscheltopf«, eine randvoll mit festgeklebten Muschelschalen gefüllte schwarze Kasserolle, boten amerikanische Museen ein Vierteljahrhundert nach seinem Tod 20 Millionen Euro. Eigentlich fühlte Broodthaers sich zum Dichter berufen. Sein erstes Kunstwerk entstand aus Verzweiflung: Er tunkte fünfzig unverkaufte Exemplare seines ersten und letzten Gedichtbands *Penses-Bêtes* in Gipsbrei und erklärte sie zum Objekt. Freimütig gab Broodthaers zu, dass er weder malen noch bildhauern könne. Den Rest seines kurzen Lebens schuf er imaginäre Museen und tobte sich an Eierschalen, Muscheln und Backsteinen aus.

Noch heute reagieren sich belgische Künstler aufsässig und provozierend an der Gesellschaft ab. Die Chimären der Vergangenheit – die Dominanz der katholischen Kirche, die damit einher gehende verklemmte Sexualmoral, die Neigung zur Heuchelei, die so manches zahlenmäßig kleine Biotop prägt – scheinen noch lange nicht überwunden. Sie beflügeln in der Nachfolge von Rops unter anderem Wim Delvoye (geb. 1965), der ausgestopfte Schweine tätowiert und eine Maschine, genannt »Cloaca« konstruierte, in die man oben Essen hineinkippt, das unten als ekliger Stuhl wieder herauskommt. Weit unspektakulärer, aber nicht weniger tückisch sind die Gemälde von Luc Tuymans (geb. 1958), der sich mit den Nachtseiten der jüngsten Vergangenheit auseinandersetzt, darunter dem Holocaust oder der belgischen Kolonialherrschaft im Kongo. Seine Darstellung von Hitler, der sich in Berchtesgaden mit einem Begleiter ergeht (»Der Spaziergang«, 1993) erinnert an Caspar David Friedrich und wirkt beinahe idyllisch. Dennoch geht von dem Gemälde in nüchternen, blassen Grautönen ein unbenennbares Grauen aus. 2001 provozierte Tuymans einen Skandal, indem er auf der Biennale von Venedig sein Gemälde »Mwana Kitoko – Beautiful White Man« ausstellte. Der »wunderbare Weiße« war König Baudouin, das Gemälde Teil einer Bildfolge, die eine Beteiligung des Königs am Tod von Patrice Lumumba suggerierte. Baudouins Bruder Albert, mittlerweile selbst König, verzichtete auf den angekündigten Besuch der Biennale. Das statisch-düstere Gemälde »Sculpture« aus der gleichen Serie zeigt die Statue eines Schwarzen, die Tuymans in einer Kneipe in Antwerpen entdeckt hatte. Es erzielte im Mai 2005 bei einer Auktion bei Christie's in New York 1,1 Millionen Euro.

2005 fand im Brüsseler Kunstpalast eine von dem (kurz vor Ausstellungseröffnung verstorbenen) documenta-V-Macher

Harald Szeemann kuratierte Schau mit dem Titel »Visionäres Belgien« statt. Unter den 500 Exponaten befand sich so manches schwer Verdauliche. Dazu gehörte »Das imaginäre Bordell« von Marcel Mariën, eine Collage religiöser Drucke, auf die Sprechblasen mit obszönen Texten geklebt worden waren, eine Selbstdarstellung Thierry de Cordiers als gemarterter Christus oder Jacques Charliers »Spirit of Belgium«: Neben einem Miniatur-Einfamilienhaus aus rotem Backstein, nicht darin, ist die Nachbildung eines Gehirns drapiert. Den zur Selbstironie neigenden Belgiern gefiel es. Tag für Tag drängelten sich rund tausend Besucher durch die zwanzig Säle.

Richtig böse kann der Bildhauer, Choreograf, Opern- und Theaterregisseur und Autor Jan Fabre sein. Das 1958 in Antwerpen geborene Multitalent gehörte 2005 zum Intendanten-Team des Festivals von Avignon. Das Festival wurde mit seinem Tanztheaterstück »L'Histoire des larmes« (Geschichte der Tränen) eröffnet. Publikum und Presse waren schockiert über die Tänzer, die auf der Bühne im Ehrenhof des Papstpalastes pinkelten, brüllten und heulten. Die französische Presse sprach von der »tiefsten Krise« des Festivals seit dessen Gründung im Jahr 1968, die deutsche »Welt« sichtete ein »dämonisches Flandern«.

Jan Fabre focht es nicht an. »Ein Künstler muss in der Küche stehen und sich die Finger verbrennen«, sagte er und versprach, im gleichen Stil weiterzumachen. 1990 verhüllte der Erfinder der Bic-Art (bic ist das französische Wort für Kuli) das Schloss Tivoli bei Mecheln mit Papierbahnen, die er vorher mit blauem Kugelschreiber voll gekritzelt hatte. Ansonsten sind die bedrohlich schillernden Panzer von Scarabäus-Käfern – eineinhalb Millionen klebte er an die Decke eines Saals im Brüsseler Königsschloss –, Eigenblut und selbst vergossene Tränen seine Lieblingsmaterialien als bildender Künstler. Extrem visuell sind auch die Stücke des flämischen Theaterregisseurs Luk Perceval. Im November 2005 inszenierte er mit dem Ensemble der Münchner Kammerspiele Wedekinds »Lulu«. Seine Kindfrau arbeitet als virtuelle Prostituierte in einem mit einer Webcam ausgestatteten Chatroom. Die Bilder waren beklemmend und ließen an Deutlichkeit nichts zu wünschen übrig.

Das alles ist so rebellisch, wie es nur sein kann. Bezüglich der Balance zwischen Vergangenheit und Gegenwart ist Belgien noch immer ein »work in progress«. Aber belgische Künstler grübeln nicht über die eigene Identität und die der Gesellschaft nach, in der sie leben; sie schleudern ihr Unbehagen ohne Rücksicht auf Verluste dem Publikum vor die Füße. Das hebt es gelassen und interessiert, aber mitnichten schockiert auf. Ein halbes Jahr nach Avignon wurde »L'Histoire des larmes« in einem Antwerpener Theater aufgeführt. Die Kritik reagierte mit freundlichem Wohlwollen: »... nicht Fabres bestes Stück, aber eindrucksvolle Bilder«.

Tiefsinn hingegen kommt in Belgien nicht gut an. Zwar wurde der jüngste Wim-Wenders-Film »Don't Come Knocking« dem belgischen Publikum festlich im Brüsseler Kunstpalast vorgestellt, um ein Beispiel aus jüngster Zeit zu nehmen, eine Woche nach der Premiere verschwand er aber wieder aus den belgischen Kinos. Das Publikum konnte überhaupt nichts mit den Grübeleien eines alternden Schwerenöters anfangen, der auf der Suche nach Heimat und Familie war, zumal beide Themen für die Belgier keine sind.

Einen ähnlichen Reinfall erlebte die deutsche Schauspielerin Hanna Schygulla im Herbst 2004 im Brüsseler Veranstaltungssaal Cirque Royal. Dort sollte sie ein von der belgischen Yehudi-Menuhin-Gesellschaft organisiertes Weltmusikkonzert moderieren. Das Publikum war natürlich gekommen, um sich zu amüsieren. Schygulla blamierte sich bis auf die Knochen, indem sie bei jeder sich bietenden Gelegenheit auf das Judentum als solches und ihre Affinität zu demselben hinwies. »Meine Eltern hatten den Mut, mich in Kriegszeiten Hanna zu nennen«, sagte sie mit rauchiger Stimme und legte eine bedeutungsvolle Pause ein. Der Saal verstand die Pointe nicht. »Hanna ist ein jüdischer Name«, half sie nach. Das Publikum schwieg. Dafür tobte es nach den mitreißenden Auftritten irischer, griechischer und Zigeunergruppen. Schließlich bekamen das Toben und das Schweigen etwas Demonstratives. In Belgien wird ein Künstler nicht ausgebuht, dafür ist man zu höflich. Aber ein unraffinierter Panamarenko ist den Belgiern tausendmal lieber.

Zur belgischen Bilderkultur gehört auch der Comicstrip. Er hat eine lange Tradition. Die ersten Bildergeschichten malten die altniederländischen Maler des 15. Jahrhunderts. Jan van Eyck, Hans Memling, Hugo van der Goes oder Rogier van der Weyden, die im burgundischen Brügge und Brüssel wirkten, bevölkerten ihre Tafelbilder mit unübersehbaren Scharen kleiner, oft winziger Gestalten, die sie mit einer Detailtreue malten, die ganz Europa beeindruckte und die alle mitten in einer Handlung erstarrt scheinen, wie der lange Reiterzug auf Memlings »Szenen aus dem Leben Mariens« (1480) oder die Richter von Jan van Eycks »Genter Altar« (1432). Auch die modernen Comicstripzeichner wollen den Menschen Geschichten erzählen. Aber im Gegensatz zu Deutschland gelten ihre Alben nicht als leicht konsumierbare Unterhaltung für Leute, die nicht gerne lesen, sondern als »neunte Kunst«.

Georges Remi alias Hergé erfand 1929 den rasenden Reporter Tim und seinen Terrier Struppi, E. P. Jacobs 1942 die Detektive Blake und Mortimer, Maurice de Bévère alias Morris 1947 Lucky Luke, den Cowboy, der »schneller als sein Schatten schießt«, Pierre Gulliford alias Peyo 1958 die Schlümpfe und Jean Roba 1959 den Knaben Pico und seinen Hund Bello. Heute gibt es rund dreihundert Comicstripzeichner in Belgien und ihre Produkte finden reißenden Absatz. Die kleinen Figuren sind fast alle aufmüpfig, widerspenstig und gewieft. Darin erkennen die Belgier sich wieder. In die hohe Kunst reichen die Werke des Brüsseler Zeichners François Schuiten, die auch als Hardcover verlegt werden. Seine modernen Märchen sind spannend, böse und mit einem erheblichen Schuss Realismus versehen. Dass ein Comicstripzeichner durchaus als Künstler gilt, geht auch daraus hervor, dass Schuiten 1999 die Ausstattung der Rossini-Oper »La Cenerentola« im Brüsseler Opernhaus La Monnaie anvertraut wurde. Und 2005 entwarf er das Dekor der Ausstellung »Transsibirien-Express« im Brüsseler Königlichen Museum für Kunst und Geschichte. Die Schau – einschließlich echtem Birkenwald – geriet ihm zu einer atemberaubenden imaginären Reise quer durch Russland.

Für den Erfolg des Comics in Belgien gibt es viele Gründe. Zum einen kann ein- und derselbe Comic ohne großen Kostenaufwand im ganzen Land verbreitet werden, da man die französischen Texte in den Sprechblasen nur durch niederländische ersetzen muss und vice versa, zweitens sind die Belgier einfach mehr daran gewöhnt, Bilder zu konsumieren anstelle von Texten, und drittens kann die Handlung eines Comics völlig unlogisch sein, was wiederum der Phantasie der Belgier entspricht, für die sie einen Ausbruch aus einer oft als beengend empfundenen Realität bedeutet. Die Parallele zwischen den Flugmaschinen von Panamarenko und der Rakete von Tim und Struppi, die die Eingangshalle des Brüsseler Comicstripmuseums ziert, drängt sich geradezu auf. Das Museum ist übrigens in einem Jugendstilhaus untergebracht, das von dem berühmten Architekten Victor Horta als Kaufhaus entworfen worden war, und das hohe, lichte Museumscafé wird von so manchem noblen Paar für das Hochzeitsfest gemietet.

Der exzentrische Ausstellungsmacher Jan Hoet, 1936 in Löwen geboren und 1992 Kurator der documenta IX in Kassel, gibt hin und wieder selber das Comicstripmännchen. 1999 fand in Gent die Eröffnung seines Museums für Gegenwartskunst SMAK statt. Hoet griff in die Vollen: Der 63-Jährige trug einen veritablen Boxkampf mit einem Künstler aus. Ein Jahr später organisierte er in Gent das Projekt »Over the Edges«. Die Openair-Ausstellung geriet in Belgien zum umstrittensten Kunstprojekt des Jahres, was nicht zuletzt daran lag, dass der Kurator Jan Fabre beauftragt hatte, die Säulen des würdigen neoklassizistischen Kunstmuseums mit rohem Schinken zu umwickeln. Mit 65 musste sich Hoet zu seinem Bedauern pensionieren lassen. In Deutschland hat das Arbeitstier jedoch trotz zwischenzeitlichen Herzinfarkts ein neues Betätigungsfeld gefunden: Im Mai 2005 eröffnete er als künstlerischer Leiter das Museum für Möbel und Design MARTa im westfälischen Herford. Abermals wurde Hoet seinem Ruf als Exzentriker gerecht: »Ich bin das Chaos, und da müssen wir durch«, sagte er im Hinblick auf die zahlreichen Verspätungen bei den Vorbereitungen. Und vor ZDF-Kameras konstatierte er: »Das Museum ist offen für Veränderungen, und jene, die Veränderungen nicht wollen, sind beschränkt.«

In Herford reagierte so mancher schockiert, in Belgien amüsiert man sich über solche Sentenzen. Dort haben Künstler Narrenfreiheit. Je verrückter ihre verbalen und künstlerischen Äußerungen sind, das ist die unausgesprochene und vielleicht auch unbewusste Meinung nicht nur kunstinteressierter Belgier, desto treffender geben sie eine Wirklichkeit wieder, unter deren Oberfläche das Chaos tobt. Auf manche wird das Ausland aufmerksam. Dann ist ihnen der Erfolg gewiss.

Jan Fabre war mit seinen kryptischen, wilden Tanztheaterstücken lange Zeit Dauergast des Frankfurter »Theater am Turm«. Luk Perceval feierte mit seinem Stück »Schlachten!«, einer achtstündigen, ebenfalls äußerst explosiven Adaption von Shakespeares »Rosenkriegen«, bei den Salzburger Festspielen 1999, am Deutschen Schauspielhaus in Hamburg und an den Münchner Kammerspielen erste Triumphe, bevor er die deutsche Theaterwelt mit anderen Inszenierungen verblüffte, unter anderem mit einer Adaption von »Oreste«, die den schlichten Titel »Arsch« trug. Der Opernregisseur Guy Joosten, dessen Karriere an der Flämischen Oper begann, inszenierte im November 2005 nach dreijähriger Vorbereitung an der New Yorker Metropolitan Opera Shakespeares »Romeo und Julia«. Das Publikum, das bis zu 1000 Euro für eine Eintrittskarte bezahlt hatte, war von der Inszenierung einschließlich fliegender Betten hingerissen. Und Gerard Mortier, in Ostflandern als Sohn eines Bäckers geboren, krempelte als Intendant zunächst die im Repertoire erstarrte Brüsseler Oper um, bevor er 1990 Leiter der Salzburger Festspiele wurde. Damit trat er die Nachfolge von – ausgerechnet – Herbert von Karajan an. Bis 2001 erntete er mit seinem provozierenden Programm mehr Schmäh als Lob, verkaufte aber immerhin fast 95 Prozent der Sitzplätze, ein einsamer Rekord. Von 2002 bis 2004 leitete der Nimmermüde mit ähnlichem Ergebnis die Ruhrtriennale. Nun ist er Direktor der Opéra de Paris.

Was ist das Geheimnis all dieser Belgier, von denen man in den seltensten Fällen weiß, dass sie welche sind? Dass sie ohne Rücksicht auf Verluste Sturzbäche wilder Bilder über ihrem Publikum auskippen. Sie lassen ihm keine Zeit zum Nachdenken. Und auch der Kulturliebhaber ist ja gerne mal atemlos und berauscht. Sortieren kann man sich nach der Vorstellung zu Hause. Aber dann ist es schon zu spät, um den überwältigenden Gesamteindruck abzuschütteln, wodurch sogar deutsche Rezensionen belgischer Kunstschöpfungen oft euphorisch geraten.

Mode und Design: Kunst zum Benutzen

Auch für Modeschöpfer und Designer gilt die Devise: Je unangepasster, desto lieber. Und da »unangepasst« und »Kunst« in Belgien in der Regel Synonyme sind, sind auch Mode und Design Kunst. 1986 beschlossen sechs Absolventen der Antwerpener Modeakademie, sich der Welt zu präsentieren. Sie waren Mitte zwanzig und hatten nicht genug Geld für eine eigene Modenschau; deshalb mieteten sie gemeinsam einen Lastwagen, packten ihn mit selbst entworfenen und genähten Kleidern und Schuhen voll und fuhren zur British Designer Show nach London. In der etablierten Modeszene, zwischen Brautkleidern, Abendroben und Herrenanzügen, schlug ihr unbefangener Anti-Look, dessen auffälligste Merkmale grobe Stoffe, kastige Formen und aufgestülpte Nähte waren, ein wie eine Bombe.

Die sechs Designer waren Ann Demeulemeester, Dries Van Noten, Dirk Bikkembergs, Walter Van Beirendonck, Marina Yee und Dirk Van Saene. Die Londoner fanden ihre Namen unaussprechlich und nannten sie fürderhin die »Six from Antwerp«. Seitdem steht die Stadt für eine Mode, wie sie individueller nicht sein könnte und die sich jedem Trend verweigert. »Hier hat die Mode den gleichen Stellenwert wie Kunst und Theater«, erklärt die in Antwerpen lebende deutsche Modeschöpferin Anke Loh, die 1999 an der Akademie ihr Examen ablegte. »In Frankreich oder Italien werden Frauen angezogen, um zu gefallen. Hier ist das Frauenbild eher gebrochen.«

Das beweist ein Spaziergang durch das Antwerpener Modeviertel, im Schatten der gotischen Kathedrale gelegen. Demeulemeester, Van Noten und Van Beirendonck haben dort seit Mitte der neunziger Jahre ihre Flagshipstores; ihrem Beispiel folgend eröffneten weitere Absolventen der Akademie im heutigen Modeviertel ihre Läden, darunter auch die Deutschen Bernhard Willem, Christoph Broich und Stephan Schneider. Jeder Laden ist ein innenarchitektonischer Geistesblitz; zwischen den Kollektionen der einzelnen Designer gibt es keinerlei Ähnlichkeit. Die in einer ehemaligen Garage arrangierten Kollektionen von Walter Van Beirendonck, der mit seinem dicken Bauch, seinem kahlen Kopf und seinem langen, schwarzen Bart aussieht wie eine Mischung aus russischem Bauern und Pop-Ikone, sind schrill, bunt und nicht selten aus Plastik. Im hoch eleganten, minimalistischen Shop der ätherischen Ann Demeulemeester baumeln raffiniert geschnittene Gewänder aus teuren Stoffen von der Decke – Farben sucht man hier vergeblich, alle Modelle sind nur schwarz oder weiß in verschiedenen Nuancen. Dries Van Noten hingegen hat das Schneideratelier seines Vaters in einen orientalisch anmutenden Palast verwandelt. Seine Kreationen bestehen aus vielfach übereinander geschichteten Stoffen, die Farben sind tief und leuchtend und das Ganze ist oft reich bestickt, natürlich mit der Hand. Qualität ist selbstverständlich.

Das alles begeistert auch die Pariser, die in Massen zu den Modenschauen belgischer Couturiers eilen, die Events der dritten Art sind. So präsentierte Dries Van Noten seine Kollektionen einmal auf dem verschneiten Pariser Frühmarkt. Die Gäste wurden mit warmen Decken, heißer Suppe und Pommes frites versorgt. Juri Persoons stellte im Jardin des Tuileries um elf Uhr abends ein Heer regungsloser Models in riesigen Eiern aus Plexiglas aus. Und die Wahlbelgierin Anke Loh ließ im Centre Pompidou ihre Models in den gläsernen Aufzügen vor dem Publikum hinauf- und hinunterfahren, womit sie den Catwalk in die Vertikale verlegte. Die Kollektion bestand aus umgekrempelten Kleidern: Das Futter wurde außen, der Oberstoff innen getragen.

»Wir orientieren uns nicht an Trends«, sagt Anke Loh, schmal, rothaarig und stets müde, »wir machen sie.« Das klingt selbstbewusst, aber das Selbstbewusstsein hat seinen Preis. Knapp dreißig namhafte Modedesigner gibt es zurzeit in Antwerpen,

Modenschau in Antwerpen – belgische Kreationen sind inzwischen in der ganzen Welt gefragt.

und dreißig verschiedene Stile. Das Einzige, was die Designer miteinander verbindet, ist die Abneigung gegen Glamour und ein ausgeprägter Individualismus. Deshalb gibt es zwischen ihnen auch keine Konkurrenz. Durchsetzen müssen sie sich allerdings gegen die erdrückende Übermacht der mächtigen französischen und italienischen Modehäuser mit ihrer gigantischen Infrastruktur. Zwar überschlagen sich die internationalen Modejournalisten vor Lob über die Antwerpener Designer, aber das Auftragsvolumen hält sich nach wie vor in Grenzen. Deshalb sind die weniger bekannten Modemacher auf kleine Teams angewiesen, die in ihren Antwerpener Werkstätten vor den Sommer- und Winterschauen in London, Paris, Moskau und Mailand oft Tag und Nacht durchschneidern. Eine meiner Freundinnen fertigt in ihrem Atelier in einer schmalen Antwerpener Altstadtstraße die Modelle für Bruno Pieters. Manchmal arbeitet sie an einem einzigen Rock zwei Wochen lang. In Japan werden solche Unikate für 9000 Euro verkauft. Richtig etabliert im Mode-Sinn ist nur Martin Margiela. Der Belgier legte 1980 sein Examen an der Antwerpener Akademie ab und ging anschließend sofort nach Paris, wo er erst von Hermès mit offenen Armen aufgenommen wurde und nun unter eigenem Namen – »Maison Margiela« – entwirft. 1998 gab der Geheimnisvolle, der sich weigert, Journalisten und Fotografen an sich heran zu lassen, der deutschen »Zeit« per Fax ein Interview. »Wir glauben nicht, dass es ›Einheitsgrößen‹ gibt«, ließ er schreiben. »Was dem einen passt, ist deshalb noch nicht das Richtige für den anderen – und so muss es auch sein. Wir versuchen einfach, unsere Arbeit so zu vermitteln, wie es unserem Gefühl entspricht.«

Nicht nur dieser konsequente Individualismus ist typisch für die belgischen Modemacher; typisch ist auch die extrem harte Ausbildung, die die Grundlage ihres Erfolgs ist. Die in den sechziger Jahren gegründete Modehochschule ist bezeichnenderweise eine Fakultät der aus dem 17. Jahrhundert stammenden Königlichen Akademie der Schönen Künste. Alljährlich nehmen dort nach strenger Aufnahmeprüfung, bei der es vor allem um die künstlerische und kreative Begabung geht, rund sechzig Erstsemestler aus rund zwanzig Ländern ihr Studium auf; durchschnittlich erlangen nur vier oder fünf von ihnen das Diplom. Im Mittelpunkt des Studiums steht der Entwurf von Kollektionen, die von ethnischen und historischen Vorbildern inspiriert sind. Kunst ist alles, Nähen sollte man am besten schon können. »Die Gefahr, entmutigt zu werden, ist sehr groß. Der Druck ist enorm, man wird ständig gepusht«, berichtet Anke Loh. Aber dadurch lerne man fürs Leben: »Man wird hart gegen sich selbst, und ohne das geht's nicht in der internationalen Modeszene.«

An der Modeakademie herrscht der gleiche Ton wie an allen anderen belgischen Hochschulen und Universitäten: Aus den Studenten wird das Letzte herausgeholt, und wer ein Studium übersteht, der hat gute Aussichten auf internationalen Ruhm. Neun der 45 Defilés der Pariser Herrenmodewoche vom Januar 2006 wurden von belgischen Designern bestritten. Und der Belgier Raf Simons unterzeichnete gerade einen Dreijahresvertrag mit Jil Sanders. »Vielleicht ist er der einflussreichste Herrenmodenschöpfer der letzten zehn Jahre«, schrieb 2005 Cathy Horyn, Modejournalistin der »New York Times«.

Wieder typisch belgisch ist, dass die Modemacher mit beiden Beinen auf dem Boden der Tatsachen geblieben sind. Walter Van Beirendonck reist häufig nach Japan, wo Teenager bei seinem Anblick vor Entzücken schon mal in Ohnmacht fallen. In Antwerpen sieht man ihn regelmäßig mit abwesend-versunkenem Gesichtsausdruck durch seine schrillweiße Mode-Garage namens »Walter« streifen. Einige berühmte Modemacher stehen in ihren Stores selbst hinterm Ladentisch. Denn erstens wollen sie Gehälter sparen und zweitens wüssten sie als Belgier nicht, warum sie sich mit Glanz umgeben sollten.

Andere belgische Couturiers wie Olivier Strelli oder Olivier Theyskens und der Lütticher Hutmacher Elvis Pompillo, der die Häupter von Königinnen aus der ganzen Welt mit seinen Kreationen ziert, haben in Brüssel ihre Flagshipstores. Aber nicht nur in den Läden des Antwerpener Modeviertels und des Brüsseler Dansaertviertels zwischen Altstadt und Kanal, in dem sich ebenfalls eine junge, unkonventionelle Mode- und Designszene etabliert hat, spürt man einen Hauch belgischer Eleganz. Oft reichen dafür schon ein Kneipenbummel oder ein Restaurantbesuch.

In Brüssel, Antwerpen, Gent, Brügge und an der Küste gibt es unzählige Lokale, die von der Architektur und Einrichtung her ein Event sind, von der Speisekarte ganz zu schweigen. Die dekorativen Gerichte werden in überschaubaren Portionen serviert. Marktfrische Produkte sind Trumpf; alles muss leicht, fein und hochgradig gestylt sein, was selbst vielgängige Menüs zum Kinderspiel für den Magen macht. Das Geheimnis der belgischen Küche ist die Kombination regionaler Produkte mit französischer »Nouvelle cuisine«. Hausmannskost, so denkt der Belgier, kann man auch zu Hause kochen.

Das rustikale Gasthaus findet sich vor allem in den Ardennen, die klassische Kneipe nach deutschem Muster in den Vorstädten, das Ausflugslokal mit Biergarten an den Ufern der flandrischen Kanäle. Fast alles, was nicht in diese Kategorien fällt, liegt in der Stadt und ist Design. Das typisch belgische

Restaurant befindet sich in einem würdigen, alten Bauwerk, zum Beispiel einem Speicher- oder Patrizierhaus. Hat man den Torbogen durchschritten, dann landet man jäh in einem Ambiente, das an Geschmack nicht zu überbieten ist. Das Haus wurde natürlich entkernt, Glas spielt eine große Rolle, die Beleuchtung ist gedämpft, auf allen Tischen brennen auch mittags Kerzen und mit der Eleganz des Mobiliars korrespondiert die der Kellner, wobei große, dunkelhaarige, gut aussehende junge Männer die absolute Mehrheit bilden. Über allem liegt ein Hauch von Renaissance- oder Barockmusik. Manch ein Restaurant bietet die Aussicht auf einen Fluss oder eine Gracht, wie in Gent, Antwerpen, Brügge oder Mecheln; viele haben einen grünen, romantischen Innenhof. Dessen Gestaltung mit edlen Holzmöbeln und Pflanzen in Kübeln erinnert oft an Italien, das Lieblingsland von Rubens, oder an Spanien, von dem Belgien so lange regiert wurde. Keinesfalls erinnert der Innenhof an den deutschen Biergarten: Nach Folklore hat man keine Sehnsucht, und obendrein gibt es sie im deutschen Sinne nicht.

Schon deshalb ist die Kombination aus alter Bausubstanz und modernem Interieur typisch für die belgische Restaurant-, Galerien-, Mode- und Design-Infrastruktur. In den sechziger Jahren gab es in Belgien Bestrebungen, die Stadtkerne zu sanieren und die zahllosen, von zwei Weltkriegen unversehrten, aber vom Zahn der Zeit angenagten Häuser aus dem 18. und 19. Jahrhundert abzureißen. Als die ersten Betonbauten hochgezogen waren, erschrak man über ihre Hässlichkeit. Danach war man schlauer. Man ging dazu über, die alten Mauern zu erhalten und nur das Innere der Häuser gründlich umzugestalten. In Brüssel, aber auch in anderen Städten hat das zum berüchtigten *façadisme* (»Fassadismus«) geführt: Zwar blieben die Außenmauern unzähliger alter Häuser dank komplizierter Stützkonstruktionen erhalten, aber das Innere wurde vollständig herausgebrochen, was auch auf architektonische Laien irgendwie verlogen wirkte. In den letzten Jahren hat ein Umdenken eingesetzt: Mehr als früher versucht man heute, die alte Struktur zu erhalten, aber sensibel um moderne Elemente zu bereichern. In den neunziger Jahren stürzten sich junge, fortschrittliche Bauherren geradezu auf die noch preiswerte alte Bausubstanz, um sie einfallsreich zu renovieren. Das beweisen die zahllosen Speicherhäuser im Antwerpener Hafenviertel, deren Inneres in Lofts umgewandelt wurde, und alte Patrizierhäuser in Brüssel, in denen Luxuswohnungen entstanden. Von außen sehen sie unauffällig aus, von innen sind sie an Eleganz nicht zu übertreffen, wobei ihr Reiz darin liegt, dass der ursprüngliche Charakter erhalten blieb.

Für Innenarchitekten und Designer ist Belgien ein unerschöpfliches Experimentierfeld. Nicht ohne Grund gibt es allein in Brüssel fünf Design-Hochschulen. Ihre Absolventen machen im Ausland Furore, sie entwerfen für Kipling, Ikea, Samsonite, die Audi-VW-Gruppe, Philips und andere multinationale Konzerne. Auffallend ist die Jugend dieser vorpreschenden Generation. Die lang gestreckte Sitzbank »Le Banc«, die Xavier Lust 2000 aus einem einzigen Stück Metall biegen ließ, wurde sofort von der Designmöbelfirma MDF Italia angekauft, die mittlerweile zu den festen Abnehmern der Entwürfe des heute 36-Jährigen gehört. Die 37-jährige Antwerpener Goldschmiedin Nedda El-Asmar entwirft Silberschmuck für die französische Luxusfirma Puiforcat und Services für internationale Luftfahrtgesellschaften. Von Inge Van Gheel, gerade 29, stammen die Gartenmöbel von Tribu und Dekorationsobjekte von Ikea. Und Danny Venlet, der 1980 erstmals an die Öffentlichkeit trat, wurde durch den ebenso exzentrischen wie bequemen Bürostuhl »Easy Rider« berühmt, den er 2002 für die belgische Büromöbelfirma Bulo entwarf.

Der unbestrittene Großmeister des belgischen Designs aber war der 1956 in Antwerpen geborene Maarten Van Severen, der im Februar 2005 an Krebs starb. Er hinterließ ein revolutionäres Oeuvre. 1996 entwarf er für Vitra den legendären Stuhl »03«, 1999 für Edra das ebenso legendäre Polyurethan-Sofa »blue bench«. Auch Alessi riss sich um ihn. Objekte von Maarten Van Severen sind im Museum of Modern Art in New York und anderen Museen in der ganzen Welt ausgestellt. Für den deutschen »Design Report« war er »eine der eigenwilligsten Figuren der internationalen Designszene«. Auch sonst ist die Welt

Behagliche Restaurants und Bistros in historischer Bausubstanz –
Anziehungspunkte in vielen belgischen Städten, wie hier in Brüssel.

des Lobes voll über die belgischen Designer. 2004 stellte Australien sie in den Mittelpunkt des jährlichen »State of Design Festival« in Sydney. »Belgien, ein Land, das nichts zu exportieren hat als seine *cleverness*«, stand in einem australischen Presseartikel zu lesen, »erobert den europäischen und Weltmarkt.«

Nur in Belgien selbst merkt man wenig davon, abgesehen von den zahllosen schicken Restaurants und den vielen exklusiven Geschäften vor allem in Brüssel und Antwerpen. Außerhalb der Stadtzentren und auf dem Land lebt man wie vor fünfzig Jahren und schert sich nicht um Trends. Und die Modemacher und Designer selbst meiden die Öffentlichkeit, da sie erstens Belgier sind und zweitens viel zu hart arbeiten, um sich feiern lassen zu können. Kürzlich lernte ich Nedda El-Asmar bei einer Ausstellungseröffnung im Antwerpener Silbermuseum kennen. Sie war sehr dünn, sehr blass und sehr ungeschminkt. Erst hauchte sie der Freundin, die mich begleitete und in deren Restaurant sie während ihres Studiums als Kellnerin gearbeitet hatte, dann mir einen Kuss auf die Wange, um sich anschließend wieder in der Menge zu verflüchtigen, die sie nicht erkannte, aber über das Duplikat des Teeservices staunte, das sie für das belgische Königshaus entworfen hatte. Ergriffen frage ich mich in solchen Momenten, wie solch eine Koryphäe in Deutschland oder Frankreich auftreten würde.

Wohl irgendwie gewichtiger. In Belgien ist nichts gewichtig und nichts klobig. Das trifft auch im wörtlichen Sinne auf die Kreationen der Modemacher und Designer zu. Die Stoffe sind hauchdünn und transparent, die Designer bevorzugen federleichte Materialien und schlanke Formen. Der Lodenmantel hätte in Belgien keine Chance. Vor meinem Umzug nach Antwerpen kaufte ich in Hamburg einen der Marke Ladage & Oelke, der viele Jahre halten sollte, da ja zunächst kein eigenes Einkommen mehr in Aussicht stand. Ich habe ihn in Belgien nur ein einziges Mal getragen und fühlte mich an diesem Wintermorgen während des kurzen Gangs zum Bäcker wie ein weiblicher Herrmann der Etrusker. Danach versuchte ich, das schwere Teil mit seinen doppelreihigen Knebelknöpfen in Secondhandshops loszuwerden. Alle staunten und lehnten es ab.

Es hängt noch immer in meinem Keller und erinnert mich dort an eine sehr ferne Vergangenheit, in der Stabilität als etwas Erstrebenswertes galt. Die Modelle von Ann Demeulemeester sind ein Hauch, der Stuhl von Maarten Van Severen ist, von der Seite her betrachtet, fast nicht wahrzunehmen. Belgisches Design ist nicht germanisch, noch nicht einmal das flämische. Diesbezüglich ist Flandern sehr romanisch geblieben.

Leicht, geistreich und elegant ist auch die Werbung im weitesten Sinne, ob es sich nun um Fernsehspots, Plakate oder Anzeigen in Zeitungen handelt. Niemals wird mit dem Vorschlaghammer gearbeitet. Die Spots erzählen hübsche kleine Geschichten mit überraschenden Wendungen; die riesigen Billboards in den Städten ärgern nicht wirklich, weil ihr Inhalt den Betrachtern meistens ein Lächeln entlockt.

Auffallend ist, dass selten, und wenn, dann nur höchst dezent, mit Niedrigpreisen geworben wird. Auch wenn viele Belgier sparen müssen, für den Lebensgenuss ist man durchaus bereit, eine ordentliche Summe hinzublättern. Deshalb lauten die Werbebotschaften häufig: »Dieses Produkt (Champagner, Käse, Tafelgeschirr ...) ist richtig teuer und deshalb exklusiv. Gönnen Sie es sich!« Diese Strategie ist das Erfolgsgeheimnis unter anderem der Lebensmittelmarktkette Delhaize. Überspitzt könnte man sagen: Je teurer ein Produkt, desto größer sein Erfolg. Auch in Belgien ist Aldi ein Renner, aber mitnichten Kult. Wer seinen Champagner bei Aldi kauft beziehungsweise kaufen muss, schenkt die Gläser in der Küche ein und trägt sie auf dem geerbten Silbertablett ins Esszimmer.

Slogans wie »Geiz ist geil« (Saturn), »Besorg's dir doch einfach« (Real) oder »Ich bin doch nicht blöd!« (Mediamarkt) wären in Belgien Durchfaller erster Güte. Nicht ohne Grund wurden belgische Werbefirmen im Juni 2005 beim weltgrößten Werbeagenturen-Wettbewerb in Cannes mit Preisen überhäuft. Die Brüsseler Agentur Duval Guillaume erhielt den »Goldenen Löwen« für eine Viagra-Anzeige, die eine silberhaarige alte Dame im eleganten Morgenmantel zeigt, die erschöpft in ihrer Küche an der Anrichte lehnt, auf der zwei Tassen Kaffee stehen. Das Wort »Viagra« taucht nur ganz klein irgendwo am

Rand auf. Ich selbst musste ein paar Sekunden nachdenken, bevor ich die Pointe begriff und zu schmunzeln begann. Insgesamt kehrten die Belgier mit der reichsten Beute unter den rund 150 teilnehmenden Ländern, nämlich mit vier ersten und drei zweiten Preisen, von Cannes nach Hause zurück. Und die »Agency of the Year« wurde zum dritten Mal nacheinander die Pariser Agentur TBWA, deren Art Director der Belgier Erik Vervroegen ist.

Musik für alle

Zu den Künsten, die in Belgien florieren, gehört die Musik. Sie hat im Land einen ungemein hohen Stellenwert. Musik wird dauernd und überall geboten – in privaten Salons, in schummrigen Jazzkneipen, in den zahllosen, von den Kommunen subventionierten »Kulturhäusern« *(Cultuurcentrum, Centre Culturel)*, die es in jeder Gemeinde gibt, in großen Konzertsälen, unter freiem Himmel in den Altstädten und auf Festivalwiesen. Das enorme Angebot an Konzerten in fast jedem Dorf, in jeder Stadt reicht von Rock und Pop über Jazz und Weltmusik bis zu klassischen Stücken. »Ausgehen«, das kann für Belgier durchaus bedeuten, sich einen Abend lang einem Kammermusikkonzert in einem Privathaus zu lauschen. Oder man springt nach dem Abendessen schnell ins benachbarte »Kulturhaus«. Diese Häuser wurden von den belgischen Kommunen von Beginn der achtziger Jahre an gegründet, um jedem Bürger den Zugang zu Kultur zu ermöglichen. Die Programme reichen von der Kleinkunst bis zu Auftritten berühmter Orchester und keine Karte kostet mehr als zwölf Euro. Und im Sommer wird allüberall unter freiem Himmel Tango und Salsa getanzt.

Im Juli und August feiert Belgien rund um die Uhr. Es gibt jährlich Hunderte Weltmusik- und Folkfestivals, und die größeren wie »Sfinks« bei Antwerpen, »Couleur Café« in Brüssel, das Folkfestival von Dranouter oder »Francofolies« in Spa dauern drei bis fünf Tage und zählen Zehntausende von Besuchern. Das Publikum dieser Festivals ist ausgesprochen heterogen. Auch hier erweist sich, dass es keine Barrieren zwischen den

Generationen und Milieus gibt: Die Großeltern sitzen auf mitgebrachten Klappstühlchen auf der Festivalwiese und hüten die kleinen Enkel, während die Eltern sich die Seele aus dem Leib tanzen. Selbst Rock- oder Weltmusik ist keine Angelegenheit der Jugend oder einer bestimmten progressiven Gesellschaftsschicht: Man zieht im Familienverband zu den Openairkonzerten und trifft dort den kleinen Angestellten von nebenan ebenso wie den Direktor des Königlichen Kunstmuseums von Antwerpen, der, wie beim letzten »Sfinks«-Weltmusikfestival, in einem der Restaurationszelte die Würstchen umdrehte, um seinen persönlichen Beitrag zur Völkerverständigung zu leisten. Natürlich duzt man sich dort. Angenehm ist, dass sich die Frage, wie man im Alltag zum »Sie« zurückkehrt, in Belgien nie stellt. Am Tag nach dem Festival rief ich den Direktor wegen eines Übersetzungsauftrags an. »Ich bin noch nicht ganz aufnahmefähig«, sagte er. »Du verstehst, drei Tage lang Würstchen wenden ... Aber war es nicht wieder einmal wunderbar?«

Wie passt die allgemeine sommerliche Ausgelassenheit zum braven Erscheinungsbild der belgischen Gesellschaft? Ganz einfach: Die Festivals, die Tanzabende unter freiem Himmel und die Openairkonzerte sind ihre Gartenschuppen, ihre *koten*. Dort bricht die Sehnsucht nach Freiheit sich Bahn; dort gibt man sich, wie man wirklich ist, aber sich im anstrengenden Alltag – der Vorderseite Belgiens – nicht geben kann, nämlich ausgelassen, fröhlich und beschwingt. Als ich nach Belgien kam, wunderte ich mich, wie gut die allermeisten der Freunde, Bekannten, Verwandten und Kollegen meines Mannes tanzten. Lateinamerikanische Tänze, der klassische Gesellschaftstanz, selbst der echte Rock-'n'-Roll waren für sie kein Problem. Ich hingegen hatte aus Deutschland nur die Kenntnisse des freien Herumspringens mitgebracht, weswegen ich mich, wenn wir am Freitag- und Samstagabend ausgingen, ebenso deplaziert fühlte wie beim Bäckerbesuch im Lodenmantel. Hier tanzen auch Fremde miteinander Wange an Wange Tango, und das in perfekter Harmonie.

Die Übung macht den Meister. Ich kenne nur wenige Belgier, die eine Tanzschule besucht haben, aber umso mehr, die regelmäßig jeden Freitag- und Samstagabend bis zum frühen Morgen ausgehen. In vielen Vorstadtkneipen werden am Wochenende die Tische beiseite geschoben und das Licht gedämpft, während sich an der Decke die Discokugel dreht und der Wirt den DJ gibt. Dort probiert man in jungen Jahren die Schritte aus, bis man sie kann. Getrunken wird dabei nicht sonderlich viel; überhaupt geht man in Belgien recht kontrolliert mit dem Alkohol um. Das gute Glas Wein wird nicht verschmäht und es gibt Hunderte von lokalen Biersorten und süffigen Klosterbieren. Aber nie habe ich, abgesehen von den klassischen Pennern, von denen es aber aufgrund des dichten sozialen Netzes nur wenige gibt, in der Öffentlichkeit Betrunkene gesehen. Und wer mit einer Bierflasche in der Hand über die Straße spaziert, ist ein- für allemal als Alkoholiker abgestempelt, weshalb man es unterlässt. Übrigens trinkt man Bier auch nicht aus der Dose oder der Flasche. Ich hatte diesbezüglich als Deutsche zunächst keine Hemmungen, was mir so manchen erstaunten Blick eintrug, weswegen ich seit langem mein Bier aus der Dose oder Flasche ins Glas kippe, bevor ich es trinke, was mir aber nach wie vor überflüssig erscheint.

Meinen Rückstand als Tänzerin habe ich allerdings nicht mehr aufholen können, zumal ich festgestellt habe, dass an belgischen Tanzschulen der gleiche Ton herrscht wie an allen anderen Ausbildungseinrichtungen: Die Lehrer/innen sind eher streng, man erwartet von den Schülern den Willen zur Perfektion und ohne regelmäßiges Üben zu Hause kommt man buchstäblich keinen Schritt weiter. Also warf ich mich auf den passiven Musikgenuss. Das Konzertangebot ist ebenso breit gefächert wie das Ausstellungsangebot. Und die Qualität der belgischen Musiker aller Genres, vom Chanson über die Popmusik bis zur klassischen Musik, ist beachtlich.

Der größte aller belgischen Chansonniers war der 1979 im Alter von 49 Jahren verstorbene Jacques Brel, der sein Publikum auch dadurch mitriss, dass er bei jedem Auftritt hemmungslos seine Gefühle offenbarte. Wenn er »Ne me quitte pas«, »Verlass mich nicht« sang, schluchzte der Saal nicht nur wegen der traurigen Melodie mit dem Sänger mit, sondern auch wegen des

Textes, der die unendliche Beschwörung eines von der Geliebten Verlassenen bedeutet: »Lass mich der Schatten deines Schattens werden, der Schatten deiner Hand, der Schatten deines Hundes, verlass mich nicht ...«. Das Chanson wurde in zahllose Sprachen übersetzt und unter dem Titel »If you go away« unter anderem von Frank Sinatra übernommen; jedoch war dessen Interpretation wesentlich weniger gebrochen als die Brels. So gebrochen wie Brel sang niemand, obwohl er als Mensch das Leben zu genießen verstand, wie der alte Kellner in dessen Brüsseler Stammrestaurant »Chez Vincent« noch zu berichten weiß: »Kaum eine Frau vermochte ihm zu widerstehen.« Mit anderen Chansons zog Brel gegen die Kirche, das Bürgertum und den kleinbürgerlichen Mief zu Felde und provozierte damit in Belgien manch einen Skandal. Seinen internationalen Durchbruch erlebte er 1958 im Pariser »Olympia«, was ihm auch den Ruf eintrug, ein Franzose zu sein (in Wirklichkeit war sein Französisch stark vom »Bruxellois« gefärbt); acht Jahre später zog er sich für immer von der Bühne zurück, wieder 13 Jahre später starb der Kettenraucher nach seinem Rückkehr aus der Südsee in Paris an Lungenkrebs.

2005 wählten die Wallonen Brel zum größten Sohn des Landes. Seine Chansons sind jedoch nur noch selten im Radio zu hören. Wahrscheinlich gibt es einfach zu viele lebende, brillante Musiker, um sich solcher Ausnahmeerscheinungen zu erinnern.

Aus der U-Musik-Szene sind dies unter anderem der auf Französisch singende flämische Rock-Barde Arno, der in den achtziger Jahren mit seiner Band TC Matic die europäische Musikszene aufmischte und nun solo röhrt, die Antwerpener Alternativrocker dEUS, die im März 2006 mit Erfolg durch Deutschland tourten, die Band Hooverphonic, die 2000 vor Millionen von Fernsehzuschauern mit ihrem Song »Visions« die Fußballeuropameisterschaft in Brüssel eröffnete und von VW für einen Werbespot verpflichtet wurde, die – wie Arno – auf Französisch singende Flämin Axelle Red, die 1998 zusammen mit Youssou n'Dour die Fußballweltmeisterschaft in Marseille eröffnete und der 1996 von den Brüdern Steven und Stijn Kolacny ohne jede Gewinnerzielungsabsicht im Städtchen

Aarschot gegründete Mädchenchor »Scala«, zu dessen Repertoire unter anderem Songs der deutschen Heavy-Metal-Bands Rammstein, Kraftwerk und Die Toten Hosen gehören, die die sechzig jungen Frauen mit glockenreinen Stimmen in »klassizierter« Version vortragen.

Auf diese und andere Bands und Sänger/innen, die eher intellektuelle Musik bieten, ist man in Belgien stolz, was ein gutes Licht auf das Musikverständnis des Landes wirft. Weltweit bekannte Schlagerstars wie Helmut Lotti und Dana Winner dagegen, die regelmäßig bei Spenden- und ähnlichen Galas im deutschen Fernsehen auftreten und dort gefeiert werden, kommen in der Heimat nach anfänglichen Erfolgen weniger gut an. Denn ihr Stil ist den Belgiern einfach zu kitschig. Helmut Lotti begann als Elvis-Presley-Imitator und fand dann seinen Erfolgsstil, eine Mischung aus folkloristischer Innigkeit und symphonischer Klangfülle. Dana Winner überzeugt durch ihr engelhaftes Aussehen, kombiniert mit einer guten Stimme und eingängigen Schlagern im Stil von »Märchenland der Gefühle«. Damit treffen beide eher einen deutschen denn den belgischen Nerv.

Unter den lebenden Jazzmusikern ragen der Mundharmonikaspieler Toots Thielemans und der Gitarrist Philip Catherine, unter den toten überlebensgroß Django Reinhardt hervor. Reinhardt, der Begründer des europäischen Jazz', wurde 1910 im belgischen Liberchies als Sohn einer dort sesshaft gewordenen Sinti-Familie geboren und starb 43-jährig in Frankreich. Die von ihm kreierte Mischung aus New-Orleans-Jazz, französischem Walzer und traditioneller Zigeunermusik bildet heute noch die Basis für eine äußerst lebendige belgische Jazzszene. Toots Thielemans erblickte nur zwölf Jahre nach Reinhardt das Licht der Welt, ist aber immer noch höchst lebendig. Der heute 83-jährige Sohn des Brüsseler Armenviertels Marollen, der in den fünfziger Jahren in Amerika den »schwarzen« Jazz kennen lernte, tritt weiterhin vor ausverkauften Sälen auf, wo er regelmäßig die Mundharmonika aus der Hand legt, um eine Melodie zu pfeifen. Außerdem wurde er durch einige Soundtracks berühmt, von denen der des Films »Midnight Cowboy« der

Jedes Jahr im Mai findet der Brüsseler Jazzmarathon mit über 100 Konzerten statt, so auch auf dem Grand Place/Grote Markt.

bekannteste ist. Von Thielemans stammte auch die Begleitmusik zur »Sesamstraße«. Und Philip Catherine, geboren 1942, erhielt 1998 in Paris als bester europäischer Jazzmusiker den Preis »Django D'Or«, den »Goldenen Django«.

Diese und andere Größen kann man alljährlich im Mai beim Brüsseler Jazz Marathon erleben. Drei Tage lang werden in Kneipen, Bars und Clubs und auf öffentlichen Plätzen insgesamt rund 125 Konzerte geboten. Und alle zwei Jahre findet in Antwerpen »Jazz Middelheim« im gleichnamigen Park statt. Selbstverständlich zieht man auch zu diesem Festival mit Kind und Kegel und macht es sich drei Tage lang von morgens bis abends auf mitgebrachten Decken unter freiem Himmel gemütlich.

Übrigens verdankt die Jazz-Welt das Saxophon einem Belgier. Adolphe Sax, der Sohn eines Instrumentenbauers, wurde 1814 in Dinant geboren. Bereits mit 16 experimentierte er mit selbst erfundenen Instrumenten; 1840 war das Saxophon ausgereift. Der Ruf des Instruments kam dem französischen König Louis-Philippe zu Ohren, der Sax 1842 nach Paris rief, um Instrumente für seine Militärkapelle zu fertigen. 1846 wurde dort das Saxophon patentiert. Sein Erfinder starb 1894 nach zahlreichen Patentierungsprozessen und Pleiten. Der Siegeszug des Saxophons begann nach dem ersten Weltkrieg, als es von amerikanischen Jazzmusikern entdeckt wurde.

Das jährliche Großereignis für die Liebhaber klassischer Musik ist der in Brüssel stattfindende, 1950 gegründete Königin-Elisabeth-Wettbewerb. Die Idee dazu hatte der 1931 verstorbene Eugène Ysaye, Geigenlehrer der Musik liebenden Königin Elisabeth von Belgien, der Gattin von König Albert I. Der Wettbewerb für Gesang, Geige, Klavier und Komposition, zu dem nach strenger Vorauswahl rund 140 junge Musikerinnen und Musiker antreten, dauert fast einen Monat. Er ist alles andere als hermetisch: Sämtliche Konzerte werden live von Rundfunk und Fernsehen übertragen, die Zeitungen berichten seitenlang darüber, es werden Wetten abgeschlossen, wer ihn gewinnt, und in ganz Belgien herrscht eine Atmosphäre der Nervosität und der Spannung. Vor dem Finale bekommt der Wettbewerb den Charakter einer Erschöpfungsschlacht. Man zittert mit den jungen Leuten mit, die fast jeden Abend vor einer strengen Jury auftreten müssen, wie man mit Marathonläufern zittert, nämlich mit einer Mischung aus Bewunderung und Mitleid. Den Siegern ist eine große Karriere gewiss – und sensationelle Artikel von Journalisten, die in Belgien ganz selbstverständlich davon ausgehen, dass klassische Musik ein wahres Volksvergnügen sein kann.

Das breite Interesse am Königin-Elisabeth-Wettbewerb liegt auch daran, dass viele belgische Eltern ihre Kinder zu den reich gesäten »Musikschulen« schicken. Der Unterricht an den von den Kommunen subventionierten Schulen findet am schulfreien Mittwochnachmittag und/oder Samstagvormittag statt. Er hat wenig mit deutschem Musikunterricht gemein, in dem Kinder zunächst einmal lernen, sich expressiv an der Blockflöte, dem Schlagzeug, der Geige oder dem Klavier auszudrücken, bevor sie ihre Kenntnisse theoretisch vertiefen: Bevor belgische Kinder zum Instrument greifen dürfen, büffeln sie erst einmal zwei Jahre lang Notenlehre. Wieso halten so viele Kinder das durch? Weil sie Belgier sind, die an das belgische Schulsystem gewöhnt sind. Erst wird die theoretische Grundlage gelegt, dann ist die Praxis an der Reihe. Natürlich kommen viele gute Musiker dabei heraus. Durch das Überangebot gelangen aber nur wenige bis in ein »Kulturhaus«, geschweige denn in einen Konzertsaal. Jedoch können zahllose Belgier mühelos folgen, wenn die Jury während eines Königin-Elisabeth-Wettbewerbs öffentlich über den einen oder anderen Anschlag eines Pianisten in Verzückung gerät oder aber den Anschlag und damit seinen Produzenten gnadenlos niedermacht.

Seltsamerweise gibt es nur wenige berühmte belgische Komponisten, sieht man einmal von César Franck ab, der 1822 in Lüttich das Licht der Welt erblickte, aber nach seinem Studium am Konservatorium seiner Heimatstadt nach Paris ging, wo er 1890 starb. Die Blütezeit der Komposition im Raum des heutigen Belgien war die Burgunder- und frühe Habsburgerzeit, in der sich dort die mehrstimmige oder polyphone Musik entwickelte. Anschließend war einige Jahrhunderte lang Ebbe. Aus der Neuzeit ragen nur Peter Benoit (1834–1901), der aber eher lokalen Ruhm genießt, und Karel Goeyvaerts (geb. 1923), einer der Vorreiter der elektronischen Musik und ein enger Freund von Stockhausen, hervor. Beachtlicher ist Belgien im Bereich der Aufführung.

Dafür gibt es auch die entsprechende Infrastruktur. Auf engstem Raum findet man drei Opernhäuser – die Brüsseler Nationaloper »La Monnaie« beziehungsweise, auf Niederländisch, »De Munt«, die »Vlaamse Opera« mit Häusern in Antwerpen und Gent und die »Opera Royal de la Wallonie« in Lüttich. Vor allem die Brüsseler Oper genießt seit Gerard Mortier internationales Ansehen. Die Flämische Oper hingegen, die über weniger Geld verfügt, machte sich durch ihr sicheres Gespür für noch unbekannte, aber brillante Sänger einen Namen, während die Lütticher Oper eher dem konservativen Repertoire vertraut. Der berühmteste Konzertsaal ist das Brüsseler »Palais des Beaux-Arts« (heute Bozar genannt), das jährlich rund 250 Konzerte mit belgischen und ausländischen Orchestern bietet. Und schließlich gibt es in Brüssel, Antwerpen, Gent,

Lüttich und Mons je ein Konservatorium und in Löwen und Namur je eine Musikhochschule, macht zusammen sieben Ausbildungsstätten für Berufsmusiker, die alle nur einige Dutzend Kilometer voneinander entfernt liegen.

Dementsprechend hoch ist der Output an fähigen Musikern und Dirigenten. Abgesehen von den Symphonieorchestern, die es in jeder größeren Stadt gibt, haben vor allem belgische Interpreten alter und barocker Musik international einen guten Namen. Zu den wichtigsten gehören Paul Dombrecht mit seinem Orchester Il Fondamento, der Kontratenor René Jacobs mit seinem Ensemble Concerto Vocale, Philippe Herreweghe mit seinem Chor Collegium Vocale, Paul van Nevel mit dem Huelgas Ensemble und Sigiswald Kuijken mit La Petite Bande. Wiewohl von internationalen Preisen überhäuft, sind auch sie frei von Starallüren. Am 16. April 2003 brachte die »Zeit« eine jubelnde Rezension einer von dem Bach-Experten Herreweghe geleiteten Aufführung der Johannes-Passion im Amsterdamer Concertgebouw. »Bescheidene Haltung, schneller Schritt«, beschreibt Autor Wolfram Goertz das Erscheinen des Dirigenten auf der Bühne, »keine Pose für die Galerie ...«. Weil sie so gar nicht zur Pose neigen, haben belgische Musikgrößen keinerlei Bedenken, in der Heimat auch mal im bescheideneren Ambiente aufzutreten. Kürzlich erlebte ich Herreweghe im »Roma«, einem ehemaligen Kino im Antwerpener Arbeiter- und Ausländerviertel Borgerhout, das von Freiwilligen zu einem multikulturellen Treffpunkt umgebaut worden ist. Das bunte Publikum aus dem Viertel saß auf harten Holzbänken, während himmlische Klänge gegen den bröckelnden Putz brandeten. Anschließend plauderte der Meister in der Cafetaria bei einem islamkompatiblen, alkoholfreien »Roma-Cocktail« mit seinen Gästen. Warum er hier aufträte? Weil er fände, dass alle Bevölkerungsschichten ein Recht auf Bach hätten und er ansonsten von seinen Gagen im Ausland recht gut leben könnte. Ich fand bestätigt, was Belgier schon immer wussten: Auch Genies sind Menschen wie du und ich. Nur ein Stück begabter und manchmal, da vom Schicksal gesegnet, auch ein Stück netter.

Film und Fernsehen: ein kitschresistentes Land

Im adligen Milieu spielen belgische Vorabendserien nicht. Auch das traditionsreiche Nobelhotel mit gediegener Einrichtung als Kulisse dramatischer Liebesgeschichten zwischen Millionenerben und Personal ist in Belgien unbekannt. Es gibt keine Shows mit breiter rosa Treppe, über die Showmaster und -masterinnen im amerikanisierten Trachtenlook zum Volk hinab schreiten, es gibt mangels einheitlicher, verwurzelter Traditionen überhaupt keine Trachten, und folglich gibt es auch keine Volksmusiksendungen. Zwar eignet sich so manche Landschaft sowohl in Flandern wie in den Ardennen durchaus dazu, mit dem Pferdegespann durchquert zu werden, aber da fehlt wieder das verbindende Liedgut, das vom Kutschbock her vorgetragen werden könnte. Kurzum: Im belgischen Fernsehen gibt es so gut wie keine Sendungen romantischen oder gar kitschigen Charakters.

Dafür sind die Kulissen und Inhalte flämischer Fernsehsendungen (der französischsprachige Sender RTBF bringt vor allem Produktionen aus Frankreich) in der Regel bunt, schnell, ironisch, witzig und äußerst lebensnah. Das reicht von der Talkshow über den Fernsehkrimi bis zum Spielfilm.

Im Angebot des öffentlich-rechtlichen Senders VRT gibt es nur eine einzige Talkshow, in der die Teilnehmer ordentlich auf gediegenen Sesseln sitzen und ernsthaft über politische Probleme diskutieren, und das ist *De zevende dag* (»Der siebte Tag«) am Sonntagmorgen. Die Einschaltquoten erreichen bei weitem nicht die Höhe, die der vergleichbare ARD-Presseclub erreicht. Alle anderen zeitkritischen Talkshows wie die tägliche *Laatste Show* (»Letzte Show«) oder *Alles kan beter* (»Besser geht's immer«) sprühen vor Witz und erzielen dementsprechend hohe Quoten. Alles und jeder wird veräppelt, von der Regierung über die Gewerkschaften bis zur Homo-Ehe. Für mich sind diese Talkshows ein Grund dafür, dass es in Belgien bis auf eine einzige Ausnahme – Geert Hoste – keine Kabarettisten gibt: Die Prominenten aller Couleur, die auf den bunten Bänken sitzen, machen sie zur Gänze überflüssig. Überhaupt wird im belgischen Fernsehen viel gelacht. Das bezieht sich auf praktisch alle Sendungen, von der Talkshow über die Reportage bis zur Musiksendung.

Wo holen die Talker ihren renitenten Wortwitz her? Aus einer offensichtlich angeborenen Schlagfertigkeit, die sich aus dem gleichen Fundus nährt, aus dem Modemacher, Theatermacher, Künstler und Designer schöpfen: dem völligen Mangel an Respekt vor etablierten Werten und einer kritischen Einstellung zu allem, was »oben« ist. Dabei wirken sie überhaupt nicht schrill. Männer kommen in Jeans und Pullover, Frauen im gepflegten Casual-Look daher, aber wenn sie anfangen, sich die Bälle zuzuwerfen, dann halten sich die Zuschauer zu Hause auf dem Sofa den Bauch vor Lachen. Zwischendurch nicken sie zustimmend: Ja, die Matadoren haben Recht, wenn sie die Obrigkeit kräftig durch den Kakao ziehen! Und nach der Sendung haben sie wieder dieses Gefühl, dass eigentlich alles nicht so wichtig ist und auch Gesetze, Gewerkschaften und Regierungen nur Randnotizen einer sich ständig wandelnden Geschichte sind.

Die belgischen Fernsehserien unterscheiden sich ebenfalls von ihren deutschen Pendants. Während in vielen deutschen Serien die feudale oder großbürgerliche Tradition gepflegt wird, spielen sie sich hier vorwiegend im Milieu des kleinen Mannes, der Unterprivilegierten, der ums Überleben Kämpfenden ab. Der Reiche, der Schlossherr, der erfolgreiche Unternehmer kommen zwar vor, sind aber stets die Bösewichte. In Belgien kannte man nie den gütigen Landesvater, von dem sich die Protagonisten so manches deutschen Fernsehfilms, so mancher Serie ableiten. Niemals würde ein Landgut mit eigenem Bootssteg am benachbarten See, die Villa mit noblem Interieur einer belgischen Fernsehproduktion als Kulisse dienen. Die erfolgreichen Serien spielen sich in verkommenen Hafenvierteln, ärmlichen Polizeiwachen oder bescheidenen Dörfern ab. Damit korrespondieren die Inhalte: Sie erzählen die Geschichten von Versagern und Scheiternden.

Die weitaus beliebteste Krimiserie im öffentlich-rechtlichen flämischen Fernsehen VRT ist seit Jahren »Flikken« (ein Slang-Ausdruck für »Polizisten«, abgeleitet vom französischen *flic*).

Wiewohl entfernt mit dem deutschen »Tatort« vergleichbar, sind die Kommissare nicht starke oder lässige Problemlöser, sondern schwache Menschen wie du und ich, die sich permanent in die Bredouille bringen. Umso mehr liebt das Publikum sie, umso mehr zittert es mit ihnen. Die Fehler, die sie machen, könnten jedem unterlaufen: Wer belügt nicht schon mal seine Kollegen und löst damit eine Kettenreaktion aus, die die Stelle kosten, im Film den Tod des oder der Liebsten zur Folge haben kann? Schnitt, Schluss, Abspann (die Abspänne sind oft kleine, kunstvolle Filme für sich und werden häufig von den Studenten der Filmhochschulen gestaltet). Auch Spielfilme enden selten in Harmonie, sondern oft in Blut, Schweiß und Tränen. Das Ende so manchen deutschen Films hingegen kommt mir nach so vielen Jahren in Belgien trotz perfektem Spannungsaufbau oft verblüffend schwach vor: Nicht selten taucht zum Schluss, um nur ein Beispiel zu nennen, irgendein Kind auf, das die Liebenden wieder versöhnt, die sich dann küssen. Kussszenen kommen im belgischen Film übrigens praktisch nicht vor. Das hat mit Prüderie nichts zu tun: Der Kuss gehört nach Meinung der Belgier nun einmal zwischen die eigenen vier Wände und nicht auf die Leinwand. Er gehört ja noch nicht einmal auf die Straße! Es dauerte eine Weile, bis ich dies nach meinem Umzug nach Belgien erkannt hatte, und in der Zwischenzeit war ich bei Stadtbummeln mit meinem Mann ein paar Mal kräftig ins Fettnäpfchen getreten.

Trotz überbordender Phantasie und verrückter Einfälle sind die Belgier im Allgemeinen nüchterner als die Deutschen. Für Romantik haben ihnen immer die Zeit und das Geld gefehlt und außerdem gab es, anders als in Deutschland, mangels Nation auch keine romantische Bewegung, abgesehen von der Zeit nach der Staatsgründung, aber sie erschöpfte sich in einigen künstlerisch eher unbedeutenden Historiengemälden und Denkmälern berühmter Maler. In einem Land, dessen Einwohner stets hart arbeiten mussten und in dem die (eheliche) Liebe jahrhundertelang eher als Voraussetzung für die Fortpflanzung und damit der Alterssicherung denn als Nährboden für schwärmerische Gefühle galt, agiert man künstlerisch auch heute noch hart an der Realität. In der kennt man sich aus. Aus diesem Fundus können auch Filmemacher schöpfen. Sowieso bleibt ihnen nicht viel anderes übrig, da das Geld für Filmproduktionen knapp ist und man mit vorhandenen Kulissen, kleinen Produktionsteams und möglichst wenigen Drehtagen auskommen muss. Diese Mängel werden durch surrealistische Handlungen, eine phantasievolle Kameraführung und Schauspieler kompensiert, die an den vielen Schauspielschulen des Landes – unter anderem dem RITS in Brüssel und mehreren Konservatorien – eine belgisch-strenge, anspruchsvolle und umfassende Ausbildung genossen haben und dementsprechend brillant sind, wie zum Beispiel der Flame Jan Decleir (u. a. »Daens«, »The Alzheimer Case«). Wenn man nicht einfach begabte Laien castet, die den Vorteil haben, dass sie erstens billig sind und zweitens dem jeweiligen Film eine Authentizität verleihen, die mit der schwierigen Realität korrespondiert, die in den meisten dieser Filme beschrieben wird.

Im Mai 2005 gewannen die wallonischen Brüder Jean-Pierre und Luc Dardenne bei den Filmfestspielen in Cannes mit ihrem Sozialdrama »Das Kind« *(L'Enfant)* bereits ihre zweite Goldene Palme. Der Film spielt in Seraing, einer Arbeitervorstadt von Lüttich und der ärmsten Gemeinde Belgiens, und handelt von einem jungen Mann, der sein Baby für 5000 Euro an eine Drückerbande verkauft und überhaupt nicht begreift, wieso die 18-jährige Mutter entsetzt reagiert. »Die Brüder Dardenne«, berichtete die deutsche Nachrichtenagentur dpa am 22. Mai begeistert, »zeigen sich hier wieder als Meister extrem wirklichkeitsnaher, packender Alltagsdramen aus dem Leben am Rande der Gesellschaft«. Ihre erste Goldene Palme hatten die beiden 1999 mit dem Film »Rosetta« gewonnen. Die 18-jährige Laienschauspielerin Emilie Dequenne, die obendrein mit dem Preis »Beste Darstellerin« ausgezeichnet wurde, stellte eine junge Frau dar, die mit ihrer alkoholsüchtigen Mutter auf einem Campingplatz lebt und alles daran setzt, um endlich Arbeit zu bekommen – vergeblich. »Statt gestylter Teenager (…) ringen vom Leben gezeichnete, zum menschlichem Abfall gestempelte Individuen in trostloser Industriegegend um das bisschen Leben, das man ihnen zugesteht«, schrieb ein österreichischer Filmkritiker. Wem es besser geht als Rosetta, der verlässt das Kino mit zärtlichen Gefühlen. Wem es fast genauso schlecht geht, begreift, dass er nicht alleine ist.

Im Mittelpunkt des Films »Toto der Held« *(Toto le héros)*, 1991 von Jaco van Dormael gedreht, steht ein alter Mann, der sein Leben lang davon überzeugt war, als Baby mit dem der reichen Nachbarn vertauscht worden zu sein und der nun einen Rachemord plant. Der witzige Film, der von Zeitsprüngen und poetischen Bildern lebt, erhielt in Cannes die Goldene Kamera für den besten Erstlingsfilm. Fünf Jahre später drehte van Dormael den Film »Der achte Tag« *(Le huitième jour)*. Er handelt von einem erfolgreichen Geschäftsmann, der durch einen mongoloiden Jungen wieder an die wahren Werte im Leben erinnert wird. 1996 wurden die beiden Hauptdarsteller in Cannes ausgezeichnet.

Zwar haben französischsprachige belgische Filme größere Chancen als niederländische, das Ausland zu erreichen, aber gemeinsam ist beiden, dass ihre Protagonisten meist tapfere, aber chancenlose Außenseiter sind. »Totgemacht – The Alzheimer Case« *(De zaak Alzheimer)* des Regisseurs Erik Van Looy (2003) erzählt die Geschichte des an Gedächtnisverlust leidenden Profikillers Angelo Ledda, der während der Ausführung eines Mordauftrags mit Kinderschändern in Berührung kommt (der deutsche Verleiher warb nicht gerade taktvoll mit dem Slogan »Der Fall Dutroux war nur der Anfang« ...), den Auftrag ablehnt und selbst Opfer seiner Auftraggeber wird.

Chancenlos war auch der flämische Arbeiterpriester Adolf Daens, der Ende des 19. Jahrhunderts im hoch kapitalistischen Belgien gegen die Kaste der französischsprachigen Unternehmer kämpfte. Der dramatische, in düstere Farben getauchte Film »Daens« von Stijn Coninx (1992) spielt im Milieu der ausgebeuteten Textilarbeiter und endet, ebenso wie »The Alzheimer Case«, mit dem Scheitern des Protagonisten. »Daens« war übrigens, im Gegensatz zu anderen belgischen Filmen, durchaus eine Besinnung auf die Geschichte des Landes. Deren Helden waren allerdings immer die Widerständler gegen die Staatsgewalt, die irgendwann vor deren Übermacht kapitulieren mussten.

Im Allgemeinen greifen flämische Regisseure aber selten zum dunklen Pinsel. Es überwiegen ausgesprochen witzige Filme wie zum Beispiel »Jeder ist ein Star« *(Iedereen beroemd)*, der 2002 in den deutschen Kinos lief und von einem pummeligen jungen Mädchen berichtet, dass dank der Unterstützung seines Vaters zur gefeierten Schlagersängerin wird. Das Ganze spielt im Dorf Doel am Scheldeufer im Norden Antwerpens. Ulkig ist, dass man in einem kleinen Land die Sets immer kennt: Man sieht sich die Filme auch an, weil man sich darauf freut, ein Ausflugsziel wiederzusehen. Das erhöht die Solidarität mit den Filmschaffenden und vermindert ihren Glanz, kurzum, macht sie sympathisch. Wie viele andere belgische Filme wurde auch »Jeder ist ein Star« mit sagenhaft niedrigem Budget gedreht und lebt von schnellen Schnitten, geistreichen Dialogen, überraschenden Handlungswendungen und der Mimik der Darsteller. Und auch hier sind die Protagonisten vom Leben Gebeutelte, denen es dann doch noch irgendwie gelingt, dem Schicksal ein Schnippchen zu schlagen. Den deutschen Film hingegen verstehen die Belgier nicht. Der deutsche Humor ist ihnen zu wenig hintergründig, die deutsche Dramatik zu schwer, die Handlung erscheint ihnen oft bombastisch und mühsam konstruiert und, wie im Fall von Wenders' »Don't Come Knocking«, obendrein kitschig. »Lola rennt«, »Goodbye Lenin« und der deutsch-türkische Film »Gegen die Wand« hingegen wurden wegen ihres Witzes, ihrer schnellen Handlungen und ihrer realitätsnahen Dramatik vom belgischen Publikum begeistert aufgenommen.

Natürlich sind auch in Belgien Fantasy-Filme wie »Harry Potter« oder »Der Herr der Ringe« Kassenschlager. Aber solche Filme würden Belgier nicht drehen. Das liegt nicht an den schmalen Budgets und auch nicht an einem Mangel an Phantasie – der Grund ist vielmehr, dass das wirkliche Leben den Filmemachern als Ausgangsbasis für ihre Plots vollständig reicht. Dabei geht man den Dingen nicht unbedingt auf den Grund: Man beschreibt sie und überlässt es jedem Zuschauer, Leser oder Betrachter – dem Publikum, das man nie gängelt –, selbst seine Schlüsse daraus zu ziehen. Die Beschreibung kann allerdings sehr farbig geraten. »Ich habe das Gefühl, als ob mein Laptop und ich uns in einem Vanillepudding befinden, der in einer engen, überheizten Hinterküche langsam zu gerinnen beginnt«, beschrieb ein Kolumnist der Wochenzeitschrift »Knack« die Schreibhemmung, die ihn an einem heißen Sommertag überfallen hatte. Sätze wie diese sind in ihrer Anschaulichkeit typisch für jede Art belgischen Kulturschaffens. Sie kurbeln nicht nur die Phantasie des Lesers an, sondern schreien darüber hinaus nach Gemälden à la Magritte.

Auch das Gemälde Belgien weist auf den ersten Blick kaum tiefe Perspektiven auf. Aber wenn man das unauffällige Tableau ein wenig länger betrachtet, dann weiß man plötzlich nicht mehr, wo welcher Horizont verläuft und vor allem, wo er endet. Das Problem vieler in Belgien lebender Ausländer ist, dass ihnen, zum Beispiel in Gesprächen mit Landeskindern, nie eine Erklärung für die zerfließenden Horizonte geliefert wird, weswegen sie oft lange Zeit schwimmen, bevor sie sich einigermaßen orientieren können. Aber wenn sie es trotzdem schaffen, dann ist nicht ausgeschlossen, dass sie für immer für geordnete Strukturen verdorben sind.

Nachwort:
Warum ich nicht mehr aus Belgien weg will

»Warum ziehst du eigentlich nicht zurück nach Deutschland?«, fragten mich, nachdem mein Mann und ich uns nach zwölf Jahren Ehe getrennt hatten, deutsche Freunde und Freundinnen. Keine Frage hätte mich mehr überraschen können. »Warum sollte ich?«, antwortete ich verblüfft. »Ich bin hier glücklich!«

Damals waren meine belgisch-deutschen Kinder neun und fünfzehn Jahre alt, was auch ein Grund dafür war, dass ich nicht lange über die Antwort nachdachte. Mein Sohn war hier geboren, meine Tochter erinnerte sich kaum noch an Deutschland und für beide Kinder bedeutete Belgien das Zuhause. Ich hätte sie nicht verpflanzen können. Aber mittlerweile sind abermals zehn Jahre ins Land gegangen und die Kinder sind erwachsen. Und noch immer käme ich nicht auf die Idee, in die alte Heimat zurückzukehren.

Natürlich gibt es da so etwas wie eine doppelte Identität und eine doppelte Sehnsucht. In Belgien fühle ich mich nach wie vor als Deutsche, und wie die meisten meiner Landsleute, die im Ausland leben, sehne ich mich manchmal nach deutscher Hausmannskost, einer stimmungsvollen Weihnachtzeit und Landschaften, in denen man einmal nicht in der Ferne das Rauschen einer Autobahn hört. Aber wenn ich zu Besuch in Deutschland bin, fühle ich mich als Belgierin. Dort kommt mir alles so organisiert, kommen mir die Menschen so entschlossen vor. Und mir fehlen der belgische Anarchismus, die belgische Leichtigkeit und der freundliche Umgang der Menschen miteinander. Letzteres mag ich am allermeisten an Belgien.

Stets wird einem hier ein nettes Wort zuteil, und sei es, wenn gerade keine Freunde oder Freundinnen in der Nähe sind, vom

Besitzer des Zeitungsladens an der Ecke oder der Kassiererin im Supermarkt. Nie hört man zum Beispiel Kritik am Aussehen: Selbst wenn man im Morgenrock zum Bäcker ginge, würde niemand eine abfällige Bemerkung darüber machen. Fehler werden einem hier, so sie überhaupt bemerkt werden, schnell verziehen. Kürzlich parkte ich in Brüssel mein Auto abends vor einer Garageneinfahrt, die ich als solche nicht erkannt hatte. Als ich es abholen wollte, bemerkte ich auf der anderen Straßenseite ein Auto mit zwei Insassen. Der Fahrer kurbelte die Scheibe herunter. »Kameradin«, rief er, »du stehst vor unserer Garage! Wir haben schon die Polizei angerufen! Mach besser, dass du hier wegkommst!«

»Entschuldigt und tausend Dank« rief ich, sprang in mein Auto und sauste los. Wie die beiden der Polizei mein Verschwinden erklärt haben, ist mir noch immer schleierhaft. Jedenfalls hatte ich einige hundert Euro an Verkehrsbuße und Abschleppkosten gespart.

Immer wieder erlebt man hier solche und ähnlich angenehme Überraschungen im menschlichen Miteinander. Einmal fand ich mich im Aufzug des Museums für Moderne Kunst von Ostende Auge in Auge mit Jan Fabre wieder. Verwirrt machte ich ihm ein Kompliment für seine revolutionäre Inszenierung des Balletts »Schwanensee« beim Königlichen Ballett von Flandern. Der Dämon von Avignon senkte verlegen das Haupt. Dann sagte er leise: »*Ik ben blij, dat je het leuk vond*« – »Ich freue mich, dass du es mochtest.«

Deutsche Normen geraten hier schnell ins Wanken. Es gibt in Belgien eigentlich kein »oben« und kein »unten«, sondern nur das Individuum, das – wenn auch unauffällig – tut und lässt, was es will und gerade für richtig hält. Dieser Individualismus liegt auch daran, dass es schwer ist, sich in Belgien an irgendetwas zu orientieren: Es gibt keine gemeinsame Sprache, kein Zentrum, keine ausgeprägte Hierarchie und keine lineare Geschichte. Aber was man objektiv als Nachteil empfinden könnte, hat auch Vorteile. Wo anders als in Belgien hätten Künstler surrealistischer Einstellung wie zum Beispiel Magritte, Delvaux, Rops und – heute – Panamarenko oder Jan Fabre gedeihen können? Wer keine Rücksicht auf feste Strukturen nehmen muss, kann sich ungehindert entfalten.

Das trifft auch auf die Nicht-Künstler unter den Belgiern und sogar auf die hier lebenden Ausländer zu.

Wer mit dem Chaos umzugehen versteht und nicht zu Ungeduld neigt, kann in Belgien glücklich werden. Erstaunlicherweise werden viele hier glücklich. Zahlreiche meiner rund 25 000 deutschen Landsleute, die aus Berufsgründen nach Belgien und vor allem nach Brüssel gezogen sind, wollen nach einigen Jahren im Land nicht mehr zurück in die Heimat. Sie setzen alles daran, um ihren Aufenthalt in Belgien zu verlängern oder nach der Pensionierung hier bleiben zu können. Was hält sie hier? Ist es nur das schöne Haus, das man für vergleichsweise wenig Geld kaufen konnte? Die Freunde, die man in belgischen, deutschen und internationalen Kreisen gewonnen hat? Die Gewohnheit? Nein, die meisten erklären, dass sie hier bleiben wollen, weil das Leben in Belgien einfach entspannter sei als in Deutschland. Irgendwo habe ich einmal einen treffenden Satz gelesen: »Was Flamen und Wallonen eint, ist eine ausgeprägt südliche Mentalität, die die Folge der jahrhundertelangen Zugehörigkeit zu spanischen und österreichischen Großreichen ist.« Ob die Landesteile nun auseinander driften oder nicht – der romanische Einfluss erstreckt sich über ganz Belgien. Aber andererseits ist der Alltag hier immer noch ein Stück abwägbarer als zum Beispiel in Spanien oder Italien. Diese glückliche Mischung zwischen »germanischer« Ordnungsliebe, Tüchtigkeit und Leistungsbereitschaft und einer »romanischen« Fähigkeit, auch in schwierigen Zeiten einmal alle Fünfe gerade sein zu lassen und das Leben zu genießen, übt auf viele Ausländer nach einer Zeit der Eingewöhnung einen großen Reiz aus.

So auch auf mich. Das Einzige, was mir im Königreich manchmal fehlt, ist das frontale Gespräch, die gründliche Auseinandersetzung, die fruchtbare Konfrontation. Sieht man von den Streitereien in und zwischen den Parlamenten ab, weichen Belgier immer aus. Aber hat man erst einmal erkannt, dass der Rückzug eine erprobte Guerilla-Taktik ist, kann man damit leben. Seit Jahrhunderten wehren sich die Belgier gegen jede Doktrin. Das hat das Land bisher zuverlässig gegen kulturelle und gesellschaftliche Mainstreams gefeit.

Viel mehr als jeder Mainstream zählt der Mensch – mit all seinen schwachen und skurrilen Seiten. »*Voilà!*«, würden Flamen, Wallonen und Brüsseler an dieser Stelle übereinstimmend sagen. Alles andere ist für sie flüchtiges Beiwerk.

Literaturverzeichnis und Hinweise

André ALEN, *Der Föderalstaat Belgien, Nationalismus – Föderalismus – Demokratie*, Baden-Baden 1995

Detlev ARENS, *Flandern*, Dumont Kunst-Reiseführer, Köln 1997

Detlev ARENS, *Die Ardennen*, Dumont Kunst-Reiseführer, Köln 1988

Benno BARNARD, *Door god bij Europa verwekt*, Amsterdam/Antwerpen 1996

Belgien 1830–2005, Eupen 2006

Patricia CARSON, *Zauber und Schicksal Flanderns*, Tielt 1991

Rosine DE DIJN, Die Flucht der Yudka Kalman, Stuttgart 1994

Rosine DE DIJN, Du darfst nie sagen, dass du Rachmil heißt, München 2005

Edward DE MAESSCHALCK, *Marx in Brussel, 1854–1848*, Löwen 2005

Karlheinz DIEDRICH, *Die Belgier, ihre Könige und die Deutschen. Geschichte zweier Nachbarn seit 1830*, Düsseldorf 1989

Giovanni DI MURO, *Léon Degrelle et l'avonture rexiste (1927–1940)*, Brüssel 2005

Helmut DOMKE, *Flandern*, München 1994

Sébastien DUBOIS, *L'invention de la Belgique. Genèse d'un État-Nation*, Brüssel 2005

Frans IBELINGS und Francis STRAUVEN, *Zeitgenössische Architektur in den Niederlanden und in Flandern*, Rekkem 2000

Robert FALONY, *Le Parti socialiste. Un demi-siècle de bouleversements*, Brüssel 2006

Guido FONTEYN, *Afscheid van Magritte. Over het oude en nieuwe Wallonië*, Antwerpen/Amsterdam 2004

Adam HOCHSCHILD, *Schatten über dem Kongo*, Stuttgart 1999

Johannes KOLL (Hg.), *Nationale Bewegungen in Belgien*, Münster 2005

Johannes KOLL, *Die belgische Nation. Patriotismus und Nationalbewusstsein in den südlichen Niederlanden im späten 18. Jahrhundert*, Münster/New York/Berlin 2003

Christian KONINCKX und Patrick LEFÈVRE (Hg.), *Baudouin. Ein König und seine Epoche*, Eupen 1998

Isabella LANZ und Katie VERSTOCKT, *Zeitgenössischer Tanz in den Niederlanden und in Flandern*, Rekkem 2003

Christian LAPORTE, *Albert II., erster König im föderalen Belgien*, Eupen 2003

Ministerium der Wallonischen Region, *In welchem Staat leben wir?*, Namur 2005

Dimitri MORTEMANS, Marie Thérèse CASMANS, René DOUTRELEPONT, *Elf jaar uit het leven in België*, Gent 2004

Olivier MOUTON, Annemarie WILSSENS, Frédéric ANTOINE, Marc REYNEBEAU, *Belgien. Von der Kunst zu leben*, Eupen 2001

Franz PETRI, Ivo SCHÖFFER, Jan Juliaan WOLTJER, *Die Geschichte der Niederlande*, München 1991

Marc PLATEL, *Communitaire geschiedenis van België*, Löwen 2004

Jan PUYPE, *De Elite van België*, Löwen 2004

Stefan RUYSSCHAERT, *De ogen van de fiscus*, Antwerpen 2006

Marion SCHREIBER, *Stille Rebellen. Der Überfall auf den 20. Deportations-zug nach Auschwitz*, Berlin 2000

Dirk SCHÜMER, *Die Kinderfänger*, Berlin 1997

Ute SCHÜRINGS, *Zwischen Pommes und Praline. Mentalitätsunterschiede, Verhandlungs- und Gesprächskultur in den Niederlanden, Belgien, Luxemburg und Nordrhein-Westfalen*, Bonn/Münster 2003

Dominique STRUYE DE SWIELANDE, *Das Belgienbild in Deutschland*, in: Marion Schmitz-Reiners (Hg.), *Leben in Babel*, Eupen 2003

Henri VAN DAELE, *Sechs Königinnen*, Eupen 1996

Henri VAN DAELE, *Sechs Könige*, Eupen 1997

Jan VAN DOORSLAER, Geert PELCKMANS, *De Duitse kolonie in Antwerpen*, Kapellen 2000

Geert VAN ISTENDAEL, *Belgien, België, Belgique*, in: Marion Schmitz-Reiners (Hg.), *Leben in Babel*, Eupen 2003

Geert VAN ISTENDAEL, *Het Belgisch Labyrint*, Amsterdam 2001

Marcel VAN NIEUWENBORGH, *Brüssel von Casanova bis Joyce*, Eupen 1992

Rik VANWALLEGHEM, *België Absurdistan*, Tielt 2005

Jean-Luc VELLUT (Hg.), *Het geheugen van Congo. De koloniale tijd*, Gent 2005

Els WITTE, *Politieke geschiedenis van België van 1830 tot heden*, Antwerpen 1990.

Els WITTE, Harry VAN VELTHOVEN, *Sprache und Politik. Der Fall Belgien in einer historischen Perspektive*, Brüssel 1999

Zeitungen und Zeitschriften

Informationen über das belgische Gegenwartsgeschehen bezog ich vor allem aus den Tageszeitungen »De Morgen«, »De Standaard« und »Grenz-Echo«. Weiter erwiesen sich auch die Nachrichtenmagazine »Knack« (niederländisch-sprachig) und »Le Vif Express« (französischsprachig) als sehr nützlich. Insbesondere sei auf die folgenden Sonderausgaben von »Knack« hingewiesen: »1830 – De geboorte van België« (6. September 2005) und »Wij, Fran-staligen – Wij, Vlamingen« (24. November 2005).

Weitere Hinweise

Empfehlenswert als stets aktuelle Informationsquelle über Belgien ist die alle drei Monate erscheinende Online-Publikation »Nachbar Belgien« der Bel-gischen Botschaft in Deutschland: www.diplomatie.be/berlin.

Für Menschen, die nach Belgien ziehen wollen, ist die Broschüre »Leben in Belgien« der Deutschen Telefonhilfe Brüssel (DTB) eine nützliche Lektüre. Die 110 Seiten umfassende Publikation informiert über Schulen und Unis, Steuern, Gesundheitswesen, Einrichtungen für Deutschsprachige u.v.a.m. in Belgien. Zu bestellen unter telefonhilfe@pandora.be

Botschaften

Belgische Botschaft
Jägerstraße 52–53
D-10117 Berlin
Tel. 030/20 64 20
berlin@diplobel.org
www.diplomatie.be/berlin

Deutsche Botschaft
Jacques de Lalaingstraat 8–14
B-1040 Brüssel
Tel. 00-32-(0)2 78 71 80 00
info@bruessel.diplo.de
www.bruessel.diplo.de

Dankwort

Viele Menschen haben mir im Laufe des vergangenen Jahres mit Rat und Tat zur Seite gestanden. Ihnen allen gilt mein Dank. Einige von ihnen möchte ich hervorheben.

Wichtige Hinweise für die Auswahl der Schwerpunkte des Kapitels »Geschichte« gab mir Professor Dr. Eric Vanhaute, Historiker an der Universität Gent. Professor Dr. Alfred Minke, Leiter des Staatsarchivs in Eupen und Dozent an der Université Catholique Louvain-la-Neuve, las es dankenswerterweise gegen.

Gerd Zeimers, politischer Redakteur der Zeitung »Grenz-Echo« (Eupen), lotste mich sicher und hilfsbereit durch das Labyrinth der belgischen Politik.

Viele in diesem Buch verarbeiteten Informationen bezog ich aus der deutschsprachigen Zeitschrift »Belgien Magazin«, die bis Februar 2005 im belgischen Grenz-Echo Verlag erschien. Ich danke allen meinen ehemaligen Kollegen, aus deren Artikeln ich schöpfen konnte. Heidrun Sattler half mir darüber hinaus bei der schwierigen und zeitraubenden Recherche statistischer Zahlen.

Mein ganz besonderer, herzlicher Dank gilt Jutta Ahrend für das sorgfältige Durchsehen des Rohmanuskripts, ihre Anregungen, ihre Verbesserungsvorschläge und ihre Korrekturen. Ihre Hilfe war für mich von unschätzbarem Wert.